KB274745

청춘들의
몸값 높이기
18

청춘들의 몸값 높이기 18

초판 1쇄 2012년 7월 20일

지은이 매일경제 기업경영팀
펴낸이 윤영걸 **담당PD** 권병규 **펴낸곳** 매경출판㈜
등 록 2003년 4월 24일(No. 2 - 3759)
주 소 우)100 - 728 서울 중구 필동1가 30번지 매경미디어센터 9층
홈페이지 www.mkbook.co.kr
전 화 02)2000 - 2610(편집팀) 02)2000 - 2636(영업팀)
팩 스 02)2000 - 2609 **이메일** publish@mk.co.kr
인쇄 · 제본 ㈜M - print 031)8071 - 0961

ISBN 978 - 89 - 7442 - 840 - 2

값 16,000원

세계 최고의 CEO, 그들이 세상을 앞서나간 비법

청춘들의 몸값 높이기 18

매일경제 기업경영팀 지음

매일경제신문사

기업은 현대 자본주의의 꽃이다.

인류는 기업이란 조직을 통해 현대 문명을 쌓아 올렸다. 강한 기업을 가진 나라는 번성했고, 그렇지 못한 나라는 뒤처졌다. 한반도라는 조그만 지역에 위치한 대한민국이 오늘날 세계무대에서 제 목소리를 내게 된 것도 글로벌기업으로 성장한 삼성, 현대, LG, 포스코 등에 힘입어서다.

기업은 경영에 의해 움직인다. 경영을 링컨의 표현에 비유하자면 '조직의, 조직원에 의한, 고객을 위한 것'이 된다. 사람들이 모여서 기업을 만들고, 기업은 경영이라는 예술을 통해 자본, 노동, 마케팅, 정보, 조직문화, 시간, 능력, 네트워크, 지식 그리고 신뢰까지 창조적이고 다양한 변수를 조합해 부가가치를 만들어낸다.

그러한 측면에서 경영은 기업이라는 조직에 몸담고 있는 사람이라면 누구나 알아두고 익혀둬야 할 필수 요소다. 요즘은 기업뿐만 아니라 관공서, 학교, 군대 등 비영리조직에서도 경영 지식이 절실히 필요한 것으로 지적되고 있다.

매일경제 기업경영팀은 한국 사회에 경영 지식을 전파하기 위해

2010년 3월부터 'MBA 섹션'을 제작해 왔다. 지면을 통해 대한민국 구성원들의 경영 마인드를 높이고 경영에 필요한 지식과 지혜를 소개했다. 특히 시시각각 변하는 글로벌 시장 변화에 발맞춰 글로벌 석학과 CEO(최고경영자)들의 비즈니스와 경영에 대한 통찰을 담고자 노력했다.

이 책에는 그동안 MBA 섹션에 소개된 다양한 경영이론과 경영방식, 그리고 실제 사례들이 담겼다. 주제별로 분류하고 내용을 한층 풍성하게 재구성한 게 특징이다. 특히 대한민국의 미래를 책임질 20~30대 젊은 층들이 인사이트를 얻을 수 있도록 만들었다.

1부 '내가 꿈꾸는 조직'에서는 젊은이들이 선망하는 기업 얘기가 소개된다. 꿈을 파는 디즈니, 커피에 감성을 입힌 스타벅스, 서커스를 산업화한 태양의 서커스 등 이름만 들으면 알만한 기업들의 스토리가 펼쳐진다. 2부 '선배들은 어떻게'는 영감을 줬던 경영자와 석학들의 이야기다. 케빈 켈리, 스티브 잡스, 세스 고딘 등이 던지는 화두를 통해 미래를 조망할 수 있다. 3부 '조직 내 나의 위치는'에서는 어떻게 하면 조직 내에서 생존하고 발전할 수 있는 지를 가르쳐준다. 특히 '인생은 줄칠줄삼'이라는 우스갯소리가 있는 것처럼, 조식 내에서 어떻게 네트워킹을 해야 하는지에 대한 특별한 힌트를 주고 있다. 4부 '유능한 관리자의 특별한 기술'을 통해서는 미래 자신의 모습을 준비하는 방법을 배울 수 있으며, 5부의 '시장 탐험가'에서는 국내외 시장을 보는 눈을 키울 수 있을 것이다. 6부 '구조조정 서바이벌'에서는 회사 내에서 부닥칠 다양한 문제들에 대한 해결책을 배울 수 있다.

이 책은 경영에 대해 얘기함과 동시에 사람에 대해서 얘기한다. 특히 조직 내 경영자는 물론 말단 직원, 취직을 준비하는 젊은이들도 보다 많이 느끼고 배울 수 있도록 하는 데 초점을 맞췄다. 피터 드러커는 "혁신이란 새로운 방법이 아니라, 새로운 세계관을 의미한다"고 말했다. 독자들이 이 책을 통해 세상을 새롭게 보는 눈을 갖게 된다면 저자들로서는 더할 나위없는 기쁨이 될 것이다. "일(work)보다 성공(success)이 먼저 나오는 곳은 사전밖에 없다"는 비달 사순의 얘기처럼, 이 책을 통해 더욱 일 잘하는 직원이 되어 5~10년 후에는 성공한 인물로 자리매김하기를 기원해본다.

책이 나오기까지 많은 이들의 격려와 도움이 있었다. 기업경영팀 발족에 이어 늘 지면을 아껴주는 장대환 매일경제신문·MBN 회장, 기업경영팀에 각별한 애정을 보여준 박재현 편집국장 등 많은 이들에게 감사드린다. 저자인 고승연, 용환진 기자와 황미리 연구원에게도 고마운 마음을 전한다. 기업경영팀의 인터뷰에 흔쾌히 응해준 CEO와 석학들은 이 책의 진짜 주인공이다.

매일경제 산업부 부장대우 겸 기업경영팀 부장 김상민

: contents :

Part 1

내가 꿈꾸는 조직은

'월트 디즈니'의 적합성 경영

시대의 변화에 올라타라

1990년대 초등학생들은 일요일 아침에 늦잠을 잘 수 없었다. 오전 8시부터 TV에서 방영하는 〈디즈니 만화동산〉을 봐야 했기 때문이다. 〈디즈니 만화동산〉은 1992년부터 2002년까지 무려 10년간 어린이들의 일요일 아침잠을 빼앗았다. 〈101마리 달마시안〉, 〈곰돌이 푸〉, 〈욕심쟁이 오리 아저씨〉, 〈구피와 친구들〉, 〈다람쥐 구조대〉, 〈오리형사 다크〉 등 인기 디즈니 TV 만화영화가 50분 동안 방영됐고, 만화에 푹 빠진 아이들 옆에서 나이든 형이나 누나, 심지어 부모님까지도 재미있는 에피소드를 함께 보곤 했다.

당시 디즈니 만화는 특정 시간에만 방영됐다. 하지만 이제는 언제든 디즈니를 감상할 수 있게 됐다. 한국에 24시간 디즈니 채널이 송출

되기 시작했기 때문이다. 아련해져 가던 디즈니 만화동산의 추억이 여기저기서 다시 회자되고 있다.

어린 시절 동경하던 월트 디즈니 만화영화 속 왕자와 공주는 모든 이들의 추억이 됐고, 어른이 된 뒤 영화관에서 보는 '캐리비안의 해적' 영화 속에는 '밥벌이의 지겨움'을 벗어나게 해주는 모험이 들어 있다. 동화 속 '마법의 성' 이미지부터 동물에게 인간성을 부여하는 방식, 그리고 고전과 신화를 끄집어내 환상을 심어주는 애니메이션 제작에 이르기까지 이 모든 게 월트 디즈니가 원조이면서 동시에 세계 최고다.

디즈니가 놀라운 것은 이렇게 만들어진 창의적 콘텐츠를 기막힌 상품으로 만들어 팔 줄 안다는 점이다. 만화·영화 속 캐릭터가 문구와 옷가지에 프린트돼 세상 밖으로 생생히 살아나오고, 테마파크를 넘어 캐릭터가 새겨진 크루즈선 사업까지 펼친다.

이렇게 콘텐츠를 상품화해 팔 줄 아는 능력이 있다 보니 자연스레 음반과 출판 시장에서도 힘을 발휘한다. 최근에는 스타를 직접 키워내는 영역에까지 뛰어들어 큰 성공을 거두고 있다. 2010년 디즈니가 올린 매출은 380억 달러(약 43조 원)로 단연 세계 넘버 원 콘텐츠 생산 기업이라 할 수 있다. 상상력을 바탕으로 한 동화 같은 디즈니의 성공 스토리는 1923년 회사 설립 이후 90년 가까이 이어져 오고 있다.

전 세계로 연결된 인터넷과 소셜미디어를 활용해 모두가 콘텐츠를 만들어 공유할 수 있는 세상, 이른바 '트랜스 미디어' 시대에 여전히 세계 최고 콘텐츠 기업으로 군림하고 있는 월트 디즈니의 경영 비결은 어디서 나오는 걸까. 상상력을 제품으로 만드는 월트 디즈니의 성공 전략은 무엇일까.

2011년 매일경제신문이 주최한 제12회 세계지식포럼 참석차 방한한 앤디 버드 월트 디즈니 인터내셔널 회장은 "디즈니의 콘텐츠는 언제나 사람들을 미소 짓게 만드는 힘이 있다"며 "소비자가 언제나 자신과 디즈니 콘텐츠의 연결고리를 찾을 수 있도록 하고 시대 흐름과 시장 변화에 발맞추는 것이 핵심"이라고 밝혔다. 그는 이를 '적합성·연관성(relevance)'이라는 단어로 표현했다.

시대에 통하는 적절한 콘텐츠를 만들 수 있었던 것은 '상상을 현실로' 바꿀 수 있는 기술력이 있고 이를 실행하는 기술자가 있었기에 가능했다. 일반적인 기업의 엔지니어와는 완전히 다른 역할을 하는 사람이다. 월트 디즈니는 이들 엔지니어를 '이매지너(imaginer)'라고 부른다.

버드 회장은 "'이매지너'라는 단어는 창업자 월트 디즈니가 세계 최초 테마파크 디즈니랜드를 직접 만들면서 떠올린 단어"라고 말했다. 상상력과 혁신, 그리고 기술을 결합시키기 위해서는 엔지니어가 스스로 풍부한 상상력을 갖고 이매지너가 돼야 한다고 강조했다.

혁신과 상상력이 기업의 핵심이다 보니 실패는 오히려 장려된다. 끊임없이 무엇인가 새로운 것을 상상하고 추구하는 과정에서 일어나는 실수는 이후 성공의 기반이 된다는 판단에서다. 버드 회장이 '실패를 유도한다'고 서슴없이 말할 정도다.

김언수 고려대 경영대 교수는 "'스테이 렐러번트(stay relevant)', 즉 시대 변화와 시장의 요구에 적합하게 발맞추고 소비자와의 연관성을 유지해 가기 위한 월트 디즈니의 노력 뒤에는 과감한 결단과 강한 규율 체계가 숨어 있다"고 분석했다.

김 교수는 "콘텐츠 생산 능력이 조금이라도 떨어진다 싶을 때에는 어떤 대가를 지불하고라도 픽사나 마블스 같은 기업을 사는 결단력을 가지고 있는 것이 월트 디즈니"라며 "테마파크에 새로운 시설이 들어오면 전 직원이 다 이를 이용해 보고 엄정한 평가를 하고 나서야 대중에게 공개하는 등 모든 것이 치밀하고 엄격하다. 이런 단단함이 오히려 제대로 된 소프트웨어와 콘텐츠를 만들어내는 것"이라고 설명했다.

디즈니를 생각하면 무엇을 느끼고 떠올릴 수 있는가? 재미, 긍정의 힘 그리고 마술과 같은 것을 상상하게 될 것이다. 당신은 왜 디즈니라는 단어를 말하면서 웃고 있는가? 디즈니는 사람들을 웃게 만든다. 그게 핵심이다. 디즈니의 콘텐츠는 십수 년 전이나 지금이나 같다. 소비자들은 언제나 디즈니의 콘텐츠와 연결고리를 찾을 수 있다. 할아버지가 손녀딸과 이야기해도 이야기가 되는 것이 디즈니의 콘텐츠다.

'의인화된 동물'과 그 동물이 등장하는 만화영화 그리고 각종 캐릭터 상품 매장으로 이어지는 현대 콘텐츠산업. 그 원조는 누가 뭐래도 월트 디즈니사다. 월트 디즈니와 로이 디즈니 형제가 미국 캘리포니아 로스앤젤레스에 터를 잡고 창업한 지 90년. 월트 디즈니 그룹은 이제 만화영화·영화산업에서는 물론 TV·홈비디오 제작과 유통, 테마파크(디즈니랜드) 사업, 출판과 음악 등 문화·콘텐츠 산업 전반을 선도하는 세계적인 기업으로 자리잡고 있다. 모두가 콘텐츠를 만들어내는 시대이다 보니 그 어느 때보다도 문화·콘텐츠 산업의 경쟁이 치열해지고 있는 상황이지만 월트 디즈니사는 지속적인 매출액 신장을 보이며 성장가도를 이어가고 있다. 문화·콘텐츠 산업이 앞으로 육성해야 할 주요 산업으로 인식되고 있는 가운데 디즈니의 성공 신화는 많은 국내외 기업이 써보고 싶은 대상이다. 매일경제 MBA팀은 제12회 세계지식포럼 참석차 한국을 방문한 앤디 버드 월트 디즈니 인터내셔널 회장을 만나 디즈니사의 지속성장 비결과 경영전략을 들었다. 버드 회장은 "디즈니의 성공전략, 특히 콘텐츠 시장에서 승리하는 비결은 '적합성(relevance)'"이라며 "최상급의 질을 유지하는 콘텐츠를 적절한 시기에 소비자들에게 공급하는 것이 핵심"이라고 밝혔다. 그는 또 "콘텐츠가 넘쳐나는 시대일수록 콘텐츠의 브랜드 가치가 오히려 더 중요해진다"며 "수많은 콘텐츠 중에 무엇인가를 고르는 데 시간이 오히려 더 걸리고, 혹시라도 질이 떨어지는 내용을 볼 경우 시간낭비가 되기 때문에 '신뢰성'이 중요한데, 디즈니가 바로 그 신뢰성 있는 양질의 콘텐츠를 생산한다"고 강조했다.

월트 디즈니사 개요

창립	미국 캘리포니아 로스앤젤레스(1923년 10월 16일)
창립자	월트 디즈니, 로이 디즈니
본사	미국 캘리포니아 버뱅크
업종	영화·TV·홈비디오 제작 및 유통, 테마파크(디즈니랜드), 출판(히페리온), 음악(할리우드 레코드) 등
종업원 수	14만 9,000명(2010년)
총자산	692억 600만 달러(2010년)
매출액	380억 6,300만 달러(2010년)

Q. 글로벌 미디어 그룹인 월트 디즈니는 90년 동안 지속적인 성장세를 유지하고 있다. 디즈니의 성공 전략이 궁금하다.

나는 디즈니를 '미디어 그룹'이라기보다는 '콘텐츠 기업'으로 소개하고 싶다. 디즈니는 브랜드가 있는 강력한 콘텐츠 기업이다. 미키마우스와 백설공주가 태어난 바로 그 순간부터 85년이 더 지난 지금도 우린 같은 가치를 추구한다. 회사 규모가 커지고 기술력이 향상됐지만 역시 우린 그 때 그 디즈니일 뿐이다. 우리가 M&A를 한 기업들을 한번 보라. 픽사나 마블스 같은 경우도 정말 멋진 콘텐츠를 갖고 있는 기업들이다. 디즈니의 가슴은 콘텐츠로 가득 차 있고, 콘텐츠가 없으면 뛰지 않는다. 디즈니가 다른 콘텐츠 기업과 다른 점은 신뢰할 수 있는 브랜드라는 것이다. 이것은 시간이 갈수록 점점 더 중요해질 것이다. '트랜스 미디어'의 시대가 도래한 뒤부터 누구나 콘텐츠를 생성할 수 있게 됐다. 그럴수록 소비자들은 아무 콘텐츠나 보고 시간을 낭비하고 싶진 않을 것이다. 그래서 믿고 신뢰하는 브랜드 콘텐츠 기업인 디즈니는 계속 성장할 수 있다는 얘기다.

Q. 지적한 대로 콘텐츠 시장은 경쟁이 심하다. 사실 브랜드가 아니더라도 막강한 콘텐츠를 하나 만들어내면서 강한 브랜드로 거듭나는 기업들도 있다. 레드 오션인 콘텐츠 시장에서 디즈니가 살아남는 전략을 좀 더 구체적으로 알고 싶다.

디즈니의 성공전략, 특별히 콘텐츠 시장에서의 성공전략은 무엇보다도 '적합성(relevance)'이다. 우리는 우리가 만들어 내는 콘텐츠를 적절한 시기에 보여준다. 단순히 시기만 중요시하는 게 아니다. 소비자들에게 그들의 삶과 연관된 콘텐츠임을 확실히 한 후에 상품을 공급한다. 두 번째 전략은 최상급의 콘텐츠다. 〈백설공주〉에서부터 최근 영화인 〈캐리비안의 해적〉까지, 디즈니는 모든 콘텐츠를 최상급으로 제작하려고 노력한다. 마지막으로 인재관리다. 혁신이나 발명은 결국 사람이 하는 것이다. 기업의 규모가 커지면 간혹 사람의 중요성에 대해 잊는 경우가 생긴다. 하지만 이렇게 생각해보자. 아주 굉장한 전략이 있더라도 이를 수행하는 사람들의 질이 떨어지면 별 볼일 없는 결과가 나오지만, 평범한 전략이라도 뛰어난 인재들이 일을 진행하면 최고의 결과를 만들어내기도 한다.

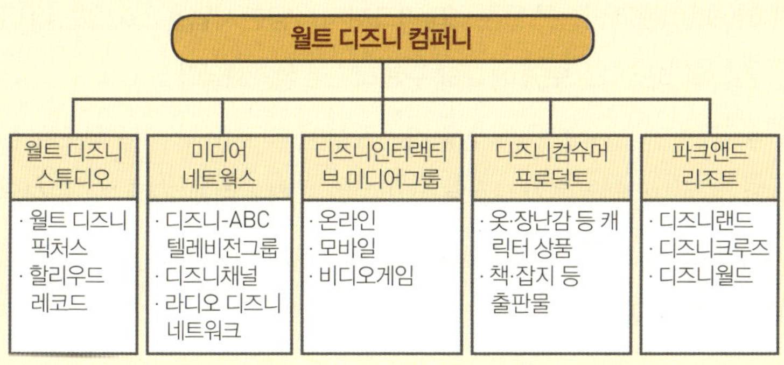

Q. 그런 '적합성'을 토대로 만들어진 디즈니 콘텐츠가 갖는 강점은 무엇인가.

디즈니를 생각하면 무엇을 느끼고 떠올릴 수 있는가. 재미, 긍정의 힘 그리고 마술과 같은 것을 상상하게 되지 않는가. 당신은 왜 디즈니라는 단어를 말하면서 웃고 있는가. 디즈니는 사람들을 웃게 만든다. 그게 핵심이다. 디즈니의 콘텐츠는 십수 년 전이나 지금이나 같다. 소비자들은 언제나 디즈니의 콘텐츠와 연결고리를 찾을 수 있다. 할아버지가 손녀딸이랑 이야기해도 이야기가 되는 것이 디즈니의 콘텐츠다. 디즈니는 계속해서 글로벌 톱10 브랜드에 이름이 올라가고 있다. 엔터테인먼트 브랜드로서는 항상 1위다. 하지만 생각해보면 글로벌 톱10 브랜드 중 디즈니 외에 사람의 감성에 호소하는 브랜드는 없지 않을까 싶다. 디즈니는 당신을 웃게도 하고 당신을 울게도 하는 브랜드다. 디즈니란 단어 하나만 가지고도 전 세계적으로 수백 개의 커뮤니티가 생겨나는 것이 디즈니의 최대 강점이다.

Q. 애니메이션과 방송은 물론 테마파크까지 다양한 사업을 하고 있는데 디즈니의 '비즈니스 모델'에 대해 구체적으로 설명해달라.

우린 언제나 핵심역량에 집중하는 모델을 갖고 있다. 지속적으로 질 높은 브랜드 콘텐츠를 생성하는 것 말이다. 다행스럽게도 콘텐츠 시장은 우리가 특별히 많은 노력을 하지 않는데도 알아서 커지고 있다. 커지는 시장은 디즈니에 성장할 수 있는 기회를 많이 제공한다. 한국시장에서도 디즈니는 성장하고 있고, 인도, 아프리카는 물론이고 모바일, 제품시장 등 다양한 산업군에도 진출하고 있다. 거듭 강조하지만 우리는 역시 적합성과 연관성에 주목한다. 시장의 수요에 적합한가, 사람들의 감성과 연관되어 있는가 등을 계속적으로 고민한다.

Q. 앞서 잠시 인재에 대해 언급했는데 디즈니의 인재관리 비결을 알려달라. 콘텐츠 기업, 미디어 기업이란 원래 사람이 핵심 아닌가.

물론이다. 모든 기업에 가장 중요한 부분이 바로 인재관리다. 사람들에게 집중하고 사람들을 잘 이해해야 한다. 내가 계속해서 '적합성(relevance)'을 강조하는데 인재관리 또한 이 원칙에서 벗어나지 않는다. 우선 직원들 모두에게 디즈니라는 기업과 관련성이 깊다는 것을 심어줄 필요가 있다. 그 다음에는 개개인이 잘 맞는, 즉 그들에게 적합한 일을 주는 것이 중요하다. 적합한 사람들에게 권한을 주고 그들을 신뢰하는 것이 디즈니 방식이다. 예전의 디즈니는 모든 결정권이 LA 본사에 있었지만 지금은 그렇지 않다. 현지 시장을 잘 알고 현지 소비자를 더 잘 이해하는 현지 직원들에게 결정권을 준다.

Q. 인재를 관리하는 것도 중요하지만 또 창의적인 인재를 육성하는 것도 중요할 텐데, 월트 디즈니만의 창의인재 육성 전략이 있나.

육성 프로그램이 따로 있는 것은 아니다. 우리는 사람들의 창의성이 발현될 수 있는 환경을 만드는 데 집중한다. 위험을 감수할 수 있는 분위기를 조성하고 혁신을 하도록 격려한다. 그리고 '실패'는 오히려 장려된다. 계속 최고 자리에 머물 수 있으려면 혁신적이어야 하고 그러기 위해서는 수없이 많은 실패를 경험해야 한다. 디즈니는 직원늘로 하여금 빨리 실패하도록 유도한다. 월트는 발명가였고 혁신가였으며 창조하는 사람이었다. 그는 혁신과 기술이라는 두 가지 다른 부분을 결혼한 부부처럼 한 몸으로 만들어 버렸다. 그의 정신은 아직도 디즈니에 남아 있다. 우리는 매일 특허를 낸다. 이런 모든 일들은 사실 돈도 많이 들고 시간도 많이 드는 작업이지만 우리는 이것을 멈출 수 없다.

Q. '혁신과 기술(기술자)과의 결혼'이라는 말이 인상적인데, 디즈니가 엔지니어들을 '이매지너(imaginer)'라고 부르는 것과 관련되는 것인가.

그렇다. '이매지너'란 단어는 월트가 직접 만든 말이다. 그가 세계 최초 테마파크를 만들면서 떠올린 단어다. 사실 테마파크를 만들던 당시 월트는 일반적인 놀이공원과 전쟁을 벌이는 것이라 생각했다. 디즈니 이전에는 테마파크라는 것 자체가 없었다. 테마파크는 보통 놀이공원과 달리 모든 것에 상상력을 불어넣어야 하는 곳이었다. 그저 놀이기구만 타는 곳이 아니었기 때문에 엔지니어들의 상상력으로 이전에는 보지 못한 것들을 만들어내는 작업이 이뤄졌다. 환상적이고 꿈속에서만 가능할 것 같은 것들을 창조해내기 위해 엔지니어는 이매지너가 됐다.

Q. 월트 디즈니 역시 큰 미디어 기업이다. 미디어 산업 얘기를 해보자. 앞서 말한 대로 미디어는 이제 시청자에게 일방적으로 정보를 전달하는 시대를 넘어 시청자가 직접 참여해 콘텐츠를 만들고 공유하는 '트랜스 미디어'시대로 접어들었다. 미디어의 미래는 어떻게 될 것으로 보나.

트랜스 미디어는 하이테크놀로지가 초래한 변화다. 발전된 기술로 인해 콘텐츠가 어디에서 만들어졌는지에 상관없이 전 세계적으로 엄청난 양이 매일 소비되고 있다. 그 소비량도 하루가 다르게 늘어가고 있다. 예를 들면 한국의 팝 문화가 한국에만 머무르는 것이 아니고 유럽과 동남아에서 유행을 하고 사랑 받고 있으며 미국 드라마가 한국 청중의 관심을 끌고 있다. 기술 발달과 함께 최근 등장한 소셜미디어도 잘 봐야 한다. '미디어'에 '소셜', 즉 사회적인 면이 덧붙었다. 사람들이 소셜네트워크를 통해 자신이 좋아하는 영상을 공유하면 청중의 실시간 반응이 올라온다. 사람들은 이제 자신의 지인들에게 자신이 좋아하는 것을 보여 줄 뿐 아니라 비슷한 취향을 가진 사람들과 함께 커뮤니티를 형성한다. 세상 모든 것이 다양한 연결통로로 공유되는 것이다. 이젠 인터넷뿐만 아니라 스마트폰, 3D 텔레비전, 태블릿 등 공유하는 방식도 여러 가지다. 이를 잘 주시하고 대응해야 한다. 그러면서도 절대 변하지 않는 것 하나를 항상 기억해야 한다. 바로 '질'이다. 기술이 아무리 발달하고 아무리 많은 이들과 소통할 수 있어도 결국 콘텐츠의 질이 떨어지면 살아남지 못한다. 오히려 수많은 커뮤니티들에 비난 받고 웃음거리가 될 것이다. 가장 핵심적이고 중요한 것은 시대의 변화에 민감하지 않다. 트랜스 미디어 시대에도 '질적 향상'이 꾸준히 이뤄진다면 아무 문제 없을 것으로 본다.

Q. 디지털 기기부터 소통방식 등 모든 것이 변하는 시대에 디즈니만의 대응 전략이 있나.

디즈니는 플랫폼이 무엇이냐가 중요한 기업이 아니다. 애플의 아이패드든 삼성의 갤럭시탭이든 이런 모든 것을 우리는 받아들이고 제대로 활용하길 원할 뿐이다. 디즈니는 변화를 두려워하는 조직이 아니다. 우리는 경쟁을 항상 기회로 본다. 받아들이고 적응하는 것이 우리가 잘하는 일이다. 역시나 우리의 핵심 전략대로 적절하게 맞춰가는 것이다. 변화에 맞는 콘텐츠를 새롭게 만들어 가는 것이 우리가 할 일이다. 10년 전에는 페이스북, 트위터 이런 것들이 없었지만 지금은 우리도 잘 활용하고 있다. 또 앞으로 10년 뒤에는 무엇이 새롭게 나타날지 기대가 될 뿐, 두렵지 않다. 이런 모든 변화는 오히려 좋은 것이다. 나태해지는 것을 막아주기도 하는 고마운 요소들일 뿐이다.

Q. 한국 기업들과 많은 협업을 하고 있는 것으로 알고 있다. 구체적으로 어떤 비즈니스를 하는가.

디즈니가 한국에 진출한 지 상당한 시간이 흘렀다. 거의 대부분 제품들로 한국 소비자들을 찾아갔던 것 같다. 디즈니 제품의 라이선스를 한국에 주고 제품을 만들 수 있도록 했다. 하지만 시간이 지남에 따라 점점 직접 개입하고 참여하는 일이 많아졌다. 한국은 전 세계 콘텐츠 기업들이 눈 여겨 볼 수밖에 없는 나라가 됐다. IPTV, 모바일, 브로드밴드와 게임산업의 붐이 일고 있기 때문이다. 그래서 디즈니도 직접 비즈니스 시장에 뛰어들고 있다. 처음으로 한국지사에 한국 대표를 세웠고 SKT와의 합작을 통해 디즈니 채널을 론칭했다. 100% 한국어로 진행되는 디즈니 채널은 우리에겐 매우 큰 모험이다. 앞으로도 우린 게임산업과 더 많은 산업들에 진출할 예정이다.

월트 디즈니의 '적합성' 경영이란

● 시대의 변화에 맞춘 콘텐츠

월트 디즈니 하면 떠오르는 첫 번째 이미지는 미키마우스로부터 시작된 동물 캐릭터와 그들이 등장하는 만화영화다. 또 아름다운 동화나 판타지에 기반한 스토리다. 언뜻 보면 끊임없이 신나고 즐겁고 환상적인 스토리를 마구잡이로 쏟아내는 것 같지만 디즈니 콘텐츠에는 시대 흐름과 시장 변화에 발맞추는 적합성(relevance)이 숨어 있다는 것이 전문가들의 분석이다.

초기 작품들은 동물에게 생명을 불어넣고 소설이나 동화를 아름답게 포장해 내놨다. 이는 대공황과 세계대전을 거치면서 황폐해진 사람들의 마음을 달랬고 대중소비문화 확산과 TV 보급, 영화의 대중화 속에 지속적으로 확산됐다.

김상용 고려대 경영대 교수는 "서양 고전이나 신화에 기반해 백인 주인공 위주의 스토리와 캐릭터로 승부하던 월트 디즈니의 콘텐츠가 1990년대 중반을 넘어오면서 변화를 겪게 된다"며 "〈포카혼타스〉, 〈뮬란〉 등에서 보듯이 인디언과 아시아인이 주인공으로 등장한다. 이는 당시부터 콘텐츠 소비 시장의 큰 비중을 차지하기 시작한 아시아 시장을 의식한 행보로 해석된다"고 설명했다. 그는 또 "이때부터 또 하나의 중요한 변화가 포착되는데 수동적으로 왕자의 손길을 기다리는 금발 미녀가 서서히 퇴조하고 자신의 운명을 스스로 개척하는 적극적인 여성상이 부각된다"며 "이 역시 여성의 사회적 역할과 힘이 커진 시대적 흐름에 적절하게 맞춰간 것으로 볼 수 있다"고 덧붙였다.

김 교수는 "귀여운 동물에 인격을 불어넣던 전략 역시 시대 흐름에 따라 바뀌어 갔다"며 "벌레(〈벅스라이프〉), 괴물(〈몬스터주식회사〉)을 넘어 아예 무생물(〈토이스토리〉)에도 인격을 넣어 캐릭터화했고 이는 수십 년간 쏟아지던 '귀여운 동물'에 식상할 수 있는 소비자의 마음을 다시 사로잡았다"고 분석했다.

● 가족은 여전히 최고의 타깃

월트 디즈니는 기본적으로 '가족' 단위 소비자에게 타깃을 두고 콘텐츠를 판매하고 있다. 별것 아닌 것처럼 여겨질 수 있지만 전문가들은 '참으로 어려운 줄타기'라고 말한다.

쉽지 않은 일이지만 90년 가까운 전통 속에서 가족 구성원 전원에게 어필할 수 있는 그들만의 '솔루션'을 갖고 있다는 분석이다. 월트 디즈니 성장사는 미국 중산층의 확산과 궤를 같이한다. 1950~1960년대 '가족'이 함께 소비할 수 있는 콘텐츠가 지속적으로 공급됐고 '디즈니랜드'라는 '마법의 성'을 만들어 휴일을 실제 가족과 함께 즐길 수 있도록 했다.

김언수 고려대 경영대 교수는 "디즈니가 공급하는 콘텐츠는 어른과 아이가 함께 즐길 수 있다는 것이 큰 힘인데, 이는 점점 더 강화되고 있다"며 "단순히 어른들을 추억에 빠지게 하거나 잠시 일상을 잊게 하는 수준이 아니라 삶에 대한 다양한 메시지를 주는 수준"이라고 말했다.

그는 "애니메이션 〈UP〉은 아예 주인공으로 노인을 등장시킬 뿐 아니라 삶의 의미에 대한 통찰을 주는 내용이었다"며 "아이들은 그저 신기하고 재미있어서 즐기고, 어른들은 무엇인가 깊은 생각을 하게 되는 것이 디즈니 '가족 콘텐츠'의 핵심"이라고 설명했다.

그는 "그러나 이는 사실 쉬운 것이 아니다"며 "제품으로 말하면 제품의 특징, 즉 피처(feature)가 복잡하다는 말인데 이렇게 명확하게 한 집단을 타깃으로 하지 않는 경우 사업에서 실패할 가능성이 높지만 디즈니는 전 세대에게 통할 수 있는 콘텐츠를 적절하게 줄타기하며 기가 막히게 만들어 내고 있다"고 덧붙였다.

● 연관성 있는 사업 다각화

디즈니의 '적합성 경영' 개념은 비단 콘텐츠 공급 측면뿐 아니라 인사관리나 의사결정 구조에도 스며들어 있으며 결정적으로 사업 다각화 측면에서 특히 중요한 부분을 차지하고 있다.

디즈니는 사업을 본격적으로 확장하기 시작하던 1930~1940년대부터 '수직계열화'를 중심으로 비즈니스 모델을 구축해왔다. 만화영화와 캐릭터 콘텐츠를 TV용으로 계속 확대 생산하고 유통시키며 이렇게 확산된 것들을 '캐릭터 상품'으로 만들어 소비재 시장에 진출하는 식이다. 여기에 1950년대 첫 테마파크 개장 등을 기점으로 '실제 밖에서 가족과 함께 즐기는' 콘텐츠로 확장시켰고, 이후 디즈니 캐릭터를 잔뜩 그린 '크루즈선'까지 등장했다. 단순히 사업 분야로 보면 만화영화와 유람선이 연결될 리 없지만 가족 중심 콘텐츠라는 개념을 놓고 볼 때 모든 것이 느슨한 연결고리를 갖고 있다는 뜻이다.

김 교수는 "디즈니가 운영하는 아이스하키팀과 야구팀도 실제로 영화화되고 소재로 쓰이고 있으며, 픽사나 마블스 인수도 디즈니의 콘텐츠 사업과 영화 사업을 지속적으로 성장시키는 데 엄청난 역할을 했는데 이 역시 스스로 가장 필요한 것이 무엇이고 가장 적합한 인수 대상이 무엇인지 제대로 짚어낸 것"이라고 설명했다.

그는 "월트 디즈니가 인터넷 사업 등 다양한 첨단 영역에 마구잡이로 진출하면서 회사는 급격히 커졌지만 오히려 흔들리는 시기도 있었다"며 "최근에는 확실히 '가족 중심 콘텐츠'라는 자신의 핵심 분야에 초점을 맞추고 이와 연관성을 갖는 분야로 끝없이 연결된 확장을 진행하고 있다"고 강조했다.

때를 기다려 기회 찾고 꿈을 상품으로 만들라

배운 것을 기억하기 위해 그림을 그리던 학습장애 소년은 세계인의 가슴에 꿈을 그려 넣었다. 전 세계 여러 기관들로부터 '영광의 얼굴'로 소개된 것이 총 950번, 아카데미상만 48번, 에미상 7번. 월트 디즈니사의 창업자인 월터 일라이어스 디즈니 이야기다. 레오나르도 다빈치 이후 예술계에 가장 큰 영향을 끼친 사람으로 꼽히는 월트 디즈니는 상상력을 상품으로 만들었

월트 디즈니

고, 사람들에게 '꿈'을 팔았다.

'창조자(creator)'라는 말이 가장 잘 어울리는 그의 철학과 정신은 창업 100년을 향해 달려가는 기업, '월트 디즈니사'에 고스란히 살아 숨쉬고 있다.

그의 형과 함께 창업한 지 3년 뒤인 1928년, 월트 디즈니는 디즈니 최초의 캐릭터 '미키마우스'를 창조해내는 데 성공한다. 미키마우스는 '정신 나간 비행기'라는 무성영화로 만들 예정이었다. 하지만 당시는 기술 발전으로 유성영화가 시작되기 직전이었다. 월트 디즈니는 수개월을 기다렸다 〈증기선 윌리〉로 1928년 11월 18일 뉴욕 콜로니 극장에서 데뷔한다. 좀 더 완벽한 애니메이션을 만들고 싶었던 월트 디즈니는 1937년 〈백설공주와 일곱 난쟁이〉 영화를 제작한다. 움직이는 캐릭터들과 완벽한 음향으로 만들어진 첫 애니메이션 영화였다. 제2차 세계대전이 한창이고 경제가 어려웠던 시절에 149만 9,000달러나 투자한, 애니메이션 역사에 길이 남는 작품이었다.

미국이 제2차 세계대전에 참전하면서 디즈니 시설과 인력의 94%는 정부를 위한 홍보영상을 만드는 데 동원됐지만 월트 디즈니는 나머지 시설과 인원으로 코미디를 만드는 데 집중했다. 전쟁의 상흔이 사회를 파고들수록 사람들이 다 잊고 웃을 수 있는 콘텐츠가 성공할 수 있다는 믿음에서였다.

이처럼 때로는 적절한 시기를 기다리고, 때로는 남들이 위기라고 생각하는 시기를 기회라고 생각해 공격적으로 나서는 월트 디즈니의 사업가적 기질은 지금의 월트 디즈니 경영전략인 '적합성(relevance)' 개념이 됐고 지난 90년간 디즈니를 이끌어온 힘이 됐다.

　1950년대가 되자 월트 디즈니는 기존의 놀이공원과 차별되는 '테마파크'를 구상했다. 그렇게 탄생한 것이 바로 디즈니랜드다. 평범한 놀이공원과는 달라야 했기에 시설 하나, 사소한 배치 그 모든 것에 상상력을 불어넣어야 했다. 이때 월트 디즈니가 만든 단어가 '이매지너(imaginer)'다. 이매지너는 디즈니 그룹에서 엔지니어를 일컫는 말로 여전히 쓰이고 있다. 상상을 현실로 만들기 위해서는 기술자들 스스로 상상력을 가지는 것이 필요했고, 그 철학이 바로 이매지너라는 단어에 함축돼 있다.

변신 시도하는 커피명가 스타벅스

글로벌라이제이션을 버리고, 한국적인 스타일을 입혔다

시애틀의 1호점에서 오후의 여유를 즐겼던 사람도, 바쁜 출근길에 아침식사 대용으로 찾았던 뉴요커도, 점심식사 후 커피 한 잔의 즐거움을 느끼고자 했던 한국 사람들도 모두 같은 로고의 같은 커피잔을 들었다. 획일화와 표준화. 스타벅스는 그렇게 성장했다. 서울 한복판에서도 심지어 중국에서도 뉴욕과 똑같은 인테리어에 똑같은 커피맛. 전 세계 사람들은 어느 곳에서나 스타벅스 커피에서 시애틀의 향을 맡았고 뉴욕의 맛을 음미했다. 고객들이 세계 어느 곳을 가더라도 고향 같은(homie feeling) 스타벅스 커피맛을 즐길수 있었던 것이다. 이른바 글로벌 스탠더드 전략 덕이다. 그러던 스타벅스에 변화가 일기 시작했다. 이는 위기에 처한 스타벅스가 마케팅 전략을 새로 정비하

서울 광화문 이마빌딩에 입점한 스타벅스 400호점 내부. 이마빌딩은 조선시대 궁중의 말과 가마, 마필 그리고 목장 등을 관장하던 관청 '사복시'가 있던 터에 자리잡고 있다. 스타벅스는 문화재청으로부터 조선시대 말에 대한 국립중앙박물관 자료 등을 받아 400호점 내부를 한국적 스타일로 꾸몄다.

면서부터다. 세계 경제를 강타한 2008년 글로벌 금융위기 당시 스타벅스 매출은 급락했다. 그 해 104억 달러였던 글로벌 매출은 2009년 98억 달러로 떨어졌다.

급기야 수백 개의 점포 문을 닫고 파드너라고 아끼던 직원도 줄이는 등 치욕적인 결단을 내리기도 했다. 한국에서는 토종 브랜드 카페베네가 점포 수에서 스타벅스를 앞질렀다. 무리하게 점포를 확장했지만 금융위기를 계기로 수익을 못 내는 매장이 속출했다. 급기야 하워드 슐츠 스타벅스 회장이 구원투수로 나섰다. 돌아온 슐츠는 기존의 표준화 전략에 메스를 대기 시작했다.

단순히 매출이 떨어지고 점포가 문을 닫았다는 것 때문만은 아니었다. 스타벅스 본래의 창업정신이 흔들리고 있다는 판단 때문이었다. 고향 같은 스타벅스 커피맛, 획일화된 커피맛을 강조하다 보니 지역별 특성이 무시됐고 결국 지역사회에 제대로 뿌리내리지 못했다는 반성이 일어났다.

'다각화·현지화'가 본격적으로 시작됐다. 이제 뉴욕의 스타벅스와 서울의 스타벅스는 인테리어부터 판매되는 메뉴, 머그와 텀블러(뚜껑이 달려 있는 컵의 일종)도 다르다. 한국인 직원의 아이디어로 개발된 훈민정음 머그와 텀블러가 '한국의 스타벅스' 매장에서 외국인 관광객의 눈길을 끌고 있다.

서울 광화문 이마빌딩에 자리한 스타벅스 400호점은 조선시대 말(馬)에 대한 전통 자료 등을 토대로 매장을 꾸몄고, 충무로점은 영화의 역사가 담긴 인테리어를 도입했다. 한국의 팥빙수에서 아이디어를 얻은 레드빈 프라푸치노는 전 세계 매장으로 진출했다. 경기도와 스타벅스가 '우리 쌀 소비를 위한 떡산업 육성 협약'을 체결하고 공동 개발한 경기미 떡과 라이스바, 라이스칩, 라이스키위 등이 한국의 스타벅스 매장에서 팔리기 시작한 지도 벌써 수년째다.

슐츠 회장은 매일경제 MBA팀과 인터뷰하면서 "현지화 전략은 이제 시작"이라며 "방한 때 한국에서 볼 수 있었던 한국만의 스타벅스는 매우 흡족했다"고 말했다. 스타벅스의 이러한 변신을 두고 전문가들은 단순한 세계화 시대 '글로벌라이제이션(globalization)' 전략을 넘어 현지화를 동시에 추구하는 '글로컬라이제이션(glocalization)' 전략이 본격화된 것이라고 분석한다.

김주권 건국대 경영대 교수는 "획일화되고 표준화된 맛과 인테리어를 통해 세계화의 첨병으로 나섰던 맥도날드는 이미 수년 전부터 유럽과 중국 등에서 각각 현지 사정에 맞는 메뉴와 인테리어를 도입했다"며 "맥도날드 성공 이후 또 다른 미국적 세계화의 선봉에 있던 스타벅스 역시 그 동안의 세계화 전략을 근간으로 이제부터 현지화에 나서고 있는 것"이라고 덧붙였다.

모든 글로벌 프랜차이즈 사업은 앞으로 현지화 전략을 함께 추구할 수밖에 없고, 특히 문화적 자존감이 강한 중국 시장 등 아시아 시장에서의 성공을 위해서는 더더욱 글로컬라이제이션 전략을 쓸 수밖에 없다는 얘기다. 여기에 '창업정신', '지역사회와의 소통'을 강조하니 자연스레 현지화가 탄력을 받는다는 것이다.

현지화에 다각화도 더해졌다. 새로운 세대에도 스타벅스를 알리고 지속적인 혁신과 성장을 이루기 위해 현지화뿐만 아니라 비즈니스 다양화도 필요했다는 것이 스타벅스 관계자들의 전언이다.

스타벅스의 새로운 시도 중 가장 파격적인 것은 '스타벅스 바(Bar)'다. 커피 전문점이었던 스타벅스가 테스팅 매장으로 시애틀에 스타벅스 바 1호점을 냈다. 오후 시간에는 스타벅스 와인과 맥주를 즐길 수 있는 곳으로 변신한다.

뿐만 아니라 스타벅스는 커피믹스 브랜드인 네슬레와 경쟁을 시작했다. 한국에도 출시된 바 있는 스타벅스 카페 VIA(커피믹스)는 미국에서 출시되자마자 선풍적인 인기를 얻었다. VIA는 언제 어디서나 스타벅스를 즐길 수 있다는 장점으로 고객들의 눈길을 끌었다. 단순한 커피믹스가 아니라 질 좋은 스타벅스 원두를 미세 처리한 후 진공포장을 했다. 커피전문점 고객들의 까다로운 입맛을 공략하기 위해서다.

이전부터 추구해온 '쿨하고 착한 기업' 스타벅스의 이미지 메이킹도 디지털 공간을 활용하면서 점점 강화되고 있다. 소셜네트워크서비스(SNS)와 유튜브 등 뉴미디어를 타고 소비자들에게 퍼지면서 '착한 기업' 스타벅스의 이미지를 더욱 강화시키고 있는 것이다.

» 하워드 슐츠 스타벅스 회장

최근 한국을 방문한 하워드 슐츠 스타벅스 회장이 스타벅스 소공지점에 들러 커피를 든 채 환하게 웃고 있다.

자고 일어나면 새로운 매장이 생겨난다는 커피전문점. 바야흐로 한국은 지금 커피 전쟁 중이다. 커피 전쟁의 중심에는 스타벅스가 있다.

스타벅스는 1971년 미국 시애틀에서 시작해 프랜차이즈 형태로 만들어 전 세계 커피 시장을 선도하고 있다. 스타벅스를 이야기할 때 하워드 슐츠 회장을 빼놓고 말할 수 없다. 그는 평범한 커피를 득빌한 브랜드로 재창조했다. 슐츠 회장은 남다른 성공 전략과 기업가 정신을 바탕으로 스타벅스를 세계적인 커피전문점으로 성장시켰고 2008년 맞은 위기를 벗어나기 위해 경영 일선에 복귀해 제2의 도약기를 진두지휘하고 있는 인물이다.

그가 최근 어느 나라보다 격렬한 커피 전쟁이 벌어지고 있는 한국을 방문했다. 그는 선구자답게 향후 한국과 중국 등 아시아 시장에서도 스타벅스의 승승장구를 자신하고 있었다. 그에게 토종 브랜드가 부상하고 있는 한국 시장에서의 전략과 스타벅스의 신성장동력이 무엇인지 물었다. 슐츠 회장은 "커피에 집중하되 커피 그 이상을 파는 곳"이라고 스타벅스를 규정했다.

매일경제 MBA팀은 슐츠 회장을 만나 최근 펼치고 있는 스타벅스의 경영전략과 비결을 들었다. 슐츠 회장과의 대면 인터뷰와 이메일 인터뷰를 바탕으로 재구성했다.

Q. 얼마 전 한국에서 《카페베네 이야기-스타벅스를 이긴 토종 카페》라는 책이 출판돼 화제가 됐다. 글로벌 기업 스타벅스가 한국 토종 브랜드에 밀렸다는 것인데 이를 파악하고 있는지, 어떤 전략으로 대응할 것인지 궁금하다.

물론 많은 이야기를 들었기 때문에 잘 알고 있다. 우선 나는 커피 시장 자체의 덩치가 커진다는 의미에서 굉장히 좋은 결과라고 생각한다. 하지만 스타벅스와 경쟁 위치에 두고 비교한다면 프랜차이즈 영업점의 개수는 기업의 성공 여부를 결정할 수 없는 것이라고 말하고 싶다. 스타빅스는 여전히 고객들이 원하는 경험을 만들고 있고 이는 우리의 한국 시장 내 성장세가 나타내주고 있다. 방한 때도 말했지만 향후 몇 년간 스타벅스 코리아의 매장은 두 배로 늘어날 예정이다. 즉 스타벅스는 다른 사업자의 매장 개수에 밀린다기보다는 현재 매장들에 충실했을 뿐이다. 스타벅스를 다른 커피전문점들과 차별화하는 것은 '양질의 커피'이자 '도덕적인 커피'다. 또한 우리가 추구하는 가치에 합당한 경영법을 중시하고 고객들과의 관계를 소중하게 생각한다. 우리는 계속해서 진화하고 혁신하고 있다. 커피맛뿐만 아니라 이제는 외형 디자인에도 많은 변화를 주고 있다. 새로운 스타벅스 청담점을 방문해보기 바란다. 우리의 전략은 지역화, 현지화로 지역문화의 중심이 되는 것이다. 청담동에 많은 카페가 편안한 소파에 오래 앉을 수 있는 구조로 돼 있다. 스타벅스 청담점은 바로 그러한 청담동 문화를 그대로 녹였다.

Q. 한국 시장에 대한 전망과 마케팅 전략에 대해 이야기해달라.

한국은 가장 빨리 성장하는 시장이고 미국 이외의 시장 중 가장 큰 시장 5위 안에 드는 나라다. 한국에서의 스타벅스 성공은 끈끈한 파트너십이 있었기에 가능했던 일이다. 우리는 각 매장과 각각의 고객들에게 주의를 기울여서 성공 가도를 달릴 것이다. 경쟁을 위해 스타벅스는 수비보다는 공격을 하는 것이 맞다고 생각한다.

Q. 현지화 얘기를 했는데, 스타벅스는 대표적인 글로벌 프랜차이즈로 커피맛이나 서비스도 표준화돼 있다. 하지만 아시아 등 세계 다양한 시장으로 뻗어가려면 현지에 맞는 전략도 필요할 것 같다. 어떤 전략을 쓰고 있는지 사례를 들어 설명해달라.

전 세계 55개의 다른 시장에 나가서 경영해본 결과 우리는 로컬 시장의 고객 니즈에 귀 기울여야 하고 혁신을 계속해야 하는 것이 얼마나 중요한 것인가를 알게 됐다. 우리는 이에 안주하지 않고 고객들의 경험을 높이기 위한 새로운 지점 디자인과 함께 새로운 시도를 하고 있다. 이젠 고객 주문에 맞춘 프라푸치노를 경험할 수 있다. 한국에서는 국산 유기

농 쌀로 만든 과자와 바를 살 수 있다. 이제 조금씩 현지화 전략을 시행하고 있는 중이다. 지난 방한 때 한국에서 볼 수 있었던 한국만의 스타벅스는 매우 만족스러웠다.

Q. 특히 한국에서 현지화를 강하게 느낄 수 있는데.

그렇다. 한국 얘기를 좀 더 해보면 스타벅스의 음료는 전 세계적으로 글로벌 기준을 따라 제공하지만 역으로 로컬 마켓에서 아이디어를 개발해서 수출되는 사례도 있다. 예를 들어 그린티라테는 한국을 테스트마켓으로 한 후 아시아 지역 전역으로 확산된 사례다. 맛과 사이즈 등에 민감한 한국 소비자 반응을 먼저 살핀 후 글로벌 확산을 결정한 것이다. 또 한국의 팥빙수를 응용한 스타벅스 여름 음료 브랜드도 대표적인 현지화·역수출 사례다. 스타벅스는 한국을 비롯한 아시아 9개국의 2,100여 개 스타벅스 매장에서 한국의 팥빙수에서 힌트를 얻어 개발한 '레드빈 프라푸치노'를 2007년 6월 1일부터 7월 중순까지 약 2개월간 한시적으로 판매했다. 레드빈 프라푸치노는 스타벅스 코리아 직원들의 제안으로 스타벅스 미국 본사 음료팀에서 약 2년 동안의 연구개발 기간을 거쳐 음료 브랜드로 탄생했다. 레드빈 프라푸치노, 레드빈 크림 프라푸치노, 레드빈 프라푸치노 라이트 등 세 종류로 출시됐다. 레드빈 프라푸치노는 그린티라테에 이어 한국을 비롯한 아시아에서 테스팅 마케팅 후 전 세계로 소개한 두 번째 음료다. 이런 현지화 전략을 적극 추진하게 된 것은 획일적이고 표준화된 매장으로는 스타벅스의 가치, 즉 지역사회와 호흡하고 지역에 봉사하는 가치를 실현할 수 없다고 봤기 때문이다.

Q. 성장을 위해 제품의 다각화를 추진하고 있는데 다각화는 어떻게 진행되나.

시애틀 매장에서 맥주와 와인을 파는 스타벅스 바(BAR)를 만든 것도 다각화 노력이라고 볼 수 있다. 일부 전문가들이 '커피'와 연관성이 높은 아이템으로 다각화를 하는 것이 좋다고 조언하고 있지만 그것보다는 '동일한 가치'를 유지하는 것이 핵심이다.

지난 40년 동안 스타벅스는 고객들의 머릿속에 뚜렷이 각인됐다. 우리가 창조하는 새로운 '스타벅스 경험'은 여전히 40년 전의 가치 그대로를 반영하고 있다. 프리미엄급 커피, 열정적인 파트너들과 고객들과의 관계 등이 바로 그것이다. 우리의 사업을 커피에서 맥주와 와인으로, 그리고 다양한 음식으로 넓히는 것은 스타벅스 실험의 한 종류이고 낮과 밤의 모든 경험을 혁신적으로 어떻게 엮을 것인가를 생각하다 고안하게 된 아이디어다. 우리는 장기적으로 우리 고객들의 라이프스타일과 가치, 관심사에 집중해야 한다고 생각하고 그에 맞추기 위해 노력한다. 현재 맥주와 와인을 파는 매장은 시애틀에 3곳 있다. 다각화도 현지 실정에 맞게 차근차근 해나갈 것이다. 일본이나 스페인 등지에 조만간 진출할 생각을 하고 있다.

Q. 커피와 관련된 제품의 다각화도 추진하고 있는 것으로 알고 있다.

스타벅스는 물론 커피와 연관성이 높은 아이템의 다각화를 실천하기도 한다. 가장 큰 성공 사례이자 굉장히 큰 위험성을 갖고 시작하게 된 커피 비아(VIA)를 들 수 있다. 사실 커피믹스가 가장 잘 팔린다는 한국에는 조금 늦게 출시된 감이 있지만, 미국에서는 이미 스타벅스판 커피믹스라고 부를 수 있는 비아가 대히트했다. 전문 바리스타가 만들어주는 높은 질의 커피를 추구하는 스타벅스가 개인이 직접 뜨거운 물에 타먹는 커피를 출시한다는 것은 매우 큰 위험을 감수한 것이었다. 하지만 여행을 가거나 산행할 때도 스타벅스와 함께하는 경험을 만들어 주고자 높은 품질의 비아를 출시하게 됐고 현재 미국 내에서 선풍적인 인기를 끌고 있다.

Q. 스타벅스의 '가치'와 연관해 질문해보면 스타벅스는 단순히 '커피를 제공하는 기업'이라고 표현하기엔 부족한 것 같다. 스타벅스는 고객들에게 어떤 가치를 주려고 하는가.

나는 언제나 스타벅스는 커피보다 더한 가치를 주는 기업이라고 말을 해왔다. 스타벅스는 '커피 비즈니스' 안에서 사람들에게 서비스를 제공하는 기업이 아니라 '사람 비즈니스'에서 커피를 제공하는 기업이다. 우리 지점들은 모임을 위한 공간으로 설계됐다. 와이파이를 쓰기 위해서든 책을 읽기 위해서든 친구를 만나기 위해서든 토론을 하기 위해서든 말이다. 나는 스타벅스를 표현할 때 '인간성'으로 표현한다. 인간성 또는 인간애로도 표현될 수 있는 이 말은 사람들의 존엄성을 높이 평가하는 것을 보여주는 것으로 표현된다. 스타벅스는 이러한 것을 다양한 측면에서 보여주려고 노력하고 있다.

Q. 많이 알려진 얘기이지만 스타벅스만의 가치를 실현하기 위한 구체적인 전략에 대해 설명해달라.

우선 스타벅스의 모든 파트너들, 즉 임직원을 비롯해 해외에서 우리 스타벅스에 합작투자한 파트너들, 그리고 고객들의 삶을 존경할 수 있는 기업 문화를 만들었다. 각각 다른 것을 존중하는 것은 마땅히 옳은 일이며 스타벅스는 사람들의 마음과 영혼 없이는 존재할 수 없다는 것을 보여준다. 이런 것들이 스타벅스를 다른 커피전문점과 차별화하고 있다.

Q. 한국에서는 납품업체 등 거래 업체와의 관계가 어느 때보다 중요한 이슈로 등장했다. 스타벅스의 사례를 소개하자면.

스타벅스는 공정거래를 통해 커피 농가들에 최선을 다하고 있다. 2010년 84%의 스타벅스 원두는 제3자 인증의 윤리 구매 프로그램인 'C.A.F.E Practice'를 활용해 커피 품질은 뛰어나지만 공정무역 조합에 가입되지 않은 농가들에 시세보다 높은 프리미엄 가격을 보장해줬다. 이들 농가에도 정당한 이익이 돌아갈 수 있는 지속 가능한 거래를 했다. 또한 스타벅스는 코스타리카와 르완다, 중국 윈난 지역에 농가지원센터를 세웠다. 뿐만 아니라 스타벅스는 커피 농가들에 대출해주는 프로그램도 꾸준히 늘리고 있다. 2008년에는 1,250만 달러를 대출해줬으나 2015년에는 2,000만 달러로 늘릴 예정이다.

Q. 지역사회와의 관계도 중시하고 있다는데.

주변 사회와 관계를 맺는 것은 스타빅스의 오랜 전통이다. 2011년 4월 우리는 '글로벌 서비스의 달'을 만들었다. 스타벅스는 전 세계 20개국에서 1,500개 이상의 프로젝트를 진행하며 15만 시간의 봉사활동을 했다. 1,000여 명의 파트너들은 180개 이상 지역봉사에 참여했고 스타벅스 코리아는 30개 도시 80곳의 NGO와 손을 잡았다. 사람들은 점점 환경을 생각하고 건강한 정신상태를 지향하며 도덕적 가치를 중시한다. 이렇게 똑똑해진 고객들은 자신들의 가치와 비슷한 가치를 갖고 있는 기업을 원한다. 우리는 착한 이웃이자 변화의 선두주자이길 원한다.

Q. 마케팅 전문가들은 스타벅스의 사례를 최고의 마케팅 사례로 꼽기도 한다. 특히 스타벅스는 일찍부터 성공적인 소셜네트워크서비스(SNS) 마케팅을 진행하고 있다는 평이 많다. 중국 등 아시아 진출 전략과 관련 지어 설명해달라.

앞서 말했듯이 스타벅스는 사람들의 생각에 뚜렷이 박혀 있는 기업 중 하나다. 우리는 '스타벅스 경험'이라는 표현을 쓰면서 우리의 비전과 가치를 간직하고 있다. 항상 고객과의 대화를 중요시했다. 고객의 의견을 듣고 그에 따른 행동을 하는 것이 우리의 가치 중 하나라는 말이다. 이런 우리의 가치에 디지털 스페이스가 더해져 고객과의 대화를 늘릴 수 있는 장이 열렸다. 페이스북, 트위터, 유튜브, 마이 스타벅스 아이디어, 스타벅스 디지털 네트워크와 모바일 등 우리는 많은 채널을 통해 고객과 만나고 스타벅스 경험을 확장하고 있다.

아시아 시장은 스타벅스에 큰 기대를 품게 한다. 사실 한국이 가장 빠른 성장세를 보여주고 있다. 그래서 나는 지난 방한 때 현재 350개 지점에서 5년 내 700개 지점으로 2배 늘릴 것이라고 발표했다. 그만큼 자신이 있었다. 스타벅스는 또한 중국 고객들의 반응을 매우 긍정적으로 판단하고 있다. 현재 중국 대륙에 약 450개 지점이 있으며 2015년에는 1,500개 지점이 지어질 것으로 보고 있다.

지난 3년간 미국 시장은 많은 변화가 있었다. 우리는 이런 변화에서 많은 것을 배웠고 배운 점을 각국의 스타벅스 지점들에 점차적으로 적용할 예정이다. 하지만 물론 이런 것을 현지화된 전략적 눈으로 보고 상황에 맞게 적용하는 것이 중요하다. 앞으로 스타벅스의 성장 엔진이 될 것은 아시아 등 외국 시장임이 확실하기 때문이다.

스타벅스 매출액

(단위: 억 달러)

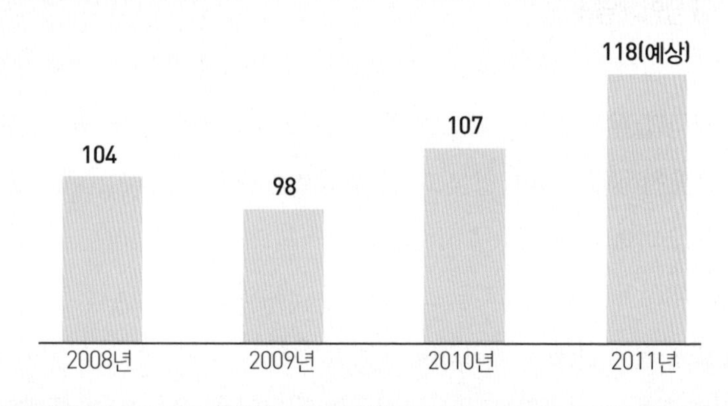

스타벅스는…

설립연도	1971년 시애틀 1호점 개점
본사 위치	미국 워싱턴주 시애틀
창업자	제리 볼트윈, 고든 보커, 지브 시글
협회장	하워드 슐츠(1987년 인수)
매장수	전 세계 50여 개국, 1만 7,000여 개
직원수	파트너(종업원) 18만여 명

하워드 슐츠(Howard Schultz)는 스타벅스의 회장 겸 CEO다. 뉴욕 빈민가 출신인 그는 1982년 스타벅스의 경영방식과 커피 맛에 반해 시애틀에서 스타벅스 마케팅 책임자로 일하기 시작했다. 1986년 이탈리아 스타일의 에스프레소 바를 열기 위해 스타벅스를 떠나 독립했다가 1987년에 스타벅스를 인수해 세계적인 기업으로 성장시켰다.

인간 중심 경영과 지역사회 공헌을 기업의 주요 가치로 생각하고 실천하는 것으로 잘 알려져 있다. 이 같은 슐츠 회장의 철학은 대외적으로도 널리 인정받아 역경을 극복하고 훌륭한 자질을 갖춘 리더에게 주는 허레이쇼 앨저 상(Horatio Alger Award), 노터데임대 멘도자 경영대학에서 수여하는 시어도어 M 헤스버그 기업윤리상(Rev. Theodore M. Hesburgh Award for Business Ethics)을 받았다. 또 컬럼비아 경영대학원에서 수여하는 보트위닉 기업윤리상(Botwinick Prize in Business Ethics), UCLA 앤더슨 경영대학원에서 수여하는 존 우든 글로벌 리더십상(John Wooden Global Leadership Award) 등도 수상했다. 〈타임〉에서 선정한 '세계에서 가장 영향력 있는 100인'에 속하는 그는 현재 부인과 두 자녀와 함께 시애틀에 살고 있다.

국내 커피전쟁 2라운드 - 각 사의 차별화 전략

커피 시장을 확보하려는 커피전문점들의 경쟁이 어느 때보다 치열하게 전개되고 있다. 글로벌 프리미엄 커피의 강자인 스타벅스가 '현지화'라는 새로운 전략으로 시장 확대에 나섰다.

이에 질세라 카페베네를 비롯한 국내 토종 커피전문점은 물론이고 독특한 맛으로 승부하는 부티크 커피점들의 수성 전략도 만만치 않다. 커피전문점들은 각자의 독특한 판매 전략을 통해 자신만의 고객 확보에 심혈을 기울이고 있다.

한국의 커피시장은 2011년 3조 6,910억 원 규모에 이른 것으로 추정된다. 커피전문점의 매출 비중은 꾸준히 증가하고 있지만 아직 40%도 안 된다. 커피시장 자체가 계속 커지고 있고, 이 중 커피전문점의 비중은 아직 작다 보니 커피전문점 간 매출 신장과 시장점유율 확대를 위한 전쟁은 뜨거울 수밖에 없다.

사실 커피전문점들 간 전쟁이 처음은 아니다. 스타벅스가 '세련됨'을 무기로 한국시장을 공략하면서 전쟁은 시작됐다. 대학로에, 신촌에 나름의 문화를 형성하고 있던 각종 한국식 커피점은 급속하게 스타벅스식 커피전문점으로 변해갔다.

'별다방(스타벅스)'과 '콩다방(커피빈)'이 2000년대 초반부터 경쟁했고 2008년부터 국산 브랜드 할리스가 상대적으로 저렴한 가격을 무기로 커피빈을 점포 수에서 앞지르며 3파전 양상으로 변했다. 스타벅스, 커피빈, 할리스로 정리되는가 싶던 커피전문점 전쟁은 카페베네를 필두로 한 토종 브랜드가 다수 등장하면서 그 양상이 바뀐다.

카페베네는 특히 싸이더스와 합작 계약을 맺고 유명 연예인을 내세워 대대적인 마케팅과 공격적인 점포 확장으로 2008년 12개에 불과했던 체인점을 2011년 673개까지 늘리며 점포  수 2위인 엔제리너스(490곳), 스타벅스(424곳)와 격차를 벌렸다. 카페베네의 성공 요인은 차별화된 인테리어다. 기존 커피전문점들이 뉴요커의 도회적인 이미지만을 내세웠다면, 카페베네는 휴식과 문화를 내세워 감성적인 측면을 강조했다.

한국소비자원 등에 따르면 커피전문점을 이용하는 고객들은 매장 분위기는 '카페베네', 커피맛은 '커피빈', 가격은 '할리스'를 가장 선호하는 것으로 나타났다. 각각의 전략이 어느 정도 성과를 거두고 있는 셈이다.

탐앤탐스는 독보적 서비스를 제공하기 위해 매장 운영 시간을 24시간으로 늘렸으며, 매장 내 WIFI를 무료로 이용할 수 있게 했다. 또한 넓은 흡연실과 비즈니스룸을 확보했고, 발레파킹 서비스도 제공하고 있다.

할리스는 국내 소비자의 입맛에 맞는 커피를 개발해 신맛과 쓴맛이 강하지 않은 부드러운 커피를 선보였다.

투썸플레이스는 폐점 매장이 없는 안정적인 운영을 자랑한다. 프리미엄 디저트 카페를 표방하는 투썸플레이스는 최근 커피전문점 붐에 본격 부응하기 위해 젊은 여성을 주 타깃으로 하는 '투썸커피' 등 새로운 브랜드를 론칭했다.

엔제리너스커피는 30년 프랜차이즈 노하우를 가진 롯데리아 커피 사업부가 운영하고 있다. 이 회사는 브랜드 캐릭터를 자체 제작해 캐릭터 사업 병행을 통한 차별화를 꾀하고 있다. 유명 일러스트 작가 이우일 씨가 직접 제작한 '가브리엘, 라파엘, 안젤라' 캐릭터는 인테리어에서 유니폼에 이르기까지 다양하게 활용되고 있으며 커피 관련 용품 및 문구, 잡화류에 접목한 캐릭터 사업도 확장해 나가고 있다.

파스쿠찌는 이탈리안 정통 에스프레소 커피전문점을 표방한다. 2002년 3월 SPC그룹의 계열사인 파리크라상이 파스쿠찌 이탈리아 본사와 브랜드 도입 계약을 맺고 독자적으로 브랜드를 운영하고 있다. 다른 아메리칸 커피 브랜드와는 달리 파스쿠찌는 이탈리아 파스쿠찌에서 블렌딩 및 로스팅된 원두를 들여와 사용하고 있다.

이 밖에도 이디야, 로즈버드, 네스카페 등 커피전문점도 상대적으로 저렴한 가격과 친근한 매장 분위기를 무기로 점포 수를 늘려가고 있다.

이 와중에 프랜차이즈형 커피전문점에서 입맛을 고급화한 소비자들이 아예 바리스타가 자신의 이름을 내걸고 만드는 부티크형 커피점으로 일부 이탈하면서 커피전문점 전쟁은 혼전 양상이 됐다.

커피전문점 2차 대전은 1차 대전의 포문을 열었던 스타벅스의 하워드 슐츠 회장이 한국을 방문하면서 다시 시작됐다. 슐츠 회장은 "점포 수가 곧 업계 선두를 의미하지 않는다"면서도 현지화·다각화 전략을 세워 5년 안에 한국에 지금의 약 2배 가까운 700개의 점포를 만들겠다고 선언했다. 지역사회의 중심이 될 수 있고, 스타벅스의 사회공헌 가

치를 실현할 수 있는 곳을 위주로 서울뿐 아니라 지방으로 '커피 문화'
를 확산하겠다는 얘기다. 서두르지 않되 점포 수도 크게 밀리는 양상
을 만들지 않겠다는 뜻이다.

커피 2차 대전의 시작은 '가치'를 전면에 내세운 스타벅스가 점포
수를 앞세운 카페베네를 다시 공격하는 양상이지만, 이미 각각의 무
기를 벼리고 있는 다른 커피전문점 체인들까지 어우러져 만들어낼 대
전의 결과가 어떻게 될지 관심이 모아지고 있다.

김병도 서울대 경영학과 교수는 "커피전문점 시장이 점차 성숙기
로 접어들면서 커피전문점들이 24시간 영업 등 다양한 서비스를 내세
우고 있다"며 "스타벅스가 커피믹스 시장에 도전장을 내민 것도 이 같
은 맥락에서 해석할 수 있다"고 말했다. 김 교수는 "앞으로 얼마나 창
의적으로 기존 업자 대비 차별화 포인트를 찾느냐가 생존의 관건이
될 것"이라고 말했다.

CHAPTER 3

사양산업도 블루오션, 태양의 서커스

서커스가 사양산업이라고? 노(No)!

볼거리가 많지 않았던 시절 동네 한복판에 서커스용 천막이 설치되면 하루 종일 기대감에 가득차 근처를 기웃거리던 시절이 있었다. 하지만 최근 들어 유랑 서커스단을 보기란 옛 골동품을 만나기처럼 힘들게 됐다. 많은 사람은 서커스가 사양산업으로 머잖아 사라질 운명에 처했다고 진단한다.

하지만 이런 진단이 맞지 않다며 정면으로 부인하는 사람들이 있다. 바로 태양의 서커스(Cirque Du Soleil) 단원들이다. 한국에서도 공연한 바 있는 태양의 서커스 '바레카이'는 수없이 쏟아지는 뮤지컬·연극 공연 가운데서도 단연 돋보이는 흥행실적을 남겼다. 2007년 '퀴담'은 3월부터 5월 말까지 무려 10주간 연속 1위에 오르는 대기록을 세웠

대니얼 라마르 태양의 서커스 CEO

고, 2008년 '알레그리아'는 7주 연속 1위를 차지했다.

태양의 서커스는 미국 라스베이거스에 가면 놓쳐서는 안 되는 명물 공연으로 알려진 'O'쇼를 비롯해 수많은 공연으로 전 세계인의 사랑을 받고 있다. 1984년 캐나다 퀘벡에서 설립된 태양의 서커스는 매년 전 세계에서 700만 명 이상의 관람객을 동원하고 연 매출 1조 원을 올리는 5,000여 명의 직원을 보유한 거대 엔터테인먼트 기업으로 성장했다.

사양산업으로 알려진 서커스 산업을 흥행사업으로 만들고 있는 그들의 비결은 뭘까. 이 같은 궁금증을 해소하기 위해 태양의 서커스를 이끌고 있는 대니얼 라마르(Daniel Lamarre) 태양의 서커스 CEO를 만났다.

그는 예상치 못한 답변으로 인터뷰를 시작했다. 2001년부터 태양의 서커스의 경영을 책임져온 라마르 CEO는 "태양의 서커스는 서커스가 아니다"고 단언했다. 그는 대신 "태양의 서커스는 지금까지 상상할 수 없었던 '새로운' 엔터테인먼트로서 우리만의 방식으로 창조해낸 예술품"이라고 강조했다. 서커스가 아닌 새로운 개념을 만들고자 했던 라마르 CEO의 전략은 우리나라 초등학교에서 서커스는 몰라도 태양의 서커스는 들어봤다는 학생이 나올 정도로 '현실'이 됐다. 이제

태양의 서커스 공연 장면

태양의 서커스는 '서커스의 재발견'이 아닌 '태양의 서커스' 그 자체가
됐다.

"태양의 서커스는 길거리 공연을 하던 12명의 사람으로 시작해 이
제는 체조선수, 수영선수, 다이버, 연기자, 음악인, 코미디언까지 함께
하며 변형돼 왔어요. 지금까지의 공연 이후에 어떤 새로운 게 나올 수
있을까요? 무엇을 상상하든 상상 이상입니다. 상상할 수 없는 것을 보
여주자는 게 우리의 목적이니까요."

1984년 기 랄리베르트(Guy Laliberte)가 세운 태양의 서커스는
2005년 프랑스 인시아드 경영대학원 김위찬 교수의 저서 《블루오션
전략》을 통해 국내에 알려졌다. 서커스가 사양산업으로 치닫던 1980
년대 초, 이들은 서커스 공연의 필수 요소로 여겨졌던 동물공연과 스

타급 광대의 공연을 과감히 없애며 비용을 절감했다. 대신 '어른들을 위한, 이야기가 있는 공연'이라는 발상의 전환을 통해 새로운 시장을 창출했다. 여러 콩트의 조합이었던 기존 서커스와 달리 태양의 서커스에는 공연을 처음부터 끝까지 끌고 가는 하나의 이야기가 있고, 이 이야기를 관통하는 음악이 있다. 대사는 없지만 다양한 무대 장치와 음악, 공연자의 곡예가 이야기를 자연스럽게 전개한다.

창업자 기 랄리베르트가 경영일선에서 물러난 후 2001년부터 태양의 서커스의 살림을 전적으로 책임져 온 라마르 CEO는 태양의 서커스가 가지고 있는 핵심 역량을 '창조성'이라고 말한다.

"창조성을 두려워하지 말고 너그러이 받아들이세요. 우리만의 창조성으로 관객의 상상에 충격을 주면 그들의 마음은 움직입니다. 우리는 곡예에 연극과 춤, 독특한 의상과 메이크업을 가미해 전혀 새로운 것들을 창조해 냈고 성공했지만 절대 여기서 끝내선 안 되죠. 항상 새로운 창조와 새로운 도전이 필요합니다."

» 대니얼 라마르 태양의 서커스 CEO

대니얼 라마르 태양의 서커스 CEO가 2008년 매일경제신문이 주최한 세계지식포럼에 연사로 참석해 태양의 서커스 성공전략에 대해 강연하고 있다.

"새로운 쇼를 만들 때마다 끊임없이 도전해야 하고 창조를 위해 머리를 짜내야 합니다."

태양의 서커스단의 잇단 성공으로 세계 공연산업의 신화를 써가고 있는 '태양의 서커스' 대니얼 라마르 CEO는 도전과 창조를 유난히 상조한다. 인터뷰 내내 여러 차례 반복해 언급했다. 얼핏 보면 새로운 것을 만들어야 한다는 강박관념에 사로잡힌 사람처럼 보일 정도다.

그가 도전과 창조라는 단어에 그토록 목을 매고 있는 배경은 무엇일까.

"우리는 분명 성공했습니다. 태양의 서커스는 전 세계 사람들이 공감할 수 있는 긍정적인 파워를 지닌 공연입니다. 하지만 여기서 멈추면 성공도 분명 멈출 겁니다.”

태양의 서커스 이야기는 전 세계가 인정하는 성공스토리다. 하지만 이 같은 성공신화를 계속 써가기 위해 CEO로서 얼마나 고민하고 몸부림치고 있는지를 잘 나타내는 말이다.

대니얼 라마르 태양의 서커스 CEO는 자신을 ‘압박을 주는 리더’라고 표현한다. 어느 곳을 가든지 ‘창조’를 주창하고 다니던 그의 입에서 나온 ‘압박’이라는 단어는 쉽게 연결이 안 되는 말이다. 창의력은 자유로움에서 나온다는 일반적인 통념을 감안하면 말이다. 그럼에도 불구하고 그는 ‘압박이 나의 일’이라고 노래를 부른다.

“나는 사람들에게 ‘도전하라’고 말하는데 아주 많은 시간을 써요. 그들에게 스스로 창조성에 제한을 두지 말고 더 밀고 나가라고 말합니다. 내가 할 일은 최적이자 최상의 요소를 끌어 모아 창조자들이 최고의 공연을 만들게 하는 거예요. 이를 위해서는 끊임없이 이야기해야 해요. 우리가 새로운 아이디어를 내기 원한다면 그만큼 연구를 해야 한다고 말하는 게 바로 내가 해야 할 일이지요.”

하지만 그는 제한 없는 노선을 하라며 끊임없이 직원들을 ‘압박’하는 대신 막대한 연구개발비용이라는 실탄을 쥐어준다.

“2010년 매출 8억 5,000만 달러(약 9,500억 원)를 달성했어요. 여기서 나오는 이익 중 70%를 새 프로젝트에 재투자합니다. 코치와 엔지니어, 전문가들이 새로운 아이디어를 찾아 나설 때 든든한 실탄을 쥐어주는 거죠. 대학과 기술학교, 도구에 대한 투자도 아끼지 않습니다. 이런 곳에 돈을 많이 쓰는 것도 내 일이니까요.”

Q. 끊임없이 도전하라고 직원들을 '압박'하는 이유가 뭔가.

우리 같은 기업은 자신에게 도전하지 않으면 혁신이 멈춰버리고 만다. 사람들을 놀라게 하려면, 또 태양의 서커스라는 마술이 계속 이어지려면 창조적인 도전을 계속해야 한다. 창조 리스크(creative risk)를 두려워하지 않고 계속 앞으로 나가는 게 중요하다.

Q. 창조 리스크가 뭔가.

내가 말하는 창조 리스크는 새로운 지평을 깰 때나 기존과 다르게 생각할 때 오는 위기감이다. 우리에게는 벤치마크도, 반복도 없기 때문에 기술적인 면이나 예술적인 면에서 항상 우리의 창조성을 발휘해야 한다. 이를 위해서는 끊임없이 창조적인 아이디어를 발굴하고 또 적용해야 한다.

그는 위기감을 뛰어넘어 큰 성공을 거둔 예로 미국 라스베이거스 벨라지오 호텔에서 상설로 공연하고 있는 '오(O)' 쇼를 들었다. 'O' 쇼는 물과 애크러배틱을 접목한 새로운 개념의 공연으로 제작비만 1억 2,000만 달러(약 1,300억 원)가 들었다.

지금은 라스베이거스에서 가장 인기를 끌고 있는 공연 중 하나지만 기획 당시 공연장에 5,000톤이 넘는 물이 들고나는 신개념 공연의 성공 여부는 불투명했다. 하지만 결국 이들의 판단은 옳았다.

"라스베이거스에서 하고 있는 또 다른 상설 공연 '러브(LOVE)'도 좋은 예입니다. 공연에 비틀스의 음악을 접목시켰지요. 비틀스라는 시대의 아이콘이 공연과 어우러져 관객이 보다 친숙하게 다가갈 수

있는 분위기를 만들어 주었습니다. 두려움 때문에 창조성을 다양화하
는 노력을 기울이지 않았다면 존재할 수 없는 공연들이지요.”

라마르 CEO는 항상 직원에게 ‘상자에서 벗어나 사고하라(think
outside the box)’고 강조한다. 그는 이 의미에 대해 “상자 안으로 숨지
말고 밖으로 나가 위험을 감수하라는 것”이라고 설명했다. 그는 또 “이
이야기는 다른 방식으로 생각하라는 의미이기도 하다”고 덧붙였다.

Q. 이러한 사고방식이 쇼의 영감을 이끌어내는 데 도움이 되겠다.

우리는 창조적 아이디어만을 내기 위한 연구원이 많다. 패션이나 설
계, 연극, 춤, 음악 등 다방면에서 트렌드를 읽고 창조적인 생각을 멈추
지 않는다. 이 아이디어를 기반으로 브레인 스토밍을 한다. 한 가지 아이
디어로 프로젝트를 시작하더라도 절대 이 아이디어를 확정 짓지 않는다.
기획하는 내내 새로운 요소를 넣고 지속적으로 변화시킨다.

쇼를 관객 앞에 올리기 위해 태양의 서커스단이 들이는 시간은 2~3
년이다. 태양의 서커스 공연은 크게 두 종류로 나뉜다. 라스베이거스
호텔 등에서 진행하는 상설 공연이 있고, 최근 한국에 상륙한 ‘마레카
이’와 같은 전 세계 순회 공연이 있다. 특히 이들이 기획에 더 많은 시
간을 들이는 공연은 상설 공연이다.

라마르 CEO는 “창조적 아이디어를 제공하는 연구원들이 무대감독
과 디자이너들에게 영감을 주고 이 아이디어가 기 랄리베르트의 확인
아래 공연으로 탄생하는 데 걸리는 시간은 2~3년”이라며 “연구원들
은 무대디자인, 의상디자인, 작곡 등 공연 기획 단계마다 참여해 담당

자들과 아이디어를 지속적으로 공유한다"고 말했다.

무대 연출가와 관계자들은 물론 라마르 CEO도 성공적인 쇼라고 칭찬하는 'O'는 사실 한국인들이 접하기가 쉽지 않다. 'O'를 보기 위해서는 직접 미국행 티켓을 끊어 라스베이거스로 가야만 한다. 앞서 언급한 '러브'도 마찬가지다.

태양의 서커스는 미국 라스베이거스에서 이 둘 외에도 '미스테르(Mystere, 트레저 아일랜드 호텔)', '주매너티(Zumanity, 뉴욕뉴욕호텔)', '카(KA, MGM호텔)' 등 걸출한 상설 공연을 진행하고 있다.

Q. 'O'와 같은 공연은 아시아나 유럽에서 재연해도 인기가 좋을 것 같다.

실제로 제안을 많이 받았다. 조건도 굉장히 좋았다. 하지만 우리는 'O'를 절대 다른 나라에서 만들지 않는다. 'O'만의 창조성과 성공성은 단 하나뿐이기 때문이다. 우리는 창조적인 도전을 믿고 그 안에 새로운 비즈니스 기회가 있을 것이라고 믿는다. 물론 순진하게 창조성만 강조하는 건 아니다. 비즈니스적인 계산을 하면서 새로운 계획을 꾸준히 하고 있는 거다.

Q. 'O'만의 창조성은 단 하나뿐이라는 말이 인상적이다.

우리는 절대 반복하지 않는다. 엔터테인먼트 기업을 포함한 보통의 기업들은 한 번 성공한 모델을 재연하곤 한다. 하지만 이는 단기적인 성공은 보장해줄 수 있어도 장기간의 성공을 장담할 수는 없다. 지속적으로 새로운 아이디어를 추구해야만 하는 이유도 여기에 있다. 새로운 프로젝트를 진행할 때도 스스로에게 '창조적인 도전이 맞나' 여러 번 되묻

는다. 만약 그 대답이 '아니다(No)'가 된다면 우리는 더 이상 프로젝트를
진행하지 않는다. 프로젝트가 얼마나 진척됐는지는 관계없다.

Q. 태양의 서커스만의 고집이 있는 듯하다.

옳다고 생각하면 지켜야 한다. 위기를 걱정하기보다는 성공을 확신해
야 하고. 1987년 기 랄리베르트 창업주는 태양의 서커스 미국 공연을 추
진했다. LA 아트페스티벌에 참가하고자 했는데 주최 측에서 서커스가
자신들 행사에 어울리지 않는다며 거절했다. 공연을 직접 보여주며 그들
의 마음을 움직이는 데까지는 성공했으나 여비가 문제였다. 하지만 랄리
베르트는 모든 것을 성공 쪽에 걸자며 위험을 감수하고 페스티벌에 참가
했다. 이로 인해 미국 시장 문이 활짝 열렸다. 1987년은 캐나다에 머물던
태양의 서커스가 전 세계로 시야를 넓힐 수 있었던 가장 중요한 전환점
이다.

라마르 CEO에게 동일 산업에서 최강자로 군림하고 있는 태양의
서커스가 경계하고 있는 경쟁자가 있느냐고 물었다.

그는 "공연의 종류를 따져서 고민해 보자면 경쟁자는 없나"고 잘라
말했다. 태양의 서커스는 어느 공연 단체보다도 공연의 발전을 위해
투자를 많이 하고 있을 뿐 아니라 같은 형식의 공연을 하는 경쟁자가
없기 때문이란다. 대신 그가 생각하는 경쟁자는 '티켓을 판매하는 모
든 엔터테인먼트 기업'이다. 이길 상대가 없는 대신 꿈은 거창하며 일
관됐다. 향후 목표를 묻자 2008년 매일경제신문사가 주최한 세계지식
포럼 참석차 방한했던 당시와 똑같은 답이 돌아왔다.

"전 세계 모든 도시에서 태양의 서커스 쇼가 펼쳐지는 것, 앞으로도 여러 세기 동안 지속적으로 질 좋은 공연을 선보이는 것, 태양의 서커스를 보며 많은 창조자들이 꿈을 이뤄나가는 것, 관객들이 우리 공연을 통해 계속 꿈꾸는 것이 나와 태양의 서커스의 꿈입니다."

˙˙He is…

캐나다 퀘벡 출신인 대니얼 라마르는 2001년부터 태양의 서커스 최고경영자(CEO) 겸 최고운영책임자(COO)를 겸임하고 있다. 창업자 기 랄리베르트의 뒤를 이어 태양의 서커스 경영을 총괄하고 있다. 랄리베르트는 경영 전반을 라마르에 일임한 뒤 쇼의 예술적 측면을 지휘하는 '가이드' 역할을 하고 있다. 태양의 서커스에 합류하기 전 라마르는 커뮤니케이션을 전공하고 10여 년간 기자 생활을 한 뒤 세계적인 홍보 업체 버슨마스텔러 캐나다 대표를 거쳐 퀘벡 최대 민영 방송국인 TVA그룹 사장을 지내는 등 다양한 경력을 쌓았다.

'태양의 서커스' 재무제표가 아름다운 비결은

2010년 태양의 서커스가 기록한 총 매출은 8억 5,000만 달러(약 9,500억 원)로 풀무원, 넥센타이어, 서울반도체 등 국내 유수의 중견 기업 매출과도 비슷한 수준이다. 대다수 공연예술기업이 일명 '비용 병(cost disease)'을 앓고 있다는 점을 감안하면 대단한 실적이다. 실제로 공연예술계는 경제적 딜레마에 시달리는 산업으로 알려져 있다.

미국의 원로 경제학자인 윌리엄 보몰 뉴욕대 교수는 "공연예술단체는 예술적 성공 여부에 상관없이 만성적인 재정불안 속에서 운영되기 마련"이라고 지적했다. 공연을 하면 할수록 늘어나는 비용, 줄어드는 외부 지원금, 정체된 관객 수 등으로 수입과 지출 사이에 격차가 벌어지는 '인컴 갭(income gap)' 현상이 나타난다는 것이다.

그러나 태양의 서커스는 독자적인 비즈니스 모델을 구축해 이러한 한계를 뛰어넘고 있다. 대니얼 라마르 태양의 서커스 최고경영자(CEO)는 매일경제 MBA팀과 인터뷰하면서 "우리는 순진하게 무조건 창조성만 강조하지는 않는다. 비즈니스 측면으로도 이익이 날 수 있도록 치밀하게 계획하고 있나"고 강조했나. 과언 무엇이 태앙의 서커스 재무제표를 아름답게 만드는 것일까.

전문가들은 무엇보다 태양의서커스가 시장 자체를 키웠다는 점에서 원인을 찾는다. 사양산업이었던 서커스 장르에 예술을 접목시켜 '아트 서커스(art circus)'라는 과거에 없던 새로운 시장을 개척해냈다. 이에 따라 '선도자(leadership)'로서의 수혜, 즉 가장 먼저 시작한 브랜드가 소비자들의 뇌리에 깊이 박히는 효과를 톡톡히 누릴 수 있었다.

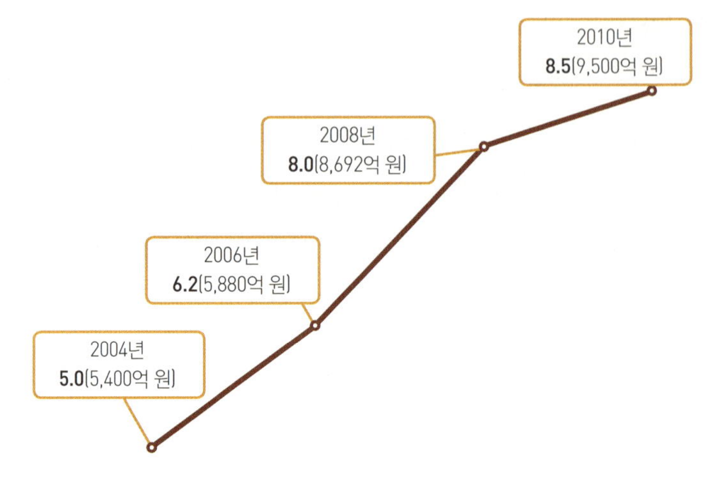

태양의 서커스는

창립	1984년 캐나다 퀘벡(창립자 기 랄리베르트)
매출	8억 5,000만 달러(약 9,500억 원)
규모	직원 5,020명(예술가 1,200명)
공연 티켓 판매량	연 700만 장(누적 판매량 1억 장 이상)
공연 형태	상설공연 및 순회공연(라이선스 공연은 하지 않음)

캐나다와 미국 라스베이거스에서 아트 서커스를 자칭하는 공연이 수
차례 등장했지만 태양의 서커스가 새로운 시장 표준, 기준으로 자리
잡은 상황에서 후발주자들이 거둔 과실은 미미했다.

다음으로는 투자수익률(ROI, Return On Investment) 면에서 혁신을 이뤘다는 점이다. 보몰 교수가 지적한 '인컴 갭'을 극복하고 공연예술기업도 얼마든지 투자를 유치하고, 투자자들에게 수익을 돌려줄 수 있다는 것을 증명했다. 실제로 우리나라 행정공제회는 2007년 태양의 서커스 공연 가운데 '퀴담'에 27억 원을 투자해 9.49%의 수익률을 올렸다. 벤처투자회사인 IMM인베스트먼트 역시 퀴담에 투자하는 120억 원짜리 펀드를 만든 바 있다. 태양의 서커스에서는 하나의 성공이 또 다른 투자를 끌어들이고 이를 바탕으로 투자해 또 다른 성공을 이어갔다.

마치 제조업처럼 '규모의 경제'를 달성해 단가를 낮춘 것도 성공의 한 요인이었다. 정달영 동국대 예술경영학과 교수는 "태양의 서커스는 제작자가 먼저 작품을 정하고 대본을 구하고 연출자를 찾고 배우를 고용하는 '톱다운(Top-down)' 방식이 아니라 인재들의 능력에서 아이디어를 찾고 작품을 구성해가는 '보텀업(Bottom-up)' 방식이라는 점이 매우 특이하다"고 말했다.

이는 기업의 인재 확보 정책과도 깊은 관련이 있다. 태양의 서커스는 상시 오디션을 통해 우선 실력 있는 인재들을 고용하고 끊임없이 기량을 닦을 수 있게 인프라스트럭처를 제공한다. 작품 별로 배우들과 계약을 맺을 경우 인건비는 올라갈 수밖에 없다. 이에 비해 태양의 서커스는 끊임없이 멋진 상품(공연)들을 만들 수 있는 인재 풀을 확보한 셈이다.

마지막으로 시장 변화를 읽고 미국 라스베이거스 업계와 맺은 '파트너십'이 성공적인 결과를 낳았다. 1990년대 들어 라스베이거스 호

태양의 서커스, 어떤 공연하나?

상설공연(연내 개장 공연 포함 11개)

공연(시작 연도)	공연국가
마스테르(Mrstere 1990년), 리누비(La NOUBA-1998년), 오(O-1998년), 쥬매너티(JUMANITY-2003년), 카(KA-2004년), 러브(LOVE-2006년), 윈턱(Wintuk-2007년), 크리스 어인절 빌리브(CRISS ANGEL Believe-2008년), 비바 일비스(Viva ELVIS-2009년)	미국
자이아(ZAIA-08)	중국
제드(ZED-08)	일본

순회공연

공연(공연 시작 연도:방한 연도)	순회중인 국가
살팀방코(Saltimbanco-1992년)	호주
알레그리아(Alegria-1994년, 2007년 방한), 퀴담(QUIDAM-1996년, 2008년 방한), 드랄리온(Dralion-1999년), 오보(OVO-2009년), 토템(TOTEM-2010년)	미국
바레카이(Varekai-2002년)	한국
코르테오(Corteo-2005년)	스페인
쿠자(KOOZA-2007년)	일본

텔들은 더 이상 카지노 기계만으로는 수지가 맞지 않자 차세대 수익원으로 각종 컨벤션 행사와 스포츠 경기를 유치하고 공연을 올리기 시작했다. 획기적인 공연을 유치해 숙박과 레스토랑, 카지노 등 부대 수익원의 부활을 노린 것이다. 태양의 서커스는 바로 이런 업계의 변화를 정확히 읽어냈다.

'카(KA)'가 공연된 곳 역시 타이슨이 홀리필드의 귀를 물어뜯었던 MGM 그랜드호텔의 권투 특설 링이었다. 정달영 교수는 "철저한 연

구와 분석 없이 무턱대고 새로운 시장(blue ocean)에 뛰어들면 블루오
션에 빠져 죽을 수도 있다"며 "태양의 서커스는 라스베이거스 산업의
변화 흐름을 잘 타고 적절히 파트너십을 맺어 성공을 거뒀다"고 평가
했다.

Part **2**

선배들은 어떻게

CHAPTER 1

케빈 켈리

기술흐름 읽는 기업이 뜰 뿐

"앞으로 사라질 산업과 주목해야 할 산업이 뭐냐고요? 그걸 내가 알았다면 지금쯤 억만장자가 되어 있겠네요."(웃음)

세계적인 IT 전문잡지 〈와이어드〉 창업자인 케빈 켈리는 미래학자가 아니다. 대학 1년 중퇴 후 정규교육을 받은 적도 없다. 하지만 많은 사람이 그가 꼽은 미래 키워드가 무엇인지 듣기 위해 그의 강연에 몰려든다. 전문가들조차 미래에 사회는 어떻게 변하는지, 이를 어떻게 준비해야 하는지를 그에게 묻는다. 미래학자이자 경제학자로 이름을 알린 베스트셀러 작가 제러미 리프킨은 자신의 저서에서 종종 케빈 켈리 주장을 인용할 정도다.

실제 그는 미래를 내다볼 수 있는 사람처럼 보이기도 한다. 유명 인사들 강의를 모아둔 '테드닷컴(www.ted.com)'에 올라와 있는 그의 강연 중 하나인 '웹의 향후 5,000일'은 웹 기반 사회의 10년 후 미래를 내다본 강의로 꾸준히 인기를 얻고 있다. 켈리는 자신의 1998년 저서 《디지털 경제를 지배하는 10가지 법칙》을 통해 실제 위키피디아의 성공을 '예견'하기도 했다. 책 속에서 그는 네트워크로 연결된 무리의 힘을 이용해야 한다는 주장을 펼쳤다. 집단 지성의 힘을 활용한 온라인 백과사전 위키피디아가 세상에 나온 건 그로부터 3년 후 일이다. 그는 매일경제 MBA팀과 단독 인터뷰에서 "사실 십수 년 전 내가 쓴 책을 시간이 흐른 후 다시 보면 실제 일어난 일을 단순히 나열한 것 같아 보이기도 해 나도 가끔 놀란다"며 웃었다.

본인 표현을 빌리면 '전문가도 아니고 학자는 더더욱 아닌' 그가 바라보는 사회 현상과 미래 키워드에 사람들이 주목할 수밖에 없는 이유는 무엇일까. 그는 "기술이 어느 방향으로 흘러가고 있는지에 집중하기 때문"이라고 말한다. "기술이 진화하는 흐름을 들여다보고 기술이 원하는 이야기를 들으면 주목해야 할 산업과 행동해야 할 방법들이 눈에 들어옵니다. 향후 어떤 산업이 '뜰' 것이냐에 대해서는 아무도 쉽게 대답할 수 없어요. 하지만 누군가는 분명 이 새로운 사업에 주목하고 도전합니다."

켈리가 기술이 진화하는 흐름을 찾는 방법은 '관찰'이다. 그는 "자신이 어떤 분야 전문가라고 생각하더라도 자신이 알고 있는 모든 것을 백지화하고 현상에 집중해야 한다"고 조언했다.

"사람들은 자신이 잘 알고 있지 않은 분야에서 벌어지는 현상은 쉽게 믿어요. 하지만 자신의 전문분야에 부딪히면 태도가 돌변하지요.

보이는 것을 그대로 믿으려 하지 않고, 새로운 방식이 나타나면 부인해요. 불가능하다고 말하고 말죠. 위키피디아가 처음 등장했을 때 많은 전문가는 이들이 성공하지 못할 것이라고 단정지었어요. 트위터가 등장했을 때도 마찬가지였습니다. 하지만 이들은 모두 지금 전 세계에서 사랑 받는 서비스가 되어 있지요.”

켈리는 “가장 중요한 것은 자신이 배웠던 모든 것을 아무것도 배우지 않았던 상태로 되돌리는 것”이라고 덧붙였다. 그래서 그는 ‘아는 것 잊어버리기’ 훈련을 한다고 한다. 스스로를 ‘나는 전문가가 아니다’고 강조하는 이유도 이 때문이다.

아는 것을 잊어버리고 흐름에 집중한 자와 그렇지 않은 자의 차이가 과연 존재할까. 켈리는 1999년 ‘모든 것을 무료로 배포하라’는 웹과 네트워크 시대가 가리키는 ‘방향’을 설파한 바 있다. 같은 해 세계적인 레스토랑 안내서를 발간하는 ‘자갓서베이(Zagat Survey)’는 이 흐름을 무시한 채 유료 웹사이트를 오픈했다. 5년 후에는 지역 정보와 레스토랑 소개를 무료로 제공하는 ‘옐프닷컴(Yelp.com)’이라는 신생 웹사이트가 등장했다. 초반에는 자갓이 경쟁 우위를 점한 듯 보였지만 ‘아는 대로’ 행동하고 새로운 방식을 부인한 데 대한 결과는 곧 나타났다. 2008년 자갓은 2억 달러(약 2,200억 원)에 자신의 사업을 내놓겠나고 선언했지만 아무도 이 사업을 사지 않았다. 반면 옐프는 구글로부터 5억 5,000만 달러(약 6,000억 원)의 인수 제의를, 마이크로소프트로부터는 7억 달러의 인수 제의(약 7,600억 원)를 받았다.

기술의 흐름에 집중하면 ‘기회’가 생긴다. 매일경제 MBA팀은 미국에서 발간돼 베스트셀러가 된 《기술이 원하는 것(What technology wants)》의 국내 번역 출간을 앞두고 있는 켈리에게 기회를 놓치지 않고 흐름을 읽는 '비법'을 미리 들어봤다. 켈리가 국내 언론과 인터뷰하기는 이번이 처음이다.

1952년 미국 펜실베이니아 주에서 태어났다. 그는 대학 진학 후 불과 1년 만에 중퇴했고 이후 한국, 일본, 대만, 동남아시아 등 각국을 돌아다니며 도심 외곽지역을 촬영하는 독립 사진가로 활동하며 20대를 보냈다.

잡지 사업을 시작한 것은 1984년이다. 그는 비영리성 잡지 〈홀 어스 리뷰(Whole Earth Review)〉를 출간하고 1990년까지 편집장을 지냈다. 특이한 과학 기술을 소재로 담은 이 잡지는 켈리의 리더십 아래 생태 복원, 인터넷 문화, 10대의 문제 등을 주제로 수많은 이슈를 만들어 냈다. 세계 최고 IT전문 잡지로 꼽히는 〈와이어드〉를 출간한 건 1993년이었다. 그는 1999년까지 초대 편집장을 역임했으며 그 사이 올해의 미국 잡지상을 두 번(1994년, 1997년) 수상했다. 현재 케빈 켈리는 편집장 자리에서 물러나 대기자로 활동 중이다. 그가 1994년에 쓴 책 《통제불능》은 미국 경제 전문지 〈포천〉으로부터 "모든 임원이 필수로 읽어야 할 책"이라는 찬사를 받았다.

이 책은 워쇼스키 형제가 그들의 대표 영화인 〈매트릭스〉를 만드는 데 결정적인 영감을 준 것으로도 알려졌다. 감독들이 주연배우 키아누 리브스에게 《통제불능》을 읽기 전에는 대본을 펴 보지도 말라고 일침을 가한 에피소드도 공개된 바 있다. 그의 두 번째 책 《디지털 경제를 지배하는 10가지 법칙(New Rules for the new Economy)》은 1998년 출판되자마자 미국 내 베스트셀러가 되며 이후 한국을 포함해 10개국에 출판됐다. 케빈 켈리는 현재도 〈뉴욕타임스〉, 〈이코노미스트〉, 〈월스트리트저널〉, 〈GQ〉 등을 비롯한 많은 저명 잡지에 꾸준히 기고하고 있다.

"

콘텐츠만 팔아선 대박 어림도 없다

"

"모든 물건 중 20%는 기존 개발자의 의도와는 전혀 다른 용도로 사용됩니다. 개발자가 개발 의도를 얼마나 명확하게 전달했는지와는 별개로요. 하지만 한번 물어봅시다. 당신이 개발자라면, 당신이 생각했던 방식과 전혀 다른 용도로 제품을 사용하는 소비자를 보면 어떤 생각을 하게 될까요?"

세계 최고 IT전문 잡지인 〈와이어드〉를 창업한 케빈 켈리 창업자에게 기업들이 방향을 잃지 않고 미래 키워드를 잘 살펴 보기 위해서는 어떻게 해야 하느냐고 물었다.

그는 답을 하는 대신 기자에게 위와 같은 질문을 던졌다. 섣불리 대답하지 못하고 망설이는 사이 그는 말을 이었다. "생각해 보지 않은 문제어서 답하기가 쉽지 않을 겁니다. 대부분의 기업가와 개발자들도 이 부분을 생각해보지 않아요. 문제는 여기서 시작합니다. 사실 이들이 가장 자주 하는 실수는 소비자들이 사용설명서를 따라서 제품을 사용할 것이라고 착각하는 거죠. 실제로는 대부분의 사람들이 사용설명서를 펼쳐보는 일이 없는데도요."

그는 "제품이 어떻게 사용되어야 하는지를 생각하기보다는 이 제품을 소비자들이 어떻게 사용하는지에 대해 관찰해야 한다"고 덧붙였다. 소비자는 기업이 전혀 생각지도 못한 새로운 방법으로 기존의 제품을 사용할 수도 있다. 그들은 제품에 대해 새로운 정의를 내리기도 한다. 사용자의 필요에 따라 제품의 사용법이 달라지는 현상에 주목한다면 기업은 방향을 잃지 않는다는 것이 그의 생각이다. '필요에 의한 용도 변경'은 다르게 말하면 '기술의 진화 방향'이기도 하다는 게 케빈 켈리의 설명이다. 기술은 필요에 의해 발전하기 때문이다.

---

1 시간을 팔아라
　　같은 콘텐츠라도 가장 빠르게 제공

2 개인화 시켜라
　　고객이 원하는 대로 'Only 제품' 승부

3 접근성 높여라
　　가치있는 제품을 콕콕 찍어서 줘라

Q. 그렇다면, 현재 사회가 흘러가는 방향은 어떻다고 보나.

지금은 아마도 역사상 소비자에게 가장 좋은 시점일 거다. 인간의 역사상 고객과 소비자에게 지금처럼 좋은 시점은 없었다. 현재는 '풍족의 시대'다. 언제 어디서든 물건을 쉽게 찾고 구입할 수 있을 뿐 아니라 가격도 굉장히 저렴하다. 질 좋은 콘텐츠가 즐비하고, 들을 음악도 너무 많다. 지금 이 시점에 소비자의 위치에 있을 수 있다는 것은 정말 큰 축복이 아닐 수 없다.

Q. 다르게 말하면 기업에는 좋은 상황이 아닐 수도 있겠다.

그렇다. 기업과 제조사에는 정말 좋은 시점이 아니다. 콘텐츠가 복사되어 일파만파 퍼지는 상황에서 기업들이 무엇을 팔 수 있을까? 기막힌 아이디어를 가지고 뭔가를 만들었다고 쳐도 순식간에 복사본이 인터넷에 공짜로 돌아다닌다. 제조업이라고 사정이 나을 것 같지만 그렇지도 않다. 혁신적인 물건을 내놓으면 어느새 더 싼 값의 물건들이 돌아다닌다.

Q. 콘텐츠나 제품으로 '대박'을 꿈꾸기는 어렵다는 말인가.

이제는 콘텐츠나 제품을 팔겠다는 생각 자체를 버려야 합니다. 이런 시대에서 기업들이 할 수 있는 일은 '복사가 쉽지 않은 그 무엇'을 핵심역량으로 키우는 것이다.

Q. '복사가 쉽지 않은 것'이라면, 어떤 게 있을까.

'시간'을 예로 들 수 있다. 시간을 활용한 창조물을 파는 거다. 콘텐츠 자체에 돈을 내는 게 아니라 신속성에 돈을 내는 구매자들이 나올 것이다. 복사본이 곧 나오겠지만 지금 당장 원하는 것은 돈을 얹어주고라도 꼭 사야 하는 사람들이 분명히 있다. 음악이라면 음원이 인터넷에 떠돌기 전에

케빈 켈리가 제시하는
여섯 가지 미래 키워드

스크리닝(Screening)
» 스크린(화면)이 우리의 일부분이 되고 있음
» TV·컴퓨터뿐 아니라 모든 것이 스크린을 가지는 시대가 올 것

창조(Generating)
» 남들이 베끼기는 어렵지만 소비자에게 바르게 제공할 수 있는 무언가를 창조해야

접근성(Accessing)
» 소유의 개념이 사라지고 있음
» 손쉽고 안전하게 정보와 제품에 접근할 수 있어야

흐름(Flowing)
» 스트리밍, 클라우드 컴퓨팅 등 실시간 콘텐츠의 흐름에 주목해야
» 실시간 출판 시대가 올 것

공유(Sharing)
» 친구와 현재 위치, 기억 등 과거에는 상상도 못한 것들까지 공유되는 시대가 오고 있음

상호작용(Interacting)
» 현재의 모든 혁신은 관계적 측면에서 옴
» 웹과 개인의 상호작용, 기계와 인간의 상호작용이 일상화됨

먼저 듣고 싶은 사람, 영화라면 복사판이 인터넷을 떠돌기 전에 먼저 보고 싶은 사람, 물건이라면 비슷하고 더 저렴한 물건이 나오기 전에 먼저 가지고 싶은 사람들을 통해 수익을 내는 거다.

최신 제품들을 미리 접하는 것을 좋아하고 신기술을 적극적으로 수용하는 사람들, 즉 '얼리어답터'를 위한 마케팅으로 쏠쏠한 재미를 보고 있는 사람들이 있다. 아직은 홍보와 마케팅 수단으로 활용하는 정도지만 방향성은 명확하다.

베스트셀러 작가이자 세계적인 마케팅 전문가 세스 고딘은 2003년 베스트셀러가 된 자신의 도서 《보랏빛 소가 온다(Purple cow)》를 출간 3개월 전 책을 읽기 원하는 사람에게 묶음으로 판매했다. 12권에 60달러라는 저렴한 가격과 콘텐츠를 일찍 접하고 싫어하는 얼리어답터들의 수요가 합쳐져 정식 출간도 되기 전에 아마존 베스트셀러 리스트에 오르는 '작품'을 만들어 냈다.

팝 스타 레이디 가가는 한술 더 뜬다. 아예 유명 게임회사 징가와 연계해 이 회사가 운영하는 소셜 게임 '팜빌'의 게임 내 미션을 완수하는 사람에 한해 자신의 신곡 전곡을 미리 스트리밍 서비스로 들어볼 수 있는 기회를 제공했다. 25달러를 내고 징가의 게임카드를 구매하면 전곡을 내려 받을 수도 있다. 신곡을 미리 들어보고 싶다는 '신속성에 대한 욕구'는 사람들을 끌어들였고 소셜 네트워크상에서 연일 이슈가 됐다.

"복사본이 넘치는 시대에서 살아남는 한 가지 팁은 '개인화'에 대해 들여다보라는 겁니다."

공짜 음악은 차고 넘친다. 음악을 구입하지 않아도 웹상에서 무료로 들을 수 있는 음원은 무수하다. 하지만 애인이 프로포즈를 하기 위해 선곡하고 서투른 음정으로 부르는 노래는 어떨까? 이 음악은 아무나 들을 수 없다. 멜로디는 같아도 더 이상 이 노래는 당사자에게 '대중음악'이 아니다. 케빈 켈리는 이 점에 주목한다. 똑같은 정보와 콘텐츠라도 '개인화'를 하면 이를 대하는 소비자의 태도가 바뀐다.

"예를 들면 이런 거죠. 기본 음원은 사람들에게 공짜로 제공해 줄 수도 있어요. 하지만 개인이 원하는 취향에 맞춰 편곡해 '한 사람만을 위한' 노래를 제공하면 어떨까요. 가령 어쿠스틱(전자음이 배제된 음악) 장르를 원하는 사람이 있다면 그에게는 돈을 받고 그 버전의 음악을 파는 거죠. 자신의 거실에 원하는 버전의 음악이 흘러나오기를 원하는 '특별한' 사람들을 잘 관찰해 보세요."

그는 "소비자의 지적 수준이 향상되면서 특별한 것을 찾는 사람들이 많아지고 이에 대한 요구도 많아질 것"이라며 "이를 충족시켜 줄 수 있는 개인화된 콘텐츠와 제품이 유료의 기본이 될 것"이라고 덧붙였다.

옷과 모자를 고객이 원하는 대로 디자인해 맞춤 제작하는 웹사이트 커스터밍크(CustomInk.com)의 성장세는 개인화에 대한 소비자의 욕구를 방증한다. 커스터밍크는 10년 전 59만 달러(약 6억 5,000만원)의 자본금으로 시작했지만 현재 연 7,000만 달러(약 770억 원)의 매출을 올리는 기업으로 성장했다. 창업자인 마크 카츠는 초반에 소비자 주문 제작 의류 산업이 '사업성이 떨어진다'는 비판을 들었으나 이를 감수한 결과 미국의 경제월간지 〈Inc〉에서 선정하는 '미국 안에서 가장 빠른 속도로 성장하는 기업'에 세 번이나 이름을 올렸다.

국내에서 국가대표 수영선수인 박태환이 애용하는 것으로 알려져 '박태환 헤드폰'으로도 불리는 몬스터 케이블사의 '닥터드레 헤드폰'도 소비자가 기존 모델에 원하는 헤드폰 색을 지정해 입혀주는 '커스텀' 제품을 통해 '세상에서 하나밖에 없는 헤드폰'이라는 컨셉트로 소비자를 사로잡았다. 패스트푸드 업체 '버거킹'도 개인화에 손을 댔다. 버거킹의 간판 햄버거인 와퍼는 고객의 기호에 맞춰 주문할 수 있다는 특징이 있다. 치즈를 더 넣고, 양파를 빼고, 패티를 하나 더 넣을 수도 있다. 하지만 버거킹은 여기에서 그치지 않았다. '와퍼 페이스'라는 캠페인을 통해 그들은 자신이 원하는 스타일의 와퍼를 주문한 고객에게 자신의 얼굴이 햄버거 포장종이에 프린트돼 있는 '단 한 사람을 위한’ 햄버거를 선사했다.

뜨는 해가 있으면 지는 해도 있는 법. 새로운 비즈니스가 뜨면 사양
길로 치닫는 산업도 존재한다. 많은 이들이 우려하고 있는 분야는 미
디어 업계다. 콘텐츠의 무한복제로 인해 콘텐츠를 제공하는 미디어
산업이 설 곳을 잃어가고 있다는 분석이다.

**Q. 콘텐츠가 무료화되고 있는 시점에서 가장 불안한 산업은 ‘미디어’가 아
닐까.**

지금의 미디어 산업은 모든 것을 망라한다. 개발에서부터 제조, 유통
까지 다 그들의 몫이다. 하지만 콘텐츠가 자발적으로 유통되는 이 시기
에는 제작이나 유통에 이들이 관여할 틈이 없어지고 만다.

Q. 위기라는 이야기가 사실이군요.

역할이 작아지는 건 분명 사실이다. 하지만 미디어 관련 산업은 언제
나 존재할 것이라고 믿는다. 미디어 역시 어떻게 ‘행동하느냐’에 성패가
딜렸다. 제작과 유동에 관여하지 않는다는 깃은 다르게 생긱하면 미디어
가 여기에 따른 비용부담을 느끼지 않아도 된다는 뜻도 된다. 콘텐츠가
난무하는 시대에 콘텐츠를 만드는 데 집중하기보다는 선별하는 데 미디
어가 모든 역량을 쏟으면 된다. 수없이 많은 음악과 아티스트, 영화가 떠
다닐 때 미디어가 할 일은 자신의 브랜드를 믿어주는 소비자에게 좋은
가치의 정보나 아티스트, 영화를 선별해 소개하고 여기에 ‘접근’할 수 있
도록 도와주는 것이다. 수천, 수만 가지의 선택사항들 중에 어떤 것을 최

종 선택해야 하는지 알려주는 것도 충분히 가치 있는 비즈니스 산업 모델이다. 이 부분을 선점해야 한다.

Q. 미디어 업계뿐 아니라 전체 비즈니스에도 적용될 만한 이야기 같다.

그렇다. 특히 접근성은 인터넷이 활성화된 이후 사회의 가장 중요한 키워드로 자리잡고 있다. 소유의 개념이 사라지고 있기 때문이다. 스트리밍 서비스가 활성화되면서 음악을 구입해 듣는 사람들이 줄어들고 있다. 음악을 온라인으로 실시간 제공해주는 홈페이지에 가입만 하면 된다. 이윤을 창출하고 싶은 기업은 이렇듯 '접근성'에 집중해야 한다. 이제는 돈을 내고 음악 하나, 책 한 권을 사는 게 아니라 음악이나 책 혹은 영화 등 콘텐츠와 제품에 바로 접근할 수 있는 '접근성'에 지불을 하는 시대다.

인터뷰를 마무리하며 그는 "이제 경영자들과 리더들은 자신의 성공을 뛰어넘어야 한다"고 말했다. 잘하는 것에 더 집중하고 투자하려는 생각을 버리고 새로운 것을 향해 끊임없이 관심을 기울이고 시도하라는 조언이다.

"많은 사람은 기존에 잘하고 있었던 산업에 더 투자하고 집중하면 계속해서 성공가도를 달릴 수 있을 거라고 생각해요. 하지만 실제로는 앞으로 나아가기 위해 비효율적으로 보이는 새로운 것들에 도전하는 자세를 가져야 합니다. 새로운 것에 대한 정의는 '이익이 나지 않는 것'이에요. 새로운 시도를 위해서는 많은 시행착오를 겪고 돈도 잃죠. 삶이 정신 없이 바빠질 수도 있어요. 하지만 이를 감수하고 성공을 확신할 수 없는 새로운 아이디어를 껴안는 노력이 필요합니다. 본인의 성공을 뛰어넘어 새로운 시도를 하는 게 당장은 비효율적으로 보일 수 있어요. 하지만 이 새로운 시도는 기술이 흘러가는 방향에 끊임없이 귀 기울이게 하고 소비자의 요구를 관찰하게 합니다. 장기적으로 보면 가장 효율적인 전략이죠."

Q. 주목해야 할 키워드를 살펴보면 앞으로 성장할 산업과 성장하지 않을 사업도 구분이 될 듯하다.

다가올 미래나 기술 관련 강의를 하다 보면 그런 질문을 많이 받는다. 하지만 사실 주목해야 할 산업이라는 건 없다. 미디어 산업이 위기라지만 어떻게 행동하느냐에 따라 산업 내 기업의 성패가 결정되듯이 모든 산업이 다 마찬가지다. 소위 현재 '잘나가는' 산업이라고 불리는 인터넷 서점 사업이나 검색엔진 사업에서도 '특별한 행동을 한 기업'만 성공하는 거다. 구글이 생기기 전에 얼마나 많은 검색엔진들이 존재했는지 이미 많은 사람이 잊고 있다.

구글이 검색 서비스를 시작한 1998년은 알타비스타(Altavista), 야후(Yahoo), 익사이트(Excite) 등이 치열하게 경쟁 중인 '검색엔진 포화 시대'였다. 당시 선두주자였던 검색엔진 회사 경영진이 가장 주목한 부분은 마케팅이었다. 하지만 구글 창업자들은 웹사이트 검색 결과 배열 방식을 기존처럼 무작위로 배열하는 게 아니라 중요도 순으로 정리하는 '페이지랭크'라는 기술을 개발했다. 그들은 마케팅이나 TV 광고에 예산을 전혀 투입하지 않았지만 테스트 사용자들의 입소문을 타고 흘러 3년만인 2001년 이용자가 가장 많은 검색엔진이 됐다.

케빈 켈리가 주목한 또 다른 사례는 '아마존'이었다. 그는 "아마존 역시 인터넷 서점의 진입자는 아니지만 특별한 경영과 행동 때문에 꾸준히 선두 자리를 차지하고 있는 기업 중 하나"라고 말했다. 닷컴산업이 제조업에 비해 상대적으로 적은 투자 자본 대비 빠른 수익이 나는 산업으로 각광받고 있던 1990년대 중후반, 아마존은 1994년 서비스를 시작한 후 7년 이상 수익을 포기하고 꾸준히 외형을 확장했다. 당장의 수익을 원하던 이사진은 적자가 계속되자 CEO의 교체를 원할 만큼 거세게 반발했다.

하지만 2001년 닷컴 버블이 꺼지면서 많은 기업이 무너질 때 아마존은 흑자전환을 했다. 많은 경쟁사들이 상품 정보 공개에 폐쇄적인 반응을 보일 때 자신들이 가진 모든 상품의 정보를 정리해 공개하는 전략을 펼친 것도 아마존이 처음이다. 이 정보를 제3업체나 다른 웹페이지에서 링크하고 활용하면서 오히려 아마존의 가치는 올라갔다.

기술권력시대는 이제 끝났다

좇아가기 힘들 정도로 빠르게 진화하는 정보기술(IT)은 앞으로 어디로 흘러갈까. 그 흐름을 읽을 수만 있다면 어느 시장에서든지 유리한 위치를 차지할 수 있다. 차세대 IT의 모습을 100% 예언할 수는 없지만 큰 특징은 '소비자화(consumerization)'와 '범용화(commoditization)'로 압축될 전망이다. 새로운 기술이 몇몇 전문가나 기업이 아닌 일반 소비자 시장에서 먼저 자리를 잡고, 기술의 성격도 다양한 대중에게 쉽게 다가갈 수 있도록 유동성을 띨 것이라는 얘기다.

오종훈 포스텍 기술경영대학원 교수는 "기술은 이제 어떻게 소비자들 입맛을 따라갈 것인가가 매우 중요해졌다"며 "기술이 그 자체로 권력을 지녔던 시대는 갔다"고 단언했다.

● 기술, 소비자의 필요에 자신을 맞춰라

인터넷의 발달과 확대로 다양한 정보가 소비자에게 빠르게 전파되고 기술과 소비자 사이에 쌍방향 교류가 이뤄지면서 오늘날의 기술은 과거와는 사뭇 다른 특성을 지니게 됐나.

예전에는 새로운 기술이 먼저 발명·발견된 뒤 다양한 응용법이 개발되고 확산됐다. 기술을 평가하는 주된 기준은 기술의 수준이나 질(quality)이었다. 따라서 독보적인 기술을 가진 몇몇 독점 기업들은 '우리 것을 쓰려면 쓰고, 싫으면 말라'는 입장을 보여 소비자들은 아무리 복잡하고 어려워도 따라갈 수밖에 없었다.

그러나 인터넷의 발달과 맞물려 기술은 점점 대중화되고 평준화,

그것도 상향 평준화의 길을 걷고 있다. 이제 어느 누구도 '컴퓨터 성능이나 모니터 화질이 괜찮은지'를 걱정하면서 컴퓨터를 고르지 않는다.

김중태 IT문화원 원장은 "오늘날 소비자들은 기술에 의존하기보다는 디자인 등 자신과 궁합이 맞는지를 보고 물건을 구매한다"며 "오직 소비자의 욕망에 자신을 맞추는 기술만이 살아남는다"고 강조했다. 인터넷, 나아가 스마트폰의 확산으로 소비자들은 어떤 기술에 대해 단 1초 만에 '평판'을 내리고 전 세계로 퍼뜨릴 수 있다. 김 원장은 이런 현상을 "한번 기술이 소비자들에게 외면 받으면 재기할 시간이 없다"고 표현한다. 캐논이나 니콘이 아예 고객들의 피드백을 반영해 카메라를 만드는 것도 이런 이유에서다.

• 기업의 사업 모델을 바꾼다

한국마이크로소프트(MS)가 선정한 '2011년 IT기술 10대 트렌드' 목록을 살펴보면 미래 '기술의 향방'을 어느 정도 가늠할 수 있다. MS가 꼽은 10대 IT기술은 △기업 클라우드 △N스크린과 소비자 클라우드 △소셜네트워크 서비스(SNS)를 이용한 비즈니스 △스마트 워크 △상황인식 컴퓨팅 △보안·프라이버시 △온라인 마켓플레이스 △비즈니스 분석기술 △웹 표준 △소프트웨어 수명 주기 관리 등이다.

최근의 화두는 단연 높은 순위에 랭크된 '클라우드 컴퓨팅'이다. 이는 인터넷상의 서버를 통해 데이터를 저장하고 네트워크나 콘텐츠를 사용할 수 있는 컴퓨팅 환경을 일컫는다. 마크 저커버그가 친구에게 빌린 1만 8,000달러로 서버를 구입해 페이스북을 만들 수 있었던 것도 클라우드 컴퓨팅의 힘이다. 이용자로선 적은 비용으로 비즈니스 모델을 만들고 탄력적으로 활용할 수 있는 기회가 더욱 늘어나는 것이다.

SNS와 온라인 마켓플레이스도 올해 IT산업의 변화를 주도할 주요 트렌드다. 민성원 한국MS 개발자 플랫폼 총괄사업부 전무는 "기업들은 페이스북, 트위터 등 SNS를 통해 잠재 고객을 찾아내고 구매를 유도하며, 디지털 콘텐츠와 애플리케이션, 데이터를 가지고 마켓플레이스를 이용해 사업을 하는 사례가 늘어날 것"이라고 내다봤다. 특히 "IT 전문가와 개발자들은 기술의 발전을 받아들이는 소비자들의 놀라운 잠재력과 변화를 직접 느끼고 잡아내야만 새로운 경쟁력을 확보할 수 있다"고 강조했다.

● IT산업과 패션산업의 공통점

그렇다면 기술은 영원히 각양각색의 소비자 욕구를 좇기만 할 것인가. 이에 대해서는 '인터넷이 존재하는 한 그럴 것이다'라는 의견이 많지만 '옥석을 가려주는' 기술이 최후의 승자가 될 것이란 주장도 설득력을 얻는다.

광대한 기술과 정보의 숲에서 헤매다 지친 소비자늘이 '우리가 신짜다'라고 시장을 평정(?)하는 기술을 갈망할 것이라는 얘기다. 마치 주요 패션 기업들이 '올 여름에는 이런 스타일이 유행이다'라고 선언하면 업계와 소비자들이 그 방향대로 움직이는 것과 비슷하다.

오종훈 교수는 "IT도 이제는 성숙산업으로 진입하고 있다"며 "스티브 잡스와 같이 '창조적인' 누군가가 뜰 기술과 별 볼일 없어 보이는 기술을 갈라 정리하는 쪽으로 흘러갈 것"이라고 전망했다.

CHAPTER 2

스티브 잡스

기존의 것에 '기막힌 하나' 더해 미치도록 위대한 제품 만들다

잡스에 대한 경영학자들의 해석은 다양하다. 천재적인 혁신가이자 위대한 기업가임이 틀림없지만 그의 경영 스타일은 기존 경영학 이론으로 풀어내기 힘들 정도로 독특하다는 것이 많은 경영학자들의 분석이다. 경영의 기본인 리더십을 발휘할 때도 잡스는 인센티브를 강조해 직원 시기를 북돋으면서도 일을 잘 못하는 직원은 가차없이 해고하는 등 이중적인 모습을 보여줬다. 혁신적인 제품 개발도 무에서 유를 창조하는 방식이라기보다는 기존의 것에 한 가지를 더해 완전히 새로운 것처럼 보이게 하는 '마법'으로 소비자들을 사로잡았다.

전문가들은 조금씩 관점이 다르긴 했지만 공통적으로 "스티브 잡스는 경영자보다는 혁신가였고, 전략가보다는 철학자에 가까웠다"

고 말했다. 또 얼핏 보면 기존 경영학 틀로 분석하기 어렵지만 하나 하나의 성공비결을 따지고 보면 가장 경영학 원칙에 충실하다는 분석도 나온다.

이런 측면에서 잡스 경영은 앞으로 두고두고 연구해볼 대상이라는 것이 경영학자들의 공통된 의견이다. 전문가들은 '이미 존재하는 기술과 환경을 조합해 제품에 덧붙이는 혁신', '신비주의라 불릴 정도로 정보를 숨겼다가 결국 소비자는 물론 경쟁자까지도 경외감을 갖도록 만드는 오섬(awesome) 마케팅', '통섭과 소통으로 모두와 함께 만들어낸 위대한 제품'을 잡스 경영의 핵심으로 꼽았다.

• '원 모어 씽(One more thing)' 경영

경영자들에게 혁신은 가장 중요하면서도 어려운 화두다. 이런 점에서 전문가들은 잡스식 혁신, 주변에 이미 존재하고 있던 것을 조합하거나 변형해 아무도 생각하지 못했던 것을 추가하는 창조 방식에 주목하고 있다.

스티브 잡스 혁신의 키워드는 '+1(플러스 원)'이다. 잡스는, 그리고 애플은 결코 무에서 유를 창조하지 않았다. 완전히 새로운 설 발빙하지 않고 기존에 존재하던 것들을 조합해 '기가 막힌 하나'를 덧붙였고, 그게 곧 성공의 핵심이 됐다. 작고 예쁜, 그리고 음질이 뛰어난 MP3플레이어가 넘쳐나던 시대에 잡스는 '심플'한 디자인의 아이팟을 내놨고 합법적인 음악 다운로드 시장 '아이튠스'를 덧붙였다. 마침 확산되기 시작한 무선인터넷과 함께 음악을 다운로드하고 즐기는 방식이 바뀌었고 그게 곧 아이팟의 성공비결이 됐다. 이미 스마트폰은 존재하고 있었지만 아이튠스의 기억은 아이폰이라는 전화에 앱스토어가 더 해지도록 만들었다. 그리고 그게 '진짜 스마트폰'이었다.

IT산업 전문가인 안준모 건국대 경영대 교수는 "끊임없이 혁신을 추구하는 정신은 물론 제품 혁신에 있어 이미 존재하는 기술이나 환경에서 남들이 생각하지 못한 탁월한 무엇인가를 도출해 제품에 부가하는 방식이 경영학자나 경영자들이 연구하고 적용해봐야 할 부분"이라고 강조했다.

• 'Awesome' 마케팅

"잡스가 무대에 올라 새로운 제품을 소개한다. 블로거들이 말도 안 되는 제품이라고 맹렬히 비난한다. 제품이 출시되고 일반 대중이 매료되면서 비판론자들은 어디론가 자취를 감춘다. 그리고 애플 경쟁자들은 막 애플이 만들어낸 것을 따라하기 시작한다."

〈뉴욕타임스〉의 데이빗 포그가 말하는 애플 제품 출시 후 나타나는 일종의 패턴이다. 소비자와 비판자, 그리고 결국 경쟁사들까지도 애플 제품을 경외하도록(awesome) 만드는 힘의 핵심은 '신비주의'와 이를 통한 '서프라이즈 전략' 그리고 '일관성'이다.

김경훈 베인&컴퍼니 이사는 "경영학 측면에서 애플은 마케팅에 있어 베스트 프랙티스를 보여준다"며 "전략부터 실행에 이르기까지 반복해서 적용하는 공식이 있다"고 설명했다.

고중선 모니터그룹 이사는 "스토리텔링에 강한 잡스식 프레젠테이션과 키노트 PT 이전까지 철저히 제품을 숨기는 방식이 마케팅 효과를 극대화한다"고 말했다. 제품 발표회 현장에서 일종의 재미있는 서프라이즈 파티가 열린다는 의미다. 여기에 제품 외양부터 판매가 이뤄지는 공간까지 일관된 디자인과 컨셉트로 이어지는 일관성, 특히 사용자 경험에 기반을 둔 디자인은 사람들이 애플식 라이프 스타일을 추구하도록 만들었다는 얘기다.

• 소통과 융합으로 만든 위대한 제품

잡스의 통섭적인 통찰력은 이제 모든 경영자들에게 화두가 됐다. 하지만 잡스 개인이 아닌 '잡스 경영학' 관점에서 이를 보면 '소통과 융합의 경영학'이라 부를 수 있다. 그가 비밀리에 운영하고 있던 100인 그룹에 속한 다양한 분야 인재들이 벌이는 난상토론, '브레인 스토밍'은 애플 제품의 혁신에 기초가 됐고, 콘텐츠 사업자·앱 개발자와 소통하고 이익을 통 크게 나누며 만들어낸 새로운 방식의 IT 생태계는 애플 제품에 생명력을 불어넣어 '미치도록 위대한(insanely great)' 제품이 탄생할 수 있도록 만들었다.

몇몇 전문가들이 잡스 이후에도 애플이 성공가도를 달릴 것이라고 점치는 이유 중 하나는 바로 이렇게 만들어 낸 IT 생태계 때문이다. 시장 환경 자체가 변하거나 예상치 못한 변수로 기업이 위기에 봉착하더라도 기업이 살아남고 지속 성장할 수 있는 공생 시스템을 구축해 둬야 한다는 메시지를 전해주고 있는 셈이다.

» 제프리 영 작가

이 시대 최고 혁신가로 통하는 스티브 잡스는 이미 세상을 떠났지만 그에 대한 숭배(?)에 가까운 팬들의 지지는 변함이 없다. 인터넷에서 잡스의 업적과 스타일은 여전히 회자되고 있고 그를 추모하는 세미나도 이어지고 있다. 굳이 '애플빠'가 아니라도 그에 대해 알고 싶어 하는 사람이 늘고 있다. 전 세계에 동시에 출간된 그의 자서전에 대한 관심도 뜨겁다. 잡스 자서전은 〈타임〉의 전 편집장인 월터 아이잭슨이 2009년부터 2년 동안 40번의 인터뷰 끝에 저술한 것이다.

하지만 사실 아이잭슨보다 먼저 잡스와 150번 이상 만나면서 그에 대한 책을 쓴 사람이 있다. 기자 출신인 제프리 영 작가다. 영은 2005년 《아이콘(iCon)》이라는 제목의 잡스 전기를 출간했다. 이 책은 바로 베스트셀러가 됐고 경영학도들이 반드시 읽어야 할 서적으로 꼽혔다.

매일경제 MBA팀은 캘리포니아에서 활동 중인 영과 전화 인터뷰를 통해 잡스의 생활과 경영 스타일을 자세히 들을 수 있었다.

Q. 가까이서 본 스티브 잡스는 어떤 사람이었나. 그를 설명하는 키워드는 무엇인가.

그는 역시 혁신가다. 비즈니스맨이 아닌 진정한 기업가(entrepreneur)였다. 그는 분명히 위대했지만 토머스 에디슨 같은 발명가는 아니었다. 그가 만든 모든 제품을 생각해 보자. 대부분의 것들이 남들이 만든 것이다. MP3플레이어는 물론이고 태블릿PC 등 히트한 제품은 모두 다른 이가 발명한 것들이다. 그는 이미 만들어진 제품을 보고 그 안에서 기회를 포착하는 매의 눈을 가진 사람이다. 그는 너무 기술적이고 쓰기 어려운 하이테크놀로지 제품들을 '사람답게(humanize)' 만들 줄 아는 사람이었다. 일반인에게 어렵기만 한 물건들을 즐길 수 있는 재미난 물건으로 탈바꿈시킨다. 생각하는 방식이 남달랐던 잡스는 그저 상상만 하는 사람이 아니었다. 남이 생각하는 이상의 것을 생각해내고 상상한 것을 현실로 만들어 내는 것에 탁월한 능력을 가진 사람이었다.

Q. 상상력이 뛰어나다고 했는데 그는 어디서 영감을 얻고 어떻게 제품을 만들어 냈는가.

잡스는 제품을 만들 때 얼마나 쉽게 쓸 수 있는 물건을 만들까를 가장 중요하게 생각했다. 그는 초등학생처럼 작은 아이도 손쉽게 쓸 수 있는 제품을 만들어 내도록 노력했다. 아이폰을 생각해보자. 아이폰은 사실 손 안의 컴퓨터라고 할 수 있다. 그런데 잡스는 어떻게 만들었는가. 윈도우즈처럼 부팅을 해야 하는 번거로움 없이 온·오프 스위치로 손쉽게 켜고 끌 수 있는 작은 컴퓨터를 창조해 냈다. 잡스가 중요시했던 다른 한 가지는 디자인이다. 그가 애플의 2세대 컴퓨터를 만들 때였다. 그의 목표는 거실에 자랑스럽게 내놓고 거실을 꾸미는 용도로도 쓰일 수 있는 스테레오 같은 컴퓨터를 만드는 것이었다. 컴퓨터가 집안에 있어야 한다면 집을 꾸밀 수 있는 가구가 돼야 한다고 생각했다. 아이폰이나 아이패드 같이 사람들이 직접 들고 다니는 제품은 패션감각이 더욱 뛰어나야 했다.

Q. 손쉽게 사용할 수 있고 예쁜 제품을 추구한 것은 결국 잘 팔리는 제품을 만들겠다는 비즈니스적인 마인드가 아닌가.

그렇지 않다. 잡스는 단 한 번도 비즈니스맨이었던 적이 없다. 그는 비즈니스를 생각하지 않았다. 사용하기 쉽고 재미있는 제품을 추구했지만 잘 팔리는 물건을 위해서가 아니었다. 잡스는 다른 기업인들과는 달리 단 한 번도 고객에게 선택권을 주지 않았다는 단적인 예만 봐도 알 것이다. 애플의 고객들은 애플이 새로운 것을 출시하면 기다렸다가 무조건 사야 했다. 제2의 물건을 집어들 수 있는 선택권이 없었기 때문이다. 잡스는 고객들의 입맛에 맞추기 위한 다양한 제품을 내놓기보다는 잡스 입맛에 맞는 딘 한 가지 제품을 내놓던 사람이다. 애플의 제품이 마음에 들지 않는다면 타사의 제품을 구매하는 방법뿐이었다. 그만큼 잡스는 자신의 제품에 자신이 있었고 그가 세상을 대하는 태도는 정말 대단했다. 오만했고 세상이 자기 중심적으로 돌아간다고 생각했고 심지어 대중이 자신과 다른 생각을 갖고 있어도 자신이 옳다고 생각하는 사람이었다.

Q. 매우 거만한 사람인 것 같다. 결국 그의 그런 면 때문에 잡스는 자신이 만든 회사에서 쫓겨나는 굴욕을 겪은 것이 아닌가.

확실히 잡스는 함께 일하기 힘든 사람일 수 있다. 고집이 엄청나게 셌고 직설적인 화법으로 언제나 사람들을 당황시켰다. 하지만 그는 본능적으로 시장에서 자신의 위치를 알았고 천재적인 감각으로 언제나 옳은 결정을 내렸다. 잡스는 자신의 아이디어에 있어서 라이선스란 있을 수 없다고 생각한 사람이다. 1985년 매킨토시의 디자인이 마음에 들었던 빌 게이츠는 잡스에게 전화를 걸어서 디자인 라이선스를 구입할 수 있게 해달라고 했다. 잡스는 한마디로 거절했고 그 후에도 계속되는 게이츠의 전화를 무시했다. 잡스는 항상 게이츠를 무참히 밟았다. 게이츠가 투자를 하겠다고 해도 거절했고 같이 일하자고 해도 무시했다. 아이디어를 공유하기 위해 만나자고 했을 때도 그저 비웃기만 했다. 사실 잡스의 이런 행동은 매킨토시가 자리 잡을 수 있었던 원동력이 됐다. 잡스를 밀어내자마자 매킨토시는 게이츠에게 라이선스를 주었고 이후 마이크로소프트의 컴퓨터들은 보기 좋은 제품들로 변하기 시작했다. 당시 윈도우즈 시장은 매킨토시의 것보다 몇 배나 컸기 때문에 그 효과는 대단했다. 물론 잡스가 애플로 돌아가자마자 게이츠가 애플 라이선스에 손댈 수 있는 시대는 끝났고 애플은 다시 승승장구하기 시작했다. 사실 잡스의 독선적이고 완벽주의자적인 성향은 그럴 만한 사람이기 때문에 죽을 때까지 유지된 것이 아닐까 생각한다.

Q. 잡스의 완벽주의자적 성향과 그것이 어떻게 성공으로 이어질 수 있었는지 좀 더 설명해 달라.

잡스는 만족할 줄 모르는 완벽주의자였다. 그는 누구도 자신의 아이디어와 제품에 손대는 것을 싫어했고 자신이 만든 것에 토를 다는 것도 허락하지 않았다. 잡스는 모든 면에서 보통사람들과는 달랐다. 잡스는 항상 IBM이나 삼성의 제품을 보고는 '너무 못생긴 물건이다. 이렇게 생긴 걸 부끄러워서 들고 다닐 수 있겠는가. 똥 같은 디자인이다'라며 크게 비웃었다. 잡스는 컴퓨터, 플랫폼, 디자인까지 모두 자신이 컨트롤하기 좋아했다. 단 한 가지라도 빠뜨리거나 관여하지 않았던 적이 없고 자신의 기준에 꼭 맞춘 보기 좋고 쓰기 좋은 제품을 만들어 냈다. 그의 완벽주의자적인 성향은 제품에서만 드러나는 것은 아니었다. 그는 주변 환경을 너무 중요하게 생각했다. 집, 차, 쓰는 사무용품까지 그에게는 너무 중요한 요소였고 자신의 취향에 맞지 않으면 참지 못했다. 사실 잡스는 언제나 탁월한 결정을 내린 사람이다. 자기 멋대로였지만 항상 천재적인 완벽함으로 사람들에게 다가갔으니까.

Q. 잡스는 시장조사나 소비자의 취향을 잘 파악하지 않기로 유명하지만 창조자라는 별칭을 얻고 있다. 시장조사 없이 어떻게 가능했나.

그는 확실히 발명가는 아니었으나 사람들이 생각지도 못한 것들을 현실로 만들어준 창조자라고 할 수 있다. 그는 시장조사를 하거나 대중에게 의견을 묻지 않았다. 잡스는 '대중은 무엇이 가능한가를 가늠할 수 없는데 어떻게 무엇을 모르는 사람에게 무엇에 대해 물어볼 수 있는가'라고 반문했다. 그는 일반인이 상상할 수도 없었던 것을 현실로 만들었기 때문에 일반 대중에게 다가가는 것으로 아이디어를 얻을 수 없었다. 물론 그의 제품들은 대중에 대해 심각하게 고민한 후 만들어지는 것들이다. 하지만 어떻게 하면 어린아이도 쉽게 즐길 수 있는 물건을 만들 것인가에 대한 분석과 고민이었지 무엇을 만들어야 하는가에 대한 고민은 아니었다. 솔직하게 말하면 잡스는 미치광이 같았다. 록펠러, 에디슨, 그 어떤 역사상 큰 의미가 있는 이름을 대더라도 잡스 같았던 사람은 없었을 것이다. 잡스의 영감은 오직 애플만 생각하는 데서 나온다. 그의 인생은 애플이었다. 아니 애플은 그의 모든 것이었다고 해도 과언이 아니다. 그는 매일 애플에 대한 고민으로 시간을 보냈다.

Q. 소비자들을 무시하는 그의 태도가 중간에 바뀌지는 않았나.

물론 시간이 갈수록 일반 대중에 대한 배려심이 커졌다. 이 모든 것은 가족 덕분이다. 잡스의 아내와 자녀들은 그가 일을 끝내고 돌아갈 곳을 만들어준 사람들이었다. 젊었을 때는 몰랐던 공간이었지만, 가정이 생긴 후 잡스는 여자들이 쓰기 쉬운 제품, 아이들이 즐길 수 있는 제품에 대한 이해도가 높아졌다. 그의 첫 작품들은 일반 대중이 이해하기 힘든 키보드도 없는 이상한 컴퓨터였다. 하지만 최근 작품일수록 더 많은 기술이 탑재되었지만 더욱 쉬운 사용법이 돋보이는 제품들이다.

Q. 잡스가 내면적으로 성장한 과정을 이야기했는데 그가 애플을 창업하고 보여줬던 리더십과 한 번 쫓겨난 후 돌아와서의 리더십은 어떻게 달라졌나.

가장 큰 변화는 무조건 게이츠를 거부했던 잡스의 태도였다. 애플에 복귀한 후 잡스는 애플에 투자하겠다던 게이츠의 제안을 무시하지 않았다. 재정상태가 좋지 않았던 애플이 살아남을 수 있는 방법은 마이크로

소프트를 끌어안는 것이었다. 사실 잘 알려지지 않았지만 첫 아이팟은 모두 매킨토시에서만 사용했어야 하는 맥마니아를 위한 제품이었다. 아이팟은 잡스가 마이크로소프트를 받아들이고 호환 가능한 시스템을 만들고 나서야 전 세계적으로 히트한 제품이다. 그는 그렇게 다른 사람을 인정하는 법을 배웠고 성장을 위해 무엇을 포기해야 할지 알게 됐다.

Q. 잡스가 없는 애플의 미래를 어떻게 보나.

애플은 2~3년 동안은 건재할 것이다. 이미 잡스가 죽기 전에 충분한 먹거리를 만들어 놨다. 문제는 중간지점인 5년 안팎일 것이다. 잡스는 실리콘밸리 출신으로 엄청난 지식을 보유하고 있었고 항상 꿈꾸는 창조자였다. 하지만 팀 쿡은 그렇지 못하다. 쿡은 잡스처럼 공상가도 아니고 그렇다고 해서 이상적이지도 못하다. 잡스의 피에는 '디지털'이 흐른다. 쿡은 그렇게 보이진 않는다. 하지만 그게 정상이다. 아무에게서도 잡스와 같은 것을 기대하기 힘들기 때문이다.

He is…

제프리 영이 스티브 잡스를 처음 본 것은 1982년이었고 직접적인 관계를 맺기 시작한 것은 1983년부터였다.

그는 〈LA타임스〉에서 기자로 일하다가 IT 전문으로 〈머큐리〉 잡지에 스카우트돼 실리콘밸리로 활동지역을 옮긴 상태였다. 매킨토시가 1984년 1월에 출시된 것을 고려하면 잡스가 스타로 부상하기 전부터 인연을 맺은 셈이다.

영은 "아직도 잡스를 처음 만난 날을 잊을 수 없다"고 회고했다. 잡스는 매킨토시사 잔디에서 BMW 오토바이를 신나게 보고 있던 광기 어린 젊은이였다.

탁구 테이블과 비디오 게임기가 널브러져 있는 매킨토시사에서 장난꾸러기처럼 떠들던 잡스는 기자인 영을 보더니 정색을 하고 물었다. "대체 당신은 누구야?(Who the hell are you?)" 정말 예의 없고 직설적인 젊은이였다. 영은 재빨리 서류가방에 있던 기사들을 꺼내 보여주며 기자라고 신분을 밝혔다.

그 후 잡스는 영을 마치 매킨토시의 팀원처럼 받아들여줬다. 영은 매킨토시사의 모든 사람과 친해지기 시작했고 점심 저녁 할 것 없이 그들과 함께 식사하고 함께 놀았다. 그는 6개월 동안 단 하루도 빠짐없이 매킨토시로 출근했고 잡스와 매일 대화했다고 한다.

아이디어 믹싱으로 새것을 창조

잡스가 이끈 애플의 최고 경쟁력은 누가 봐도 '혁신'적인 제품과 '디자인'이었다. 하지만 경영학의 또 다른 주제인 리더십과 마케팅, 경영전략 등 측면에서는 전문가마다 다양한 의견을 쏟아내고 있다. 경영학 이론으로는 설명하기 어렵다는 의견부터, 세부적으로 경영학 원칙에 충실했다는 주장까지 나오고 있다. 제품 혁신에 대한 자신감을 바탕으로 강력한 리더십을 발휘했지만 오만하거나 위험한 측면이 없지 않았다는 분석도 나온다. 잡스는 감히 누구도 흉내낼 수 없는 독특한 경영방식을 구사했지만 결과가 좋았기에 아무도 이의를 달지 못한다.

● 리더십과 인재관리 : 홀리는 리더십

'스티브당하다(being steved).'

잡스가 애플에 복귀한 후 업무에 대한 질문을 던져서 제대로 파악하지 못하는 직원을 가차없이 자른 것을 일컬어 '스티브당하다(해고되다)'라고 사람들이 표현하면서 생긴 말이다.

리더십만큼 잡스에 대한 평가가 엇갈리는 부분은 없다. '괴팍한 성격의 독재자'라는 그의 이미지와 그런 이미지를 형성하게 된 일련의 사건들은 스티브 잡스 리더십을 기존 경영학계에서 주장하는 '바람직한 리더십'과는 거리가 먼 것으로 만들었다. 스티브 워즈니악, 매킨토시 최초 개발자 제프 래스킨, 픽사의 기술적 대부 알비 레이 스미스 등 실제 그의 이해할 수 없는 자기 중심적 행동과 폭언, 전횡에 상처를 입고 떠나간 동료와 직원들 사례가 이를 잘 보여준다.

하지만 엔지니어와 디자이너들을 비롯한 핵심 인재들에게 동기부여하는 능력에 있어서는 기존 경영학에서 다룬 그 어떤 리더보다 확실한 리더십을 보여줬다는 게 전문가들의 공통된 의견이다.

안준모 건국대 경영대 교수는 "잡스가 운영하던 100인 핵심 비밀 그룹에서 아이폰 출시를 논의한 과정을 보면 그의 리더십을 확실히 알 수 있다"며 "당시 아이팟용 아이튠스 업그레이드를 위한 브레인스토밍을 진행하던 중 한 엔지니어가 '폰 기능 추가' 얘기를 꺼냈고 이를 들은 잡스가 곧바로 진행하던 회의를 뒤집어 곧바로 폰 출시 회의로 바꿨던 사례가 있다"고 설명했다.

안 교수는 "이처럼 그는 자신이 신뢰하는 인재들이 브레인 스토밍 수준에서 던진 말도 곧바로 제품이 된다는 것을 보여줌으로써 강한 동기부여를 했다"고 강조했다. 핵심 인력, 특히 엔지니어에 대한 동기부여는 "the journey is the award", "beyond the box" 같은 애플 초기 '선문답식' 구호에서도 잘 나타난다. 대부분이 엔지니어였던 당시 애플 직원들은 잡스의 구호를 들으면 자신들이 우주를 움직이고 있는 것 같은 황홀감에 사로잡혔고 강하게 동기부여가 됐다는 것이다.

잘나가던 존 스컬리 펩시 사상을 애플 CEO로 영입할 때도 바로 이 같은 홀림 리더십이 통했다. 잡스는 스컬리 사장에게 자기 비전을 설명하고 '평생 설탕물이나 팔 겁니까, 아니면 나와 같이 세상을 바꿀 겁니까'라는 최후 통첩을 날린 끝에 그를 영입하는 데 성공했다.

● 경영전략 : 독점(exclusive)과 공존, 그리고 디자인 경영

"훌륭한 예술가는 모방하고, 위대한 예술가는 훔쳐온다."

잡스식 혁신의 핵심을 보여주는 이 모토는 '아이디어 믹싱'을 통한 창조를 의미한다. 애플 초기에 '해군이 될 바에 해적이 되자'는 구호를 공공연하게 내걸었던 것도 같은 맥락이다.

기업들에 엄청난 'R&D 투자'부터 떠올리게 하는 '창조와 혁신'이라는 단어의 교과서적 의미를 바꿔놨다. 그는 창조의 강박에서 벗어나 이미 창조된 것에서 남들이 생각하지 못했던 것을 만들어낸 새로운 방식의 혁신가였던 셈이다.

이처럼 재창조된 혁신적 제품, '자신 있는 제품'을 그는 시장 1위 업체가 아닌 2~3위 업체에 '독점(exclusive)' 방식으로 공급했다.

이 전략과 관련해 안 교수는 "잡스는 자기 제품을 갖고 고객과 직접 대화하기를 원했기 때문에 자신이 통제할 수 없는 방식으로는 제품을 공급하지 않았던 것으로 보인다"며 "애초부터 전략을 그렇게 짰다기보다 자기 철학을 구현하는 과정에서 필연적으로 나타난 전략으로 보인다"고 말했다.

잡스 경영, 특히 애플 복귀 이후 만들어낸 성공 스토리에서는 '공존 생태계 전략' 또한 핵심으로 등장했다. 오정석 서울대 경영대 교수는 스티브 잡스가 콘텐츠 사업자와 앱 개발자들을 위해 '공허하지 않은', 7대3(개발자 대 애플) 수익배분 구조를 제시해 공존의 IT 생태계를 만든 것에 크게 주목했다.

여기에 각 기업마다 한 번씩 시도할 수밖에 없었던 '디자인 경영' 전략이 더해졌다. 잡스는 "디자인이란 그냥 눈에 보이거나 느껴지는 것이 아니라 실제로 어떻게 작동하는가의 문제"라고 밝힌 바 있는데, 이것이 애플식 디자인 경영의 핵심전략이었다.

산업·기술 디자인 구루 도널드 노먼 박사는 최근 매일경제신문과 인터뷰하면서 "디자인은 단순히 제품의 빼어난 외관만을 의미하는 것이 아니라 사용자 경험에 기반해서 편리하게 쓸 수 있으면서도 사용하는 것 자체가 즐거워 삶의 방식이 바뀌는 것"이라며 "이러한 라이프 스타일 디자인을 제대로 구현한 기업이 바로 애플"이라고 설명하기도 했다.

● 마케팅 : 고객 기반 마니아 마케팅의 역설

"아이폰에 수신 불량이 발생한다고? 그건 당신이 휴대폰을 손으로 잘못 잡았기 때문이다."

아이폰 3G에서 나타난 전파 수신 불량 문제에 대해 잡스는 이렇게 대답했다. 대부분 글로벌 기업이라면 마케팅 차원이나 기업 이미지 차원에서도 절대 할 수 없는 말이다.

김상용 고려대 경영대 교수는 "바로 그런 대응 방식이 '오직 마니아층만을 위한 마케팅'이라는 애플 특유의 마케팅을 잘 보여준다"며 "그러나 아이폰 수신 불량 사태를 거치면서 애플도 서서히 일반적인 대중 마케팅 전략을 쓰기 시작했다"고 설명했다.

애플은 아이팟의 대히트와 아이폰 혁명을 이끌어내기 이전까지 절대다수는 아니지만 확실한 마니아를 확보하는 브랜드였다. '애플 이밴절리즘(apple evangelism)'이라는 용어로 설명되는 '애플컬트' 특유의 마케팅은 애플 사용자들끼리 긴밀히 교감하면서 애플에 대한 조언을 적극적으로 반영하는 방식이었다. 제품과 사용자 간 교감과 일체화가 그 핵심이다.

　김경훈 베인&컴퍼니 이사는 "애플이 고객 니즈를 파악하기 위한 시장조사를 하지 않았다고 해서 고객 욕구를 반영하는 일을 하지 않았다거나 고객을 무시했다고 보긴 어렵다"며 "오히려 마니아들이 요구사항을 올리는 게시판을 모니터링하는 등 '관찰'을 통한 니즈 반영을 통해 지속적으로 피드백을 했다"고 말했다.

　김 이사는 "아이폰 앱스토어 시스템을 해킹해 빠져나가는 이른바 '탈옥' 현상 역시 애플은 항상 주시하면서 해커들이 어떤 프로그램을 집어넣는지를 보고 OS 업그레이드 시에 이를 반영하고 있다"고 덧붙였다. 그는 이어 "이런 관찰을 통한 니즈 반영에다 디자인 경영 특유의 '일관성' 마케팅이 적용돼 애플스토어의 인테리어, 제품을 사서 처음 받게 되는 포장부터 포장을 뜯는 부분 그리고 제품까지 하나의 이미지로 통일시켜 브랜드를 구축하는 것이 애플식 마케팅·브랜딩의 힘"이라고 강조했다.

» 카마인 갈로 《스티브 잡스 프레젠테이션의 비밀》 저자

스티브 잡스가 제품을 설명하기 위해 연단에 올라가면 전 세계인이 열광한다. 어떤 제품을 내놓을까에 대한 궁금증도 있지만 그가 펼치는 환상적인 프레젠테이션(PT)에 대한 기대감 때문이다. 그는 1980년대 초 매킨토시 공개 행사부터 2010년 아이패드 공개 행사에 이르기까지 약 30년에 걸쳐 PT의 개념을 완전히 바꿨다.

잡스의 발표는 훌륭한 배경에 적과 영웅, 조연이 등장하는 3막의 드라마로 구성된다. 제품 발표회가 곧 '인포테인먼트(infotainment) 쇼'이자 소비자를 위한 '서프라이즈 파티'가 된다. 이 파티의 주최자 잡스의 연미복은 리바이스 501 청바지와 검은 터틀넥 스웨터, 그리고 뉴발란스 운동화였다.

매일경제 MBA팀은 잡스의 PT에 대해 깊게 연구한 《스티브 잡스

프레젠테이션의 비밀》의 저자 카마인 갈로에게서 **PT** 비결을 들었다.

갈로는 "잡스 **PT**의 마법은 '간결함'과 '재미·놀라움', 그리고 '전달력'에서 나온다"면서도 "하지만 PT만큼은 잡스의 노력의 결과이자 고도로 계산된 결과물"이라고 말했다.

Q. 스티브 잡스 PT의 가장 큰 힘은 무엇인가.

간결함이다. 그의 슬라이드들은 사진이나 이미지로 가득 차 있다. 가끔은 한 단어나 한 가지 숫자가 그의 슬라이드의 전부였다. 또 그는 쉽게 설명한다. 기술적인 면을 잘 알고 있는 전문가임에도 일반인이 알아들을 수 있게 말한다. 예를 들면 친환경 소재에 대한 설명을 하는 대신 그는 아주 자신감 있는 어조로 '매우 친환경적인 노트북PC'라고 표현할 뿐이다. 잡스는 그림과 언어가 적절히 섞였을 때 적혀 있는 글보다 큰 효과가 있다는 사실을 인지하고 있었다.

Q. 많은 사람들은 잡스처럼 '미치도록 대단한(insanely great)' PT를 하고 싶어하지만 실제로 하는 사람은 많지 않다. 불가능한 일인가.

그렇지는 않지만 단번에 되는 건 절대 아니다. 1984년 잡스는 매킨토시를 알리기 위한 발표회에서 지금껏 대중이 겪어보지 못한 당대 최고의 PT를 한다. 잡스는 그 이후로도 25년에 걸쳐 지속적으로 PT 기술을 발전시켜 나갔다. 그는 PT를 할 때만큼은 최고 배우가 된다. 각본이 있지만 즉흥 연기도 하고 농담도 한다. 잡스의 혁신성과 창의성은 '타고난 것'이지만 PT 기술만큼은 노력에 의한 것이다.

Q. 잡스의 PT는 정보와 재미가 적절히 섞여 있는 인포테인먼트라고도 불린다. 구체적으로 어떤 것인가.

정확하게 알고 있다. 2007년 아이폰 발표회에서 잡스는 스타벅스에 전화를 걸어 카페라테 1,000개를 주문하는 연출을 했다. 애플 안에 탑재된 인텔을 소개할 때는 인텔 CEO 폴 오텔리니에게 토끼 의상을 입혀서 무대에 나타나게 했다. 청중은 재미를 기대하고 재미를 원한다. 물론 스턴트를 할 필요까지는 없다. 작은 웃음을 중간 중간 넣어주고 스토리텔링을 하며 청중에게 경험을 선사하는 것이 중요하다.

Q. 스티브 잡스는 PT 마지막 부분에서 "한 가지 더(One more thing)"라는 말을 하는 것으로 유명하다. 왜 이 말을 좋아했을까.

그것은 잡스의 '놀라움 전략'이다. 잡스는 드라마 같은 연출을 위해 소도구를 사용하기도 하고 마지막에 놀라움을 위한 전략을 쓰기도 하는 것이다. 청중은 의외성을 좋아하고 잡스의 깜짝 발언을 기대한다. 잡스의 '한 가지 더'는 언제나 기대심리를 자극하는 한마디였다.

세스 고딘

당신이 없으면 회사가 안 돌아가나요?

몬스터 케이블사의 닥터드레 헤드폰은 한국에서 '박태환 헤드폰'으로 잘 알려져 있다. 박태환 선수가 경기 시작 직전까지 이 헤드폰으로 음악을 듣기 때문이다. 미국에서도 두꺼운 마니아층을 가진 닥터드레 헤드폰 가격은 300달러. 한국에서는 40만 원대에 팔린다.

하지만 한편으로는 '39달러짜리 음질'이라는 혹평도 듣는다. 왜 39달러(약 4만 3,000원)짜리 음질의 음악을 듣기 위해 사람들은 40만 원 이상의 돈을 투자할까.

세계적인 마케팅 전문가 세스 고딘(Seth Godin)은 "포인트는 닥터드레의 음질이 아니다"고 말한다. 어떤 헤드폰의 음질이 더 좋은지가 아니라 어떤 헤드폰의 가치가 더 높은지가 포인트라는 것이다. 이 헤드폰을 사는 사람은 닥터드레 유저라는 자부심도 함께 산다.

그는 "음악을 듣는 궁극적인 이유는 기분이 좋아지기 위해서, 행복을 느끼고 싶어서"라며 "닥터드레 헤드폰으로 음악을 들으며 행복하다면 이 물건이 300달러의 값어치를 하는 게 아니냐"며 반문한다.

헤드폰은 음악을 제대로 전달하는 물건이지 보이는 게 문

세스 고딘

제가 아니라고 생각했다면, 닥터드레 헤드폰의 성장세는 이 답이 틀렸다는 것을 보여준다.

으깬 감자맛 소다수를 마셔본 적이 있는가. 칠면조 맛, 양배추 맛은 어떨까. 피칸파이 맛, 베이컨 맛도 있다.

일반적으로 생각하면 '누가 그런 음료를 사겠어?'라고 생각하기 쉽지만 미국의 음료수 제조업체 존스소다는 실제로 이 음료를 팔아 성공을 거뒀다. 음료수는 슈퍼마켓이나 편의점에서 팔아야 한다는 상식도 깼다. 슈퍼마켓에 자리를 마련하는 대신 스케이트나 서핑보드 판매점에서 음료를 팔았다. 레이블을 디자인하는 대신 고객들의 사진을 붙였다.

창업을 계획하는 사람들은 성공한 기업을 보며 꿈을 꾼다. 여러 성

공 사례를 분석하며 실패를 줄이기 위해 애쓰는 경우도 있다. 이 회사의 창업주 피터 반 스톡은 "우리는 우리 방식으로 사업을 할 뿐이다. 다른 업체들이 어떻게 사업을 하는지는 신경 쓰지 않는다"고 말한다.

또한 고딘은 "성공한 업체들을 따라 하는 것은 백미러를 보며 운전하는 것과 같다"며 일침을 놓는다. 성공적인 기업들 사례를 분석하다 보면 결국 아무런 공통점을 발견할 수 없다는 게 그의 생각이다. 성공한 기업들은 존스소다나 닥터드레처럼 '별종'이기 때문이다.

기업뿐 아니라 개인도 마찬가지다. 이제 살아남기 위해서는 별종이 되어야 한다. 사실 지금까지는 '중간만 가자'는 인식이 많았다. 기존 시스템에 평범하게 순응하며 사는 삶을 모범적인 직장인의 생활로 여겼다.

하지만 회사와 개인이 표준을 지향한다면 언제라도 누군가와 쉽게 대체될 수 있다. 이 시대에서 내가 할 수 있는 일은 다른 사람도 할 수 있다. 프랑스 제과점이라면 어디나 바게트를 팔 수 있다. 하지만 바게트를 파는 대신 유기농 재료만을 사용한 효모빵을 만들고 팔기로 선택한 리오넬 푸알렌은 매해 1,000만 달러의 매출을 올린다.

고딘은 성공이란 평범한 사람이 아니라 평범하지 않기를 선택한 사람에게 온다고 조언했다. 흰 바탕에 검은 점이 있는 얼룩소들 사이에 보랏빛 소가 있다면 모두들 그 소를 주시할 것이다. 나란히 서서 남들보다 조금 더 앞서가기 위해 노력하기에는 이미 너무나도 똑같아졌다. 같은 위치에서 똑같은 옷을 입고 발걸음을 맞춰 걸으며 앞서가기를 고민하기보다는 아예 다른 옷을 입고 새로운 길을 향해 걷는 편이 돋보이기 쉽다.

"다른 톱니와 맞물려 일정하게 돌아가는 톱니바퀴가 되기보다는 대체 불가능한 '린치핀(수레바퀴 축에 꽂는 핀, 핵심이자 요체)'이 되라"는 고딘의 일성은 지금 당신에게도 적용된다.

사고를 바꿔라. 꼭 필요한 사람이 되기 위한 첫걸음은 당신이 스스로 린치핀이 되겠다고 선택하는 데 있다.

이런 기업이 린치핀 기업

앨범 발매를 앞둔 가수에게 음원 유출은 큰 사고다. 컴백 전이나 데뷔 전 음원이 유출되면 서둘러 앨범 발매일을 앞당기는 등 사태를 수습하느라 부산하게 움직인다. 시장에 제품을 선보이기 전에 콘텐츠가 유출되면 속수무책으로 당하기는 글을 쓰는 작가도 마찬가지다.

하지만 세스 고딘은 일부러 '사고'를 쳤다. 2003년 베스트셀러가 된 마케팅 도서 《보랏빛 소가 온다(Purple cow)》를 정식 출판하기 전 미국 경영전문지 〈패스트 컴퍼니〉에 칼럼을 기고하며 책의 내용을 소개한 후 배송료만 받고 신청자에게 책을 보냈다.

책은 보랏빛 우유팩에 담았다. 이후 추가로 책을 구매하고 싶어하는 희망자에게는 12권을 묶어 60달러를 받고 팔았다. 단, 한 권씩은 살 수 없었다. 묶음 판매를 통해 구매자가 주변인들에게 책을 나눠주며 입소문을 낼 수 있도록 한 전략이다. 정식 출간을 3개월 남겨두고 벌어진 이 이벤트는 사람들의 관심을 끌었고 정식 출간도 되기 전에 아마존 베스트셀러 리스트에 오르는 성과를 거뒀다. 보랏빛 소는 사람들의 관심을 집중시킨다는 자신의 이론을 몸소 실천해 보인 것이다.

세스 고딘은 자신의 블로그(http://www.sethgodin.typepad.com)에 다양한 마케팅 아이디어와 남다른 생각으로 성공을 거둔 린치핀과 보랏빛 소들의 이야기를 적어두었다. 매일경제 MBA팀은 세스 고딘의 동의 아래 그의 블로그에 담긴 '리마커블'한 성공자들의 이야기를 선별·요약해 공개한다.

» 온라인 쇼핑몰 아이벡스 스토어(Ibex store)

아이벡스 스토어는 온라인에서 성공할 수밖에 없는 비결이 있다. 우선 지역 상점에서 살 수 없는 물건을 판다. 자주 간과하지만 사실 굉장히 중요한 점이다. 독특하기 때문에 고객들이 찾고 또 사람들에게 알리는 것이다. 사람들은 자신이 원하고 사랑하는 물건을 누군가가 만들어 낼 때 몰려든다. 또 이들은 온라인에 사진을 올리는 게 무료라는 사실을 너무나도 잘 인식하고 있다. 인쇄 홍보물은 사진을 더 넣는 데 돈이 들지만 온라인은 그렇지 않다. 소비자가 제품을 잘 파악할 수 있도록 다양한 사진을 사이트에 올려둔다.

가입자를 늘리고 관리하는 데도 목숨을 건다. 누군가가 이 사이트에 가입을 하면 이후 이메일을 통해 유용한 쿠폰과 할인 정보를 세공한다. 자주 보내는 것은 아니지만 소비자의 관심을 끌 만한 제품을 내놓으면 소비자들은 관심을 가지게 된다. 실제 이 사이트의 매출 상당 부분이 이러한 통로를 통해 발생한다. 사실 이 비결은 당연하고 단순하다. 실행하기 어려운 내용도 없다. 하지만 더 놀라운 건 이를 지키고 실천하는 쇼핑몰들이 매우 드물다는 것이다.

- **진짜 성공은 테스트를 거치지 않은 아이디어에서 나온다**

» 미국의 최대 온라인 DVD 대여 업체 넷플릭스(Netflix)

넷플릭스는 '테스트'로 유명하다. 가격부터 시작해 새로운 서비스와 과거 서비스들의 상호작용 등 자신들의 웹사이트에 실릴 모든 부분을 다 테스트한다. 이들을 관찰하면 마치 철저한 테스트가 마치 성공의 열쇠인 것처럼 보이기도 한다.

하지만 넷플릭스를 승리로 이끈 요소는 어떤 테스트도 거치지 않고 적용됐다. 매월 요금을 내고 DVD 대여를 신청하면 우편을 통해 집에서 받아볼 수 있도록 한 기본 사업 구조와 회사의 혁신적인 기업 문화는 그들의 시험대에 오르지 않았다. 테스트를 해야 할 모든 것은 테스트를 해야 한다. 하지만 진짜 승리는 테스트를 거치지 않은 무언가를 출시할 수 있는 배짱이 있을 때 온다는 걸 잊어서는 안 된다.

- **물리적 제품이 아닌 '감정'을 팔아라**

» 하인즈(Heinz)케첩

하인즈 케첩이 유독 다른 케첩에 비해 유명세를 떨치는 이유가 무엇일까? 혹자는 하인즈 케첩의 품실이 나른 회사의 제품보다 뛰어나기 때문이라고 말한다. 하지만 하인즈는 더 나은 케첩을 만들지 않는다. 하인즈는 더 나은 '하인즈 케첩'을 만든다. 그들은 케첩의 성분이 아닌 감정을 판다. 소비자가 케첩에 대해 설명하거나 떠올릴 때 '내가 먹는 케첩'이 아닌 '내가 세 살 때 먹었던 케첩', '우리 엄마가 내게 뿌려준 케첩'에 대해 이야기하도록 말이다.

도마뱀 뇌 가져선 린치핀 될 수 없다

세스고딘은 린치핀이 되기 위해서는 저항을 이겨내야 한다고 말한다. 저항은 안정적인 기존 틀을 부수는 모든 것을 거부한다. 주저앉아 있는 자신을 합리화한다. 천재성을 발휘할 수 있는 순간에도 '주어진 틀 안에서' 하라고 명령한다. 하지만 린치핀이 되기 위해서는 익숙함이 아닌 불편함을 택해야 한다. 안락함과 편안함을 추구하는 몸 안의 저항을 이겨내야 한다. 당신은 지금 저항에 굴복하고 있는가. 스스로 체크해보자.

- 시간에 맞춰 일을 끝낼 줄 모른다.
- 완벽해야 한다는 핑계를 대며 미룬다.
- 일부러 결함이 있는 아이디어를 내고 거부당하기만 기다린다.
- 모임에 뭘 입고 나갈지 몰라 괴로워한다.
- 돈이 없다는 핑계를 댄다.
- 도가 지나친 인간관계를 쌓으려 노력하면서 모두가 자신을 좋아하고 따르길 원한다.
- 타인의 화를 돋우는 행동을 하면서 모두가 자신을 외면하도록 만든다.
- 새로운 재주를 익히려 하지 않는다.
- 너무 많은 시간을 쓸데없는 정보 모으기에 힘쓴다.
- 비난한다.
- 행동은 하지 않고 위원회만 결성해 놓는다.

- 위원회를 이끌 생각은 하지 않고 남이 해주기만을 원한다.

- 동료들이 한 일들을 끊임없이 비난하고 비현실적으로 기준만 높여 놓는다.

- 의도적으로 아무도 받아들일 수 없는 기이한 일을 벌여 놓는다.

- 그냥 그런 수준의 무시당할 만한 정도로 일을 한다.

- 질문하지 않는다. 혹은 너무 많은 질문을 한다.

- 누구든 본인과 다르게 행동하면 비난한다. 본인 행동을 바꿔야 할 수도 있다는 위기감 때문이다.

- 어제 일은 너무 오래된 일이라고 팽개치고 끝이 보이지 않는 다음 일을 처리하겠다며 방황한다.

- 새로운 방법의 부작용에 대한 걱정을 한다.

- 지겹다.

- 해야 할 일을 하지 않고 복수하거나 남에게 훈계할 문제에 집중한다.

- 마감기한이 다가올수록 천천히 한다. 곧 닥칠 것 같은 마감에 병적으로 일을 재검토한다.

- 내일로 미룬다.

- 사람들이 자신의 아이디어를 훔쳐 간다고 걱정한다.

- 갈고 닦은 기술이 아니라 타고난 재능이 전부라고 믿는다.

- 본인은 아무것도 갖고 있지 않다고 말한다.

출처 : 세스고딘 《린치핀(Linchpin)》

세스 고딘은 린치핀이 되려면 누군가에게, 어디서나 꼭 필요한 사람처럼 보여야 한다고 역설한다. 조직이든 사람이든 깊이 관심을 가질 수밖에 없는 사람이 돼 스스로를 알려야 한다는 것이다.

Q. 린치핀이 되기 위해 가장 먼저 해야 하는 것은 무엇인가.

린치핀이 된다는 건 선택의 문제다. 많은 이들은 기존 시스템에 안주한다. 이미 짜인 틀에 자신을 맞추려고 한다. 하지만 린치핀은 새로운 시스템을 만들고 받아들일 줄 아는 사람이다. 스스로를 드러낼 것인지, 안주할 것인지를 선택해야 한다.

Q. 당신은 '무조건 튀어라'고 말했다. 하지만 한국에는 '모난 돌이 정 맞는다'는 속담이 있다. 누구나 특별한 존재가 된다면 세상이 너무 복잡해지지 않을까.

세상이 복잡해지고 있다는 건 분명하다. 우리는 지금 어디로 가는지 알 수 없는 세상에 살고 있다. 중산층이 흔들리고 많은 직장인은 정년을 위협받는다. 이게 바로 지금, 여기에서 일어나는 일이다. 진정한 질문은 이게 돼야 한다. '이렇게 복잡하게 변하고 있는 세상에서 나는 어떻게 살아가야 하는가?' 답은 린치핀이다. 내가 무엇과도 대체될 수 없는 존재임을 알려야 한다.

Q. 린치핀이 되는 길이 새로운 시스템 속에서 살아남는 길이라면 독자들에게 린치핀이 되기 위한 로드맵을 제공해 줄 수 있는가.

지도를 그리는 데는 지도가 필요하지 않다. 예술을 하는 데도 지도가 필요하지 않다. 차세대 자동차를 만드는 데도 필요한 건 지도가 아니라 아이디어다. 리더 역시 지도를 찾지 않는다. 지도를 보지 않고 살아가는 새로운 태도가 필요하다. 자신만의 지도를 그리며 자신의 예술성을 발휘해야 한다.

요리책은 누구나 살 수 있지만 진짜 요리사가 되는 법이 담긴 책은 찾을 수 없다. 알려진 조리법대로 음식을 만드는 사람은 역사를 만들지 못한다. 자신만의 요리법을 개발해 내는 진짜 요리사, 즉 예술가가 성공을 하는 것이다. 린치핀은 예술가이기도 하다. 직원들이 스스로 예술가가 될 수 있도록 자유로운 환경을 제공한다면 기업은 과거에는 상상할 수 없었던 최고의 성과를 얻게 될 수 있다.

Q. 하지만 많은 이들은 예술가의 재능은 신이 내린 선물이라고 여기고 있다. 이 재능이 매우 소수에게 주어지기 때문 아닌가.

아니다. 당연히 당신이 일반적으로 말하는 '예술'을 위해 태어난 것은 아니다. 하지만 생각해보자. 버락 오바마의 대선 포스터를 만들었던 현대 미술가 셰퍼드 페어리가 수천 년 전에 태어났다면 뭘 해낼 수 있었을까? 반 고흐가 현대에 태어났어도 마찬가지다. 예술은 유전적인 재능이 아니다. 예술은 당신이 선택해서 하는 것이다. 누구나 내면에 지니고 있는 자신만의 예술성을 끌어낼 것인지, 그저 보이지 않는 곳에 가둬둘 것인지 선택지는 당신이 쥐고 있다. 당신이 마음만 먹는다면 꼭 필요한 사람, 예술가이자 린치핀이 될 수 있다.

Q. 린치핀은 주류에 반하는 선택을 하는 사람이라고도 보이는데, 이 선택은 때때로 성공을 가져다주기도 하지만 항상 그렇지는 못하다. 보다 지혜로운 선택을 하는 방법은 없을까.

많이 시도하고 충분히 나쁜 선택을 해야 한다. 그러다 보면 빠르든 늦든 언젠가는 당신이 어떻게 좋은 선택을 할 수 있을지 알게 된다.

세스 고딘은 자신의 저서 《린치핀》에서 본인이 100권 이상의 책을 써냈다고 고백한다. 물론 그 중 몇 권은 세계적인 베스트셀러가 되었지만 더 많은 책은 실패했다. 그는 시도해보고 나서 실패하는 게 시도도 하지 않은 채 쳇바퀴 구르듯 사는 인생보다 값지다고 말한다. 시도는 우리를 예술가로 살게 하고 다시 시작할 수 있는 기회를 준다.

Q. 끊임없이 시도하려는 의지를 가지고 싶지만 실제 많은 이들은 그렇게 하지 못한다. 왜일까.

저항 때문이다. 저항은 선택을 위한 어떤 중요한 판단에 부딪혔을 때 항상 우리가 포기하게 만든다. 아이디어를 내고 이를 마무리해 세상에 내보낼 용기를 꺾는 거다. 이를 극복해야 성공적인 린치핀이 될 수 있다.

Q. 저항에 사람들이 꺾이는 이유는 무엇인가.

대부분의 사람들이 안정을 원하기 때문이다. 많은 이들은 '안정적인 것'에 세뇌돼 있다. 우리는 학교에 입학하는 순간부터 튀지 않는 게 가장 안전한 길이라는 것을 알아채고 배운다. 하지만 나는 이런 식의 교육이 큰 벽에 부딪힐 수밖에 없다고 본다. 이는 좀비(Zombie)를 양성할 뿐이다. 현실은 이렇다. 안전한 길은 두드러지지 않는 것을 선택하는 것이며 사실 가장 위험한 길이다. 바쁜 시장판에서 두드러지지 않는다는 건 보이지 않는다는 것과 다름없다.

그는 '튀는(remarkable)'의 반대말은 '나쁘다', '품질이 달린다'가 아닌 '아주 좋다'라고 설명한다. 품질기준을 충족하는 아주 좋은 제품들은 사실 일상적이다. 하지만 쉽게 언급이 되지는 않는다. 목적지까지 제시간에 나를 옮겨준 비행기에 대해서는 아무도 칭찬하지 않는다. 하지만 아주 형편없거나 전혀 기대하지 않았던 서비스를 제공했다면, 즉 튀었다면 이야기는 달라진다. 사람들은 비행기 안에서 먹을 수 있을 거라고 기대하지 않았던 음식이 나온다면 놀라며 다른 이들에게 그 사실을 알릴 것이다. 아주 형편없는 서비스로 튈 필요는 없지만 '아주 좋은' 제품과 '튀는 제품'이 동의어가 아니라는 사실을 직시하는 것만으로도 두려움을 덜고 용기를 가질 수 있다.

Q. 아이디어를 내는 것도 중요하지만 일을 제시간에 마무리해 내보내는 용기도 필요하다고 했는데. 사실 많은 사람들이 미루고 미루다 막바지에 일을 처리하고는 한다.

왜 당신은 자꾸만 늦는가? 무엇이 당신이 해야 할 일들을 미루게 하는가? 두려움이다. 두려움과 거래를 하면 일은 알아서 제시간에 마무리된다.

세스 고딘은 차선책(플랜B) 역시 '예술을 파괴할 수 있는 길' 중 하나라고 말했다. 돌파구를 찾는 사람들은 잃을 것이 없기 때문에 플랜B를 마련해두지 않는다는 설명이다. 편안한 대안이 있다면 예술가가 되는 길이 어려움에 봉착할 때 금방 포기하게 된다.

"플랜B를 잘 준비하려고 하지 마라. 플랜B는 린치핀이 되는 길이 아니다. 단순히 생존하기 위한 길일 뿐이다."

Q. 본인이 린치핀으로 살아오며 결국 성공에 이를 수 있었던 방법이 뭐였는가.

나는 내가 어떻게 성공했는지를 당신이 아는 것보다 '당신이 다음에 무엇을 할 것인가'에 대해 밝혀내는 게 더 흥미로운 일이라고 생각한다. 당신의 선택은 무엇이고, 당신의 여정에서 기다리고 있는 것들은 무엇인가? 나는 나만의 독특한 방식으로 책을 쓴다. 다른 작가들도 마찬가지다.

누군가의 성공한 필체, 성공한 집필방식이 그들의 성공을 가져다 준 게 아니다.

Q. 자신만의 성공적인 아이디어로 성공한 기업들을 벤치마킹할 수도 있지 않나.

사람들은 자꾸만 다른 것을 찾는다. 물론 애플과 같은 리마커블한 기업의 예는 수도 없이 많다. 나 역시 책과 블로그를 통해 많은 기업의 케이스를 소개했다. 더 이상의 예가 필요한 게 아니다. 진짜 문제는 지금 당장 우리가 무엇인가를 해야 한다는 거다. 부족한 건 아이디어가 아니다. 그 아이디어를 생산하고 실행에 옮기려는 의지가 부족한 것이다.

Q. 한국의 경우 유럽이나 미국에 비해 상대적으로 경직된 문화를 가지고 있다. 실천할 만한 독창적인 아이디어가 한국 내에서 나오는 게 가능할까.

한국은 매우 잘하고 있다. 하지만 점점 좋은 품질의 제품들이 다른 곳에서 더 싼 가격으로 만들어지고 있다는 걸 기억해야 한다. 한국은 더 이상 가격으로 승부할 수 없다. 이건 바닥에서 일어나고 있는 싸움이고 더 이상 이 게임의 승자가 한국이 될 수는 없다. 하지만 한국에도 기회는 많이 남아 있다. 현대차를 비롯해 미국에서 빛을 보고 있는 많은 한국 기업을 보면 발전 가능성이 느껴진다. 현대차는 '더 싼 제품'이 아니라 '더 나은' 제품을 만들고 있다. 독자들에게 말하고 싶다. 우선은 더 적게 알고 더 많이 행동할 필요가 있다. 지금 당장 시작해라. 서둘러라.

˙˙He is…

세계적인 마케팅 전문가이자 강연자, 저술가다. 터프츠대학교에서 컴퓨터공학과 철학을 전공한 후 스탠퍼드대에서 경영학 석사학위를 받았다. 인터랙티브 다이렉트 마케팅업체인 '요요다인'을 설립한 후 CEO로 활동했으며 현재 미국의 유명 경제 경영 전문지인 패스트컴퍼니의 편집장이기도 하다. 그의 블로그는 미국의 광고 전문지 '애드버타이징 에이지(Advertising age)' 등에서 마케팅 부문 파워 블로그로 선정됐다. 《린치핀》, 《보랏빛 소가 온다》, 《빅무》, 《작은 것이 큰 것이다》 등 12권의 베스트셀러를 내놓았으며 이들 책은 33개 언어로 번역돼 전 세계에 출판됐다.

Part **3**

조직 내 나의 위치는

썩은 사과가 돼서는 안 된다

'썩은 사과' 얕봤다간 모든 조직 와르르

상자 속 썩은 사과는 스스로 썩어 못 먹게 되는 데서 그치지 않는다. 상자 속 다른 사과도 썩게 만든다. 골라내지 않으면 상자 속 모든 사과가 썩게 되고 결국 상자째 버려야 한다. 조직에서도 마찬가지다. 조직 안에서 업무 생산성을 떨어뜨리는 장기간의 행동으로 개인이나 팀 또는 전체 조직을 병들게 하는 사람이 있나. 이들은 조직 안에서 '썩은 사과'로 비유된다. 상자 속에 썩은 사과가 방치되면 다른 사과까지 전부 못 먹게 돼 버리는 현상을 사람과 조직에 비유하면서 만들어진 말이다.

'썩은 사과'는 동료나 부하직원을 힘들게 하고 조직 전체를 좀먹게 한다. 이들은 치유조차 힘들고 자기 스스로는 본인이 썩은 사과인지

조차 모른다. 심지어 우수한 실적을 보이는 직원 중에도 썩은 사과와 같은 직원이 존재하며, 높은 성과에 홀려 리더가 썩은 사과의 보호자가 되기도 한다. 썩은 사과는 결과적으로 조직에 치명타를 가한다.

문제는 이런 썩은 사과는 규모나 업종을 불문하고 어느 조직에나 있다는 점이다. 직급도 가리지 않는다. 성별·인종·학력과도 무관하다. 지속적으로 동료나 부하 직원을 못살게 굴고 업무를 방해하며 마음에 상처를 준다.

조직을 망가뜨리는 이른바 '썩은 사과'를 퇴치할 수 있는 방안은 없을까. 매일경제 MBA팀은 갈수록 각박해지고 치열해지는 업무 환경에서 점점 잦은 빈도로 등장하고 있는 조직 내 '썩은 사과'에 대한 해법을 찾기 위해 《당신과 조직을 미치게 만드는 썩은 사과 》의 공동 저자 미첼 쿠지와 엘리자베스 홀로웨이를 단독 전화 인터뷰했다. 또 국내 인사 분야와 심리학 분야 전문가를 만나 진단과 해결책을 들었다.

저자들은 "사실 직장 안에서 누가 썩은 사과인지 대부분 알고 있다. 하지만 정확하게 집어내기 위해서는 교묘한 행동패턴을 장기적으로 구사하는 사람을 파악해야 한다"며 "썩은 사과는 특별히 창피주기, 소극적 적대행위, 업무방해 등 세 가지 행동유형을 주로 구사한다"고 발했다.

인사전문컨설팅 회사 타워스왓슨의 박광서 한국 대표는 "30년 가까이 HR 분야를 연구하고 오랜 시간 컨설팅을 해 본 결과 보통 조직에 4~6% 정도 썩은 사과가 있다는 사실을 깨닫게 됐다"며 "그 피해도 엄청나 단지 주변 사람 몇 명이 상처를 받고 끝나는 게 아니라 우리가 상상하는 것보다 10배 이상의 피해를 조직에 입힌다"고 단언했다.

박 대표는 "썩은 사과가 성과를 잘 낸다고 해서 절대 현혹되어서는 안 된다"며 "보통 그런 성과는 남의 것을 가로챘을 때가 많고 심지어 기막히게 조작한 사례도 있기 때문"이라고 덧붙였다.

썩은 사과는 직급이나 업종을 가리지 않고 존재할 수 있지만, 썩은 사과가 권한을 쥐게 되면 문제는 더욱 심각해진다. 많은 썩은 사과는 특히 관리자급으로 승진하면서 숨겨져 있던 '썩은 사과 기질'을 드러낸다.

김광현 고려대 경영대 교수는 "평사원급에서 썩은 사과가 등장하면 그래도 해결할 수 있지만, 리더나 관리자가 썩은 사과가 되면 정말로 손쓰기 어려워진다"며 "여기에다 단기 성과를 추구하기 쉬운 전문 경영인이 조직이 시끄러워지는 걸 껄끄러워하거나 썩은 사과의 단기 성과만 보고 썩은 사과를 방치하면 장기적으로 조직은 완전히 망가진다"고 설명했다.

썩은 사과를 제대로 퇴치하기 위해서는 최고경영자(CEO)의 관심과 의지가 그 무엇보다 중요하다. 하지만 CEO가 썩은 사과이거나 본의 아니게 썩은 사과의 보호자가 될 수 있기 때문에 조직문화와 시스템 자체가 썩은 사과를 막을 수 있는 구조가 되도록 만드는 작업도 중요하다. '항균 사과박스'를 만들라는 얘기다. 또 '지나친 무능', '회복 불가능한 무능력' 역시 넓은 의미에서 썩은 사과일 수 있다. 구성원들에게 스트레스를 주고 생산성을 떨어뜨리기 때문이다.

김광현 교수가 썩은 사과를 골라내는 방식으로 저성과자를 골라내는 방식을 변형해 볼 것을 추천하는 것 역시 '무능력자'와 '썩은 사과' 사이에 유사한 측면이 있기 때문이다.

고영건 고려대 심리학과 교수는 CEO의 강한 의지를 보여주는 대표적인 모범사례로 안철수 교수를 꼽았다. 고 교수는 "안철수 교수가 안철수연구소를 경영하던 당시 부드러운 리더십과 온화한 인화력을 보여줬지만 아주 단호했던 측면도 있었다"며 "파벌을 형성하면서 다른 이들을 헐뜯거나 편 가르기를 하려는 기미가 보이면 '썩은 사과'라고 판단해 과감하게 해고했다"고 말했다. 어떤 형태의 썩은 사과든 CEO가 직접 관심을 갖고 찾아내려고 노력해야 한다는 것이다.

누가 썩은 사과인가

■ 파벌 세워 충성파만 고용하는 지사장 B씨

국내 굴지의 제조업체 A사는 10여 년 전 미국에 지사를 설립했다. 미국에서 고등학교를 졸업하고 유수 대학에서 경제학 석사까지 마친 B씨가 지사장으로 선임됐다. 오너가 의욕적으로 투자를 했고, 브랜드 파워가 있는 기업이어서 초기에는 성공적인 현지화가 이뤄지는 듯했다. 하지만 5~6년이 지나도 매출은 똑같았고 적자가 계속됐다. 지사장 B씨가 전형적인 '썩은 사과'였던 탓이다. B씨는 자신에게 충성하는 사람들만 남기고 재무·회계 담당자도 자신의 측근으로 앉혔다. 분식회계까지 벌어졌다. 문제 파악을 위해 한국 본사에서 누군가 찾아오면 과한 접대를 한 뒤, 오너 겸 최고경영자(CEO)에게 이메일을 보내 "본사에서 온 감사책임자가 과도한 접대를 요구했다"고 모함했다. B지사장의 악행은 오직 CEO만 모르는 상태. 결국 용기 있는 한 사람이 나서

CEO에게 정확한 상황을 보고했다. CEO가 진실을 서서히 알게 됐고 결국 3년의 시간을 들여 지사장을 겨우 쫓아냈다.

■ 사소한 꼬투리로 비방 일삼는 본부장 D씨

미국의 한 전문서비스 C사 한국 지사에는 '야망이 큰 썩은 사과'가 한 명 있었다. 지사 산하 한 본부의 본부장이었던 D씨는 본부장 자리에 오르기까지 지속적으로 다른 이들을 깎아 내리고 비방했다. 오전 11~12시에 느지막이 출근해 커피숍에 앉아서 하는 둥 마는 둥 업무를 하다가 미국 본사가 한참 근무할 시간에 이메일을 보내면서 밤새 업무를 보는 척했다. 특히 그는 남을 비방할 때 사소한 꼬투리를 잡아 이를 모함하는 증거로 만들었다. '증거조작'을 통해 중상모략을 했고 거짓말을 했다. 미국에서는 상상할 수도 없는 일이어서 오히려 D본부장을 의심하지 못했다. 본부는 완전히 두 파벌로 나뉘어 본부장에게 충성하는 편과 반대하는 편으로 나뉘었다. 업무가 제대로 될 리가 없었다. 서비스를 받는 고객들까지 썩은 사과에 대해 알기 시작했고 한국 지사 전체의 매출이 뒷걸음질치는 사태가 벌어졌다.

창피주기
미묘한 학대·적대적 언행을 계속

소극적 적대행위
특정인 험담, 자기·비판엔 분노

업무방해
권력남용·조직원 감시·협력 파괴

썩은 사과는 지역과 업종을 불문하고 어느 조직에나 존재할 수 있다. 이들은 단순히 주변 사람을 힘들게 하는 정도에서 그치지 않고 조직 전체를 망가뜨린다. 하지만 썩은 사과들은 자신이 썩은 사과라는 것을 잘 인지하지도 못하고 자신이 미치는 악영향에 대해서도 제대로 알지 못한다. 따라서 썩은 사과는 조직적인 차원에서 골라내지 않으면 안 된다. 박광서 타워스왓슨 한국 대표는 "첫 번째 사례에서는 CEO가 미국 지사장이 썩은 사과라는 사실을 모른 채 본의 아니게 '썩은 사과의 보호자' 역할을 했고, 두 번째 사례에서는 썩은 사과가 형성한 파벌이 보호자가 되고 이를 미국 본사가 모르는 상황이 발생한 것으로 보인다"며 "썩은 사과가 조직에 최대의 해악을 끼치는 전형적인 과정을 밟았다"고 분석했다.

• 창피주기, 소극적 적대행위, 업무방해하기

미첼 쿠지와 엘리자베스 홀로웨이는 저서에서 썩은 사과의 특징적인 행동으로 창피주기, 소극적 적대행위, 업무방해를 꼽았다. 창피주기란 법에 저촉되지 않는 수준의 미묘한 학대와 적대적 언행으로 상대방에게 모욕을 주는 것이다. 앞선 두 사례를 보면, A사 B지사장은 전형적인 '창피주기' 행동으로 인재들이 미국 지사에서 나가도록 만들었고 자신에게 충성하는 인물로만 지사를 채워나갔다. C사 D본부장 역시 지속적인 창피주기로 인해 힘들어하는 사람이 많아졌고 D본부장 충성파와 반대파로 본부가 양분되는 사태에 이른다.

여기에 소극적 적대 행위가 더해졌다. 우회적이라는 면에서 소극적이지만 반드시 누군가를 모함한다는 점에서 적대적인 행위를 일삼는 '썩은 사과의 소극적 적대행위'는 주로 상사에게 특정인을 험담하고 자신에게 부정적인 의견은 완강히 거부하면서 분노를 표출하는 방식으로 나타난다. 실제 B지사장은 이메일을 통해 CEO에게 미국 지사를 감사하러 온 사람들을 우회적으로 모함했고, 자신에 대한 비판적 의견을 제시할 경우 완전히 다른 사람이 돼 분노를 표출하기도 했다. D본부장은 아예 증거까지 조작해 자신에게 충성하지 않는 사람들을 모함하는 방식을 썼다.

마지막으로 업무방해란 조직구성원의 행동을 감시하듯 지켜보거나 협력작업에 쓸데없이 간섭하고 권력을 남용해 남에게 처벌을 내리는 행위다. D본부장이 반대파를 모함하기 위해 끝없이 정보를 수집하는 과정에서 타인을 감시하는 것이나, B지사장이 본사에서 문제 파악을 하려 할 때마다 "미국의 문화는 완전히 다르다"며 문을 닫아걸고 개혁이 불가능하게 만든 것 모두 전형적 업무방해에 해당한다.

● 썩은 사과 증후군과 조직 오염

저자들은 조직이 오염되는 것을 '썩은 사과 증후군(Bad apple syndrome)'이라고 표현한다. 조직 내에 정서가 불안정한 사람이 섞여 있을 때 전체의 임무수행 능력이 떨어지는 현상을 뜻하는 심리학 용어다. 실제 심리실험에서 감정적으로 불안정한 2명과 안정적인 2명을 한 팀으로 묶고 관찰한 결과, 4명 모두가 불안 기실을 보이는 팀과 마찬가지로 임무수행 능력이 떨어진다는 사실이 입증됐다는 것이다. 정서불안을 겪는 구성원들이 다름 팀원들에게 부정적 에너지를 전파시키는 것이라고 '썩은 사과' 저자들은 설명한다. 우수 인력이 떠나는 것도 장기적으로는 엄청난 손실이다.

고영건 고려대 심리학과 교수는 "썩은 사과는 일종의 성격장애를 가진 사람들로 볼 수 있다"며 "스트레스 상황에서 주변 사람을 괴롭히고 심리적 에너지를 탈진시켜 버리는 특성이 있다"고 설명했다. 고 교수는 이어 "주변 사람들의 에너지 고갈은 곧 조직 전체의 에너지 고갈과 연결돼 조직이 썩은 사과가 떠나도 쉽게 회복될 수 없게 만든다"고 덧붙였다.

박광서 대표는 "썩은 사과가 조직에 큰 해악을 끼친 경우 사람들이 심리적인 타격을 입고 트라우마에 빠질 뿐만 아니라 방어기제 작동으로 피해자들의 성격과 행동패턴도 변한다"며 "결국 조직이 완전히 복구되는 가장 쉬운 길은 썩은 사과도 피해자도 모두 해당 조직을 떠나는 것인데, 그렇게 될 때 회사의 손실은 계산조차 불가능하다"고 지적했다.

앞선 사례에서도 A사는 미국 지사를 정상화시키는 데 많은 시간이 걸렸고, CEO도 판단력에 문제가 있지 않느냐는 의심을 사는 등 큰 타격을 입었다. 많은 인재들이 모함 때문에, 현지 우수 인력들이 B지사장의 악행으로 회사를 떠난 것도 큰 손실이었다. C사의 한국 본부 역시 썩은 사과를 골라낸 뒤에도 한국 지사 자체가 오염돼 쉽게 회복되지 못했다. 파벌의 후유증까지 남아 있는 상태였다.

'썩은 사과'는 한번 사과상자 안에 들어오면 주변의 멀쩡한 사과를 병들게 하는 속성이 있다. 썩은 사과는 말 그대로 썩었기 때문에 버리는 것 말고는 해결할 방법도 없다. 썩은 사과를 버려도 오염돼 버린 다른 사과는 그대로 남아 있고 심지어 사과상자 자체도 오염돼 있어 손실이 이만저만이 아니다.

과일 얘기로만 끝났으면 좋겠지만, 썩은 사과가 직원이고 사과상자가 기업의 조직이라면 문제는 정말 심각해진다. 몇몇 사람이 상처 입는 것에 그치는 것이 아니라 소중한 인재가 회사를 떠나고 조직문화는 망가진다. 당연히 성과는 떨어질 수밖에 없다. 썩은 사과로 지칭되는 인물을 쫓아내도 이미 병든 조직은 복구조차 힘들다.

매일경제 MBA팀은 《당신과 조직을 미치게 만드는 썩은 사과》 공동 저자인 미첼 쿠지(사진 왼쪽), 엘리자베스 홀로웨이와 콘퍼런스 콜을 통해 동시에 인터뷰하면서 기업을 망치는 썩은 사과의 특징과 이들에 대한 대처법 등을 들었다.

컨설턴트로 활동 중인 저자들은 이 책에서 미국 〈포천(Fortune)〉 500대 기업에서 선정된 각종 리더 400여 명에게 설문지를 배포하여 표본집단을 만들어 연구했다. 이들은 'TOCS(Toxic Organization Change System)'라고 하는 조직정책, 인사평가, 리더십 계발, 360도(해당 인물을 중심으로 전체 구성원에게 피드백을 받는) 피드백 시스템, 스킵레벨(중간 관리자를 건너뛰는) 평가를 통한 해결책을 제시한다.

엘리자베스 홀로웨이는 "썩은 사과는 그냥 어쩌다가 한 번씩 타인 신경을 긁는 사람이라기보다는 타인들에게 지속적으로 특정 행동을 취해 남에게 극심한 반발감과 우울증까지 안겨주는 사람"이라며 "이들은 장기간 업무 생산성을 떨어뜨리고 개인, 팀, 더 나아가 조직 전체를 병들게 하는 독극물과 오염물 같은 존재들"이라고 설명했다.

또 미첼 쿠지는 "전략적인 접근을 통해서 썩은 사과를 퇴치해야 한다"며 "물론 한 번에 시스템을 만들고 썩은 사과를 없앨 수는 없겠지만, 썩은 사과를 찾아내려는 시도 자체가 중요하고 이들을 퇴치하려는 노력을 하다 보면 일하기 좋은 조직으로 변할 수 있다"고 강조했다.

Q. '썩은 사과' 연구를 어떻게 시작하게 됐나.

[홀로웨이] 심리상담을 하면서 많은 것을 느꼈다. 직장인 대부분은 어떤 '악한 존재'에게 받는 스트레스가 엄청났다. 누군가를 괴롭히는 썩은

사과들은 그 존재만으로 조직 자체에 엄청난 피해를 가져온다는 사실을 깨달았다. 대부분 심리상담을 받는 환자들은 썩은 사과에게서 벗어나기 위해 직장을 그만두는 일도 많았다. 나 또한 일을 하면서 썩은 사과를 직접 경험할 수 있었기 때문에 이에 대한 연구가 필요하다고 생각했다.

(쿠지) 컨설턴트로 일하고 있던 나 역시 팀원 중 썩은 사과로 인해 고통 받았던 적이 있었다. 내 고객들이 일하던 조직에서도 꼭 이런 존재들이 있다는 사실을 알고 고민이 많았다. 어느 날 홀로웨이와 대화를 나누던 중 썩은 사과에 대한 연구를 하고 해결책을 마련해 보는 것이 어떻겠느냐는 제안이 나왔고 곧바로 작업에 착수했다.

Q. 우선 썩은 사과가 무엇인지 설명해 달라.

(쿠지) 썩은 사과는 어디에나 존재한다. 우리가 연구 대상으로 삼았던 지역인 미국에만 국한된 것도 아니다. 유럽 등 서구에만 존재하는 것은 더더욱 아니며 전 세계 어디든 어느 조직이든 존재한다. 우리가 쓴 책의 한국어판이 출간되기 전에 한국 직장인 8,342명을 대상으로 한 조사에서도 직장에서 썩은 사과 존재를 느끼는 사람이 40%에 육박했다. 썩은 사과 연구에 기본 바탕이 된 리더 400여 명 중 64%가 현재 자기 조직에 썩은 사과가 있다고 답했고 현재가 아니더라도 썩은 사과와 일해 본 경험이 있는 사람은 무려 94%에 이르렀다.

(홀로웨이) 썩은 사과는 그냥 어쩌다가 한 번씩 타인 신경을 긁는 사람이라기보다는 다른 사람들에게 지속적으로 특정한 행동을 취하고 남에게 극심한 반발감과 우울증까지 안겨주는 사람들이다. 이들은 장기간 업

무 생산성을 떨어뜨리고 개인, 팀, 더 나아가 조직 전체를 병들게 하는 독극물과 오염물 같은 존재다.

Q. 썩은 사과는 어떻게 구별하나.

（홀로웨이） 사실 직장 내에서 누가 썩은 사과인지는 모두 알고 있다. 우리가 특별히 썩은 사과 구별 방법을 알려주지 않더라도 각자 직장에서 누가 썩은 사과인지 인지하고 있다. 하지만 정확하게 집어내기 위해서는 교묘한 행동패턴을 장기적으로 구사하는 사람을 파악해야 한다. 조직에 속하지 않은 사람이 사과상자 위에서 썩은 사과를 꼭 집어내기는 어렵다. 썩은 사과의 단면은 상자 위가 아닌 바닥에 숨겨져 있기 때문에 찾는데 시간이 걸릴 수 있다. 우리가 실시한 조사에 따르면 썩은 사과는 특별히 세 가지 행동유형을 지속적으로 구사한다. 창피주기, 소극적 적대행위, 업무방해 등이 그것이다.

（쿠지） 특별히 어떤 방법을 취할 수 없도록 미묘한 창피를 사람들에게 느끼도록 한다. 법에 저촉되지 않지만 적대적인 언행으로 상대방 자존심을 짓밟는 짓을 자주하는 사람늘이 있다. 또한 간접적으로 화를 내고, 사람들 이야기를 잘 듣지 않으며 거부함으로써 적대행위를 드러내는 사람들이 있다. 일일이 지적할 수 없을 만큼 소극적인 행동이기 때문에 많은 사람이 어떻게 반응해야 하는지 잘 모를 때가 많다. 그뿐만 아니라 협력해야 할 일에 쓸데없는 딴죽을 건다거나 권력을 남용함으로써 업무를 방해하는 사람들도 썩은 사과에 속한다.

Q. 썩은 사과가 교묘하게 조금씩 조직을 오염시킨다는 얘긴데, 썩은 사과를 어떻게 대해야 할까.

[홀로웨이] 썩은 사과를 다룰 때 가장 주의해야 할 점은 썩은 사과가 하는 행동들을 묵인하거나 그것에 적응해 버리는 것이다. 심리상담 환자들은 대부분 썩은 사과 행동을 받아들이고 고통스러운 시간들을 자신이 무조건 참아내려 하는 패턴을 보여줬다. 조직의 현상 유지를 위해 적응함으로써 썩은 사과의 독성을 그대로 용인해 버리는 것이다. 이것은 매우 바람직하지 못하다. 물론 그렇다고 일대일 피드백을 주는 것으로 모든 문제가 해결되지는 않는다. 특별히 썩은 사과가 상사일 때는 직접 일대일로 상대하기 벅차다. 우리가 제시하는 최고 방법은 조직 자체가 바뀌는 것이다.

[쿠지] 그렇다고 일대일로 대응하지 말라는 이야기는 아니다. 일대일로도 대응하고 팀으로도 대응하고 결국은 조직 전체가 대응하는 식이 가장 효과적이다. 조직이 바뀌는 것만이 근본적인 해결책이 될 수 있다.

Q. 일대일 대응, 팀 대응, 그리고 조직적 대응을 구체적으로 설명해 달라.

[쿠지] 일대일 대응은 이런 것이다. 가령 당신이 프레젠테이션을 하고 있는데 썩은 사과가 직접적으로 어떤 말로 방해를 하는 것은 아니지만 어이없다는 표정으로 일관하고 당신을 비웃고 있다고 느껴져 당신이 프레젠테이션을 하는 데 방해를 받았다. 그렇다면 당신은 프레젠테이션을 마친 후 그에게 일대일로 이야기해야 한다. 프레젠테이션 도중에 모든 것을 멈추고 그에게 왜 그런 표정을 짓느냐고 대응했다가는 오히려 회의

흐름을 망가뜨릴 수 있고 당신이 시비 거는 것처럼 보일 수 있다. 회의가 끝난 후 일대일로 "아까 안 좋은 표정을 짓던데 직접 말로 해 달라"고 대응하라. 그냥 당하고 묵인하면 썩은 사과의 업무방해가 더욱 심해질 수 있기 때문에 이러한 일대일 대응도 필요하다. 팀 대응도 비슷하다. 팀워크가 필요할 때 썩은 사과는 업무에 방해되는 행동을 일삼을 수 있다. 그럴 때 팀에서 그런 행동을 용인하지 않는다는 것을 보여줄 필요가 있다.

[홀로웨이] 조직적 대응은 사과상자를 바꾸는 것이다. 썩은 사과를 담고 있는 사과상자를 바꾸지 않고는 그 오염물이 퍼져나가는 것을 막을 수 없기 때문이다. 우리는 TOCS라고 하는 조직정책, 인사평가, 리더십 계발, 360도 피드백 시스템, 스킵레벨 평가를 통한 해결책을 권고한다. 조직정책을 명시하고 있는 공식 문서에 조직 가치를 정확하게 기재해야 한다. 썩은 사과가 공공연하게 남에게 창피를 주고, 소극적으로 공격하며 업무방해하는 것을 공식적인 규제로 막는 것이다.

Q. 썩은 사과가 상사일 때나 상사가 썩은 사과를 보호하려 할 때는 어떻게 하는 것이 최선인가.

[홀로웨이] 실제로 상사가 썩은 사과일 때는 피해자 중 50% 정도가 회사를 그만두고 싶어하고 실제로 12% 정도는 회사를 떠나는 것으로 나타났다. 80%는 그런 썩은 사과들이 자신에게 해를 끼치지 않을까 걱정하면서 보내는 시간이 대부분이다. 이는 정말 나쁜 결과다. 오직 1~6%만이 다른 사람들에게 썩은 사과의 행동에 대해 말을 할 뿐이다. 자기 자신을 탓하는 사람이 많다는 얘기다. 자신이 잘못해서 괴롭힘을 당한다고

합리화해 버리는 것이다. 가장 먼저 해야 할 일은 자신을 탓하는 것이 아니다. 썩은 사과의 행동을 직시하고 보고하는 용기를 가져야 한다. 조직이 스킵레벨과 360도 피드백 시스템을 갖추고 있어야 하는 이유다.

(쿠지) 썩은 사과의 대부분은 강한 사람에게 약하고 약한 사람에게 강한 사람일 때가 많다. 그래서 상사들과는 특별한 관계를 만들어 자기 옹호자로 만들기도 한다. 상사들이 이를 묵인하는 이유는, 썩은 사과가 성과를 내고 뛰어난 발상을 제시하는 사람이라고 생각하기 때문이다. 성격이 다소 원만하지 않아도 용인할 수 있다고 느낀다는 것이다. 여기에다 썩은 사과가 특별히 상사에게 잘하는 사람이라면 상사는 오히려 썩은 사과의 보호자가 될 수도 있다.

하지만 연구 결과를 살펴보면 썩은 사과 중 50% 이상은 실제로 생산성이 뛰어나지도 않으며 뛰어나다 할지라도 장기적인 면에서 조직에 큰 불안을 안겨주며 남들 생산성을 떨어뜨려 오히려 역효과를 낳는 것으로 나타났다. 상사와 진지한 상담을 해보는 것이 좋다. 대부분 썩은 사과의 나쁜 행동에 대한 피드백은 동료에게 받는 것보다 윗사람이 시도했을 때 더욱 효과가 있기 때문이다. 물론 전반적인 TOCS가 갖춰져야 한다.

썩은 사과 예방법

'썩은 사과'는 주변에서는 모두 알고 있지만 정작 자신은 자신이 썩은 사과인 줄 모른다. 또 대부분 직장 동료가 썩은 사과를 피하려 하기 때문에 오히려 관리자는 썩은 사과가 누구인지 모르고 설령 알았다고 하더라도 '썩은 사과 보호자'가 되는 경우도 있다. 조직에서 썩은 사과를 제거하기 위해서는 우선 누가 썩은 사과인지부터 명확하게 판단해야 한다.

- 썩은 사과에 대응하기 : TOCS(Toxic Organization Change System) 전략

썩은 사과를 제거하기 위해서는 1대1 대응, 팀 대응, 조직적 대응 등 3가지 차원에서 동시에 접근해야 한다는 것이 저자들의 제언이다. 이때 활용하는 것이 **TOCS** 전략이다. 조직정책, 인사평가, 리더십 계발, 360도 피드백 시스템, 스킵레벨 평가가 포함된다.

우선 썩은 사과 문제는 '한 사람'이 조직에 미치는 영향을 말한다. 따라서 문제가 되는 사람을 직접 대면해 문제를 해결하도록 유도하는 것부터 대응이 시작돼야 한다. 리더십 계발과 코칭으로 썩은 사과 치유를 시도하고 향후 발생을 방지하려는 최선의 노력을 기울인 뒤 도저히 회복 불가능하다고 판단될 경우 해고해야 한다. 이런 1대1 방식으로 문제에 성공적으로 접근할 수도 있지만 가장 좋은 방식은 조직과 팀 단위의 전략을 함께 적용하는 것이다.

팀 단위로 360도 피드백 시스템을 도입하고 스킵레벨 평가를 가능

하도록 만들어 직속상사를 한 단계 건너뛰어 문제를 제기할 수 있도록 해줘야 한다. 여기에 조직가치를 함께 만들고 공유하면서 썩은 사과가 자연스럽게 도태되거나 재발하지 않도록 하고, 인사평가를 통한 걸러내기 등 조직적 대응이 이뤄져야 한다는 것이다.

국내 전문가들도 썩은 사과에 대응하는 다양한 조언을 내놓고 있다. 박광서 타워스왓슨 한국 대표는 "썩은 사과를 걸러내기 위한 방법으로 '역량평가'를 좀더 강화할 필요가 있다"며 "성과평가가 우수하면 인센티브나 연봉으로 보상해주고 승진 등 인사 문제는 임직원의 소통능력과 인화력 등을 모두 고려한 역량평가를 통해 이뤄져야 썩은 사과가 승진하는 일을 막을 수 있다"고 강조했다. 그는 또 "임원급이 아닌 중간관리자나 그 이하 직위의 썩은 사과를 골라내기 위해서는 CEO가 현장을 자주 돌아보면서 젊은 직원들의 목소리를 들어야 한다"며 "현장에 간다고 해서 곧바로 누가 썩은 사과인지 알 수는 없지만 문제가 있다는 건 직감적으로 감지할 수 있고 그게 바로 썩은 사과 걸러내기의 출발점이 될 수 있다"고 덧붙였다.

● 항균 사과박스 만들기

썩은 사과를 골라낸 후에는 오염된 다른 사과들을 치유하고 낭가진 조직을 복원하는 작업에도 심혈을 기울여야 한다. 썩은 사과의 저자들은 "조직 치유는 썩은 사과 퇴치와 동시에 시작돼야 한다"고 조언한다. 상호존중의 문화를 중심으로 인간 존엄성을 지지하는 가치관에 의해 운영되는 조직을 만들고 치유 과정을 통해 썩은 사과가 남긴 문제상황을 처리해야 한다는 것이다. 고영건 고려대 심리학과 교수는

"썩은 사과가 제거된 이후의 조직은 처음 구성될 때보다 더 어려운 상황일 것"이라며 "0에서 시작했던 것과 달리 최소 -1의 상황에서 시작되는 조직 분위기 재건이 결코 쉽지 않을 것으로 보인다"고 조언했다. 고 교수는 "썩은 사과가 미친 악영향이 무엇인지 정확하게 파악하고 오염을 극복해야 한다"고 덧붙였다.

오염된 조직 복구가 끝났으면 썩은 사과가 발생하거나 조직에 침투하는 것을 막는, 또한 썩은 사과가 침투했더라도 내성이 있는 조직을 만들 필요가 있다는 것이 전문가들의 설명이다. 이른바 '항균 사과박스 만들기'다.

김광현 고려대 경영대 교수는 "다면적인 인성검사와 시나리오 면접 등으로 채용과정에서 썩은 사과를 골라내는 것이 제일 중요하긴 하지만 사실 채용 과정에서 걸러낸다는 게 쉽지 않다"면서 "그래도 임원들 평가에 채용성과를 평가하는 항목을 넣어 신중한 채용을 구조적으로 강제할 필요가 있다"고 말했다. 김 교수는 이어 "평가만 한다고 문제가 해결되진 않기 때문에 조직을 '항균 사과박스'로 만들기 위한 눈에 보이지 않는 조직문화를 잘 만들 필요가 있다"며 "조직가치를 함께 공유하거나 함께 만드는 과정을 거쳐 썩은 사과가 스스로 빌을 못 붙이도록 하는 문화를 건설하는 등 모든 방법을 강구해야 한다"고 강조했다.

● 혹시 내 동료가 썩은 사과?

직장인이라면 누구나 한 번쯤은 직장에서 '썩은 사과' 때문에 힘들었던 경험이 있을 것이다. 미첼 쿠지와 엘리자베스 홀로웨이는 저서《당신과 조직을 미치게 만드는 썩은 사과》에서 '썩은 사과'를 가려낼 수 있는 기준을 제시했다. '그 사람'을 떠올리며 다음 각 항목에 대해 1~6점의 점수를 매겨 보자. 전혀 아니면 1점, 완전히 똑같으면 6점이다.

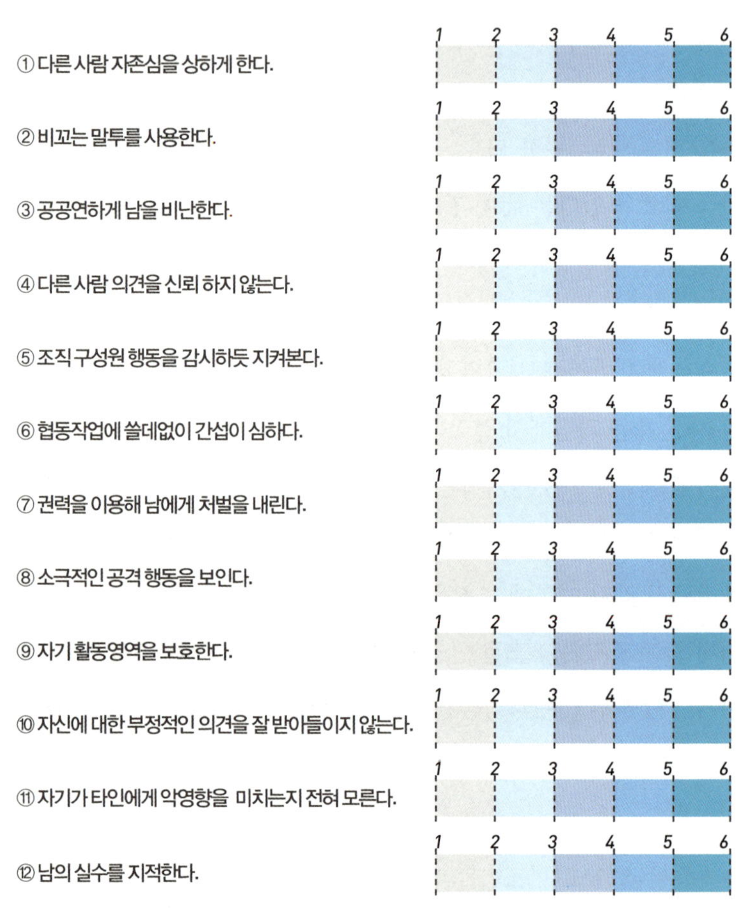

합산한 총점에 따른 진단은 다음과 같다.
▶ 36~47점: '썩은 사과' 초기   ▶ 48~59점: '썩은 사과' 중기   ▶ 60~72점: '썩은 사과' 말기

비공식 조직을 활용하라

성과 좋은 김과장만큼이나 조기축구회장 박과장도 필요해요

세상에는 논리로 설명할 수 없는 많은 일이 존재한다. 겉으로 드러나지 않고 논리정연하지도 않지만 논리적이고 공식적인 조직이 범접하기 힘든 영향력을 발휘한다. 이들은 통제가 어려울뿐더러 설령 가능하다고 하더라도 박멸이 어렵다.

사내의 비공식 조직도 이런 부류 중 하나다. 사내정치, 사내인맥 등의 거창한 이름으로 불리기도 하고 입사동기 모임, 직장맘 모임, 조기축구회 모임 등 보다 친근한 이름으로 모이기도 한다. 이러한 이름 없이 단순히 사내의 '친한 친구들'도 누구나 있기 마련이다. 이러한 비공식 조직의 '대표'들은 회사의 주요 의사결정이 이뤄지는 자리에 자신의 조직 이름을 걸고 참여할 수는 없다. 조기축구회장이 구조조정회

의에서 의결권을 갖는 건 분명 어색한 일이다. 하지만 이러한 조직이 가지고 있는 감성적 연결선은 때로 의결권 이상의 힘을 발휘한다.

장덕진 서울대 사회학과 교수는 "업무 진행 프로세스는 공식 조직을 통해 이뤄지지만 사실 사내 지식과 경험이 공유되는 루트는 비공식 조직"이라고 말했다.

사실 직장인 대부분은 '회사의 비전'에 대해서는 가물가물할지라도 사내 소문에 대해서는 양 귀를 쫑긋 세운다. 한 조사 결과는 직장인 중 90%가 공식적이지 않은 경로로 사내 소문을 접한 경우가 있다고 밝혔다.

업무상 용도로 사용하기 위해 개별 컴퓨터에 설치된 사내 메신저, 차 한잔 하기 위해 준비된 단출한 다용도실, 담배 한 대 피우기 위해 모여드는 회사 정문 옆의 으슥한 공간 등 어느 곳이나 정보 공유의 '장'이 된다. 가벼운 사내 연애 스캔들, 동료의 이직 소문, 낙하산 입사자 등부터 시작해 인수·합병, 최고경영자 교체설까지 회사 밖에서 들려오는 자사 관련 이야기도 오간다.

이 네트워크를 통해 만들어 돌고 도는 정보는 개인 신상에 타격을 입히기도 하며 회사 전체 분위기를 좌우한다. 한 취업 포털 사이트 설문조사에서는 직장인 10명 가운데 2명 이상이 자신과 관련된 사내 소문으로 직장을 그만뒀다는 결과가 나왔다.

경영자들은 이 같은 비공식 네트워크 통제를 시도하기도 한다. 사내 거짓 소문 유포자를 색출하고, 사내 메신저를 통제하는 등 다양한 수단으로 비공식 조직을 막으려 노력한다. 하지만 역으로 이들의 정보 공유력을 활용할 수 있다면 어떨까. 그렇다면 비공식 조직은 '통제 불능 골칫덩이'가 아니라 회사의 가치를 사내 구석구석까지 전파할 수 있는 정보 허브가 된다.

사실 파악도 통제도 어렵지만 비공식 조직과 네트워크는 가장 근원적이고 기본적인 현상이다. 리더십 분야와 조직성과관리 컨설팅 분야의 대가인 존 카첸바흐 부즈&컴퍼니 수석 파트너는 "인간은 누군가와 항상 연결되기를 원하고 결과적으로는 가치를 추구하는 삶을 원하며 어떤 일을 시작할 때 동조의식을 가지려 한다"고 말한다. 이러한 기본적인 현상이 사내에서는 '비공식 조직'으로 나타난다는 설명이다.

사원들이 사석에서 회사 뒷담화만 한다고 불만을 가지기보다는, 이들이 사내 메신저로 회사의 미담을 나누게 하는 방법을 궁리해보자. 우선은 스스로에게 되묻는 게 먼저다. 당신은 사내에 나쁜 '루머'를 퍼뜨리는 비공식 정보망과 조직을 비전을 공유하는 장으로 변화시키려는 노력을 한 적이 있었는가? 당장 시도하라. 그리고 눈에 띄지 않던 네트워크가 가져다 주는 놀라운 영향력을 목도하라.

신입사원 교육 없는 운송회사, 이들의 성공비결은

'사람을 구합니다.' 구인·구직 사이트에나 올라올 법한 이 글이 어느 날 아침 한 기업체의 게시판에 올라온다. 내용을 살펴보니 새로 시작하는 프로젝트의 팀을 만들기 위한 구성원 모집 공고다. 글을 올린 사람은 자신의 아이디어가 채택돼 새로운 팀을 꾸리게 된 '예비 팀장'이다. 게시판을 확인한 사람들 중 관심이 있는 사람은 이 팀에 지원하고 팀장은 각자 개인의 선정 기준을 토대로 팀원을 선발한다. 팀원 선발에는 윗선의 어떤 제재도 없다.

"이런 팀 선발이 계속되다 보면 프로젝트에 시원하지만 계속 선발되지 않는 사람이 나오게 된다. 사내에서 다른 사람의 공을 가로채기만 하는 일명 '무임승차자'로 평가 받는 사람들은 자연스럽게 팀원 선정에서 배제된다. 능력은 둘째고 인격상의 문제로 팀의 협업 분위기를 흐리는 사람도 기피 1순위다."

사례를 소개한 심영기 플래티넘컨설팅 부사장은 이 기업이 "비공식적 조직의 평가를 공식적인 과정을 통해 활용했다"고 설명했다. 이런 팀 구성법을 활용하면 공식적인 인사고과가 필요 없어진다. 주변인의 평가를 통해 실력과 인성을 모두 인정받는 팀원은 계속 업무를 진행하며 커리어를 쌓고, 여러 번 프로젝트팀 선발에서 배제된 사원은 자연스럽게 도태된다.

1972년 설립된 오르페우스 체임버 오케스트라도 이들 중 하나다. 이 오케스트라는 지휘자가 없는 것으로 유명하다. 즉 기업으로 따지면 CEO가 없다. 하지만 오르페우스 오케스트라는 그래미상을 수상한 전력이 있고 카네기홀 등 전 세계 유명 공연장에서 러브콜을 받는다.

이들은 오케스트라 설립 당시부터 곡 전체를 해석하고 멤버들을 이끌어가는 역할을 하는 지휘자를 배제하기로 결정했다. 대신 음악 해석을 지휘자가 아닌 모든 단원에게 맡겼다. 그 결과는 공식적인 리더가 존재할 때와 확연히 달랐다.

보통의 오케스트라 단원들이 지휘자의 신호와 지시를 기다리는 것과 달리 오르페우스 단원들은 자신의 연주를 하면서 동시에 서로의 연주를 보다 주의 깊게 듣는다. 그러다 보니 보다 활동적이고 풍부한 합주가 가능했다. 하지만 이들이 국제적인 수목을 받기 시작했을 때 문제가 생겼다. 오케스트라 연습 시간은 지휘자가 있는 다른 조직보다 지나치게 길었고 연주 곡목을 정하는 데도 많은 시간이 걸렸다. 팀원 간의 갈등을 중재하는 이가 없어 일부는 팀을 떠나기도 했다.

결국 그들은 지휘자 없는 기존의 방침은 고수했지만 오케스트라의 각 섹션을 대표하는 리더를 선정했다. 섹션 대표 리더들은 곡 선정 후 연습에 필요한 최소시간이 얼마인지 의사결정을 하기 위해 미리 모였다. 이후 연주가 시작된 후에도 섹션을 이끌며 팀을 리드했다. 오케스트라는 위기와 갈등에서 벗어나 보다 체계적이고 효과적인 공연 준비를 통해 더 나은 공연을 선보일 수 있었다.

뉴잉글랜드의 운송회사 젠틀자이언트는 운송업계 내에서 절대적으로 낮은 이직률을 보인다. 2007년 〈월스트리트저널〉이 선정한 최고의 10대 소기업 중 하나로 선정되기도 했다. 젠틀자이언트의 직원들은 자신의 직업을 자랑스러워하고 애사심도 높다.

이 회사는 신입사원 교육 중 오직 10%만 공식 훈련을 통해 전달된다고 믿는다. 이들의 공식 훈련은 주로 체력 훈련이다. 나머지 90%는 운송 현장에서 선배들과의 교감을 통해 이뤄진다. 이들은 운송을 위해 이동하는 차 안에서 과거에 있었던 성공적인 일화를 전해 듣는다. 이를 통해 신입사원을 포함한 직원들은 고객의 업무를 성공적으로 이행한 회사에 대한 자부심을 가지고, 선배에게는 존경의 마음을 가지며 회사가 추구하는 바가 무엇인지도 전해 듣는다. '이야기 전달'이라는 매우 감정 추구적인 행위가 회사의 가치를 전파하는 가장 핵심적이고 효과적인 방법이라는 사실을 몸소 체험하고 있는 셈이다.

줄서기, 소문 제조기? 이런 조직은 No!

'사내에서 실세와 연줄을 만들라'.

직장인에게 일종의 진리로 통하는 말이다. 사내에서 각각 다른 두 '실세'와 그의 무리들이 권력을 잡기 위해 벌이는 암투극은 TV 드라마에서도 단골 소재로 쓰인다. 하지만 장덕진 서울대 사회학과 교수는 "줄서기만큼 영양가 없는 비공식 조직도 없다"고 일침을 놓는다.

"잘나가는 보스와 연줄을 만드는 게 성공의 지름길이라고 생각하는 경우가 있지만 이는 비공식 조직에 대한 대표적인 오해 중 하나이다. 보스 밑에 줄을 서 있는 동안에는 나에게 도움이 되지 않지만 오로지 그에게만 도움이 되는 행동도 해야 한다. 연줄을 통한 성공의 전제는 이 보스가 출세를 해야 하는 건데, 그가 반드시 출세할 것이라는 보장이 없기 때문에 노력에 대한 보상도 확실하지 않다."

보스가 실제 성공 가도를 걷고 있다고 해도 자신의 '공'을 인정해 주지 않으면 말짱 도루묵이다.

"퍼포먼스(성과)는 투자에 기회를 곱한 값이다. 투자는 자신이 자신에게 할 수 있다. 시간과 돈을 스스로에게 투자해 자기계발을 하는 건 가능하다. 하지만 기회라는 건 자기가 자기 자신한테 줄 수 있는 게 아니다. 다른 사람이 나에게 주는 거다. 보스가 내 도움으로 성공한다고 해도 그가 나에게 기회를 주지 않으면 소용이 없다."

장 교수는 오히려 상사와의 연줄을 만드는 것보다는 경쟁자와 좋은 관계를 유지하는 게 성공적인 직장생활을 위한 지름길일 수 있다는 분석도 내놓았다. 사내에서 경쟁자란 보통 나와 업무가 상당 부분 겹치고 내가 하는 대부분의 일을 꽤 잘하는 사람이다. 이 때문에 나에게 문제가 생겼을 때 나의 일을 '빼앗아갈 수 있는 사람'이다. 하지만 반대로 생각해 볼 수도 있다. 만일 능력과 업무 분야가 비슷한 경쟁자와 힘을 합친다면 다른 사람과 협업할 때보다 훨씬 더 큰 시너지가 일어날 수 있다는 게 정 교수 설명이다. 즉 경쟁자가 서로 '기회'를 주고받으면서 사내에서 함께 성장할 수 있게 된다는 것이다.

"경쟁하는 사람들끼리 서로 도와준다면 다른 사람 10명이 도와주는 것보다 더 쉽게 일이 풀릴 수 있다. 둘의 협업이 좋은 성과를 가져오게 되면 모두에게 긍정적인 영향을 주는 경우가 많다. 한 분야에서 최고의 성과가 나타난다면 둘 중 하나만 좋은 자리를 차지하고 끝나는 게 아니라 분야 자체가 사내 핵심 성장동력이 돼 부서가 커지고 결국 둘 다 더 높은 자리에 올라갈 수 있는 기회가 생긴다."

어딜 가나 존재하는 '소문 제조기(소문 전파자)'형 비공식 조직도 가장 피해야 하는 집단 중 하나다. 이들은 사내 정보 흐름에 빠르고 서로 간 끈끈한 우정을 과시해 한번쯤 '저들과 가까워져 볼까'라는 생각을 유발한다. 하지만 사실 그들은 소문은 전달하지만 회사 내 전체적인 비공식 조직 간 연결을 막는 일종의 '구조적 관절염 유발자'들이다.

"구조적 관절염이라는 건 조직 구조 중 한 군데가 막혀서 통증이 오는 것을 말한다. 특히 나쁜 소문을 공유하고 유발하는 사내 비공식 조직의 특징은 항상 '너만 알고 있어'라는 말을 전제한 폐쇄성을 가지고 있다. 하지만 비공식 조직이 항상 폐쇄성을 가져야 할 필요는 없다. 건강한 회사라면 조직과 조직을 연결하는 통로가 있다. 그렇지만 지나치게 친밀하고 정보 전파 속도가 빠른 폐쇄적인 조직은 그 통로를 노두 막아 결과적으로는 회사라는 더 큰 조직 전체의 바른 정보 공유를 방해한다."

"미국 7대 기업으로 선정되며 사세를 키워가던 에너지 회사 엔론을 생각해 보자. 2001년 당시 미국 역사상 최악의 파산 신청을 내기 전까지 그들이 그렇게 무너지리라고는 아무도 생각하지 못했다. 하지만 결국은 무너지고야 말았다. 왜냐하면 직원들에게 회사의 가치가 체화되지 않았기 때문이다."

어느 회사마다 사훈이 있다. 기업의 웹사이트를 방문하자마자 보이는 게 기업의 비전이다. 이렇게 일반인도 쉽게 접근 가능한 기업의 가치와 비전이 막상 직원들에게는 전혀 체화되지 않은 데다 그 때문에 회사의 파산까지도 몰고 올 수 있다는 말에 모두 동의하기는 쉽지 않다. 하지만 이는 불편한 '진실'이다. 기업 가치 공유는 기업의 지속 가능한 발전과 상관관계가 있다는 연구 결과도 여럿이다.

이렇듯 '가치공유'의 중요성은 기업의 관리자를 포함해 모두 인식하고 있다. 하지만 길어봤자 세 문장을 넘지 않는 회사의 가치가 체계적인 정보 전달시스템을 가지고 있는 대기업에서도 말단 직원들에게까지 바르게 전달되지 않는 현실은 어떻게 받아들여야 할까. 부즈&컴퍼니의 수석 파트너이자 리더십과 인재관리 분야의 대가인 존 R 카첸바흐는 매일경제 MBA팀과의 이메일 인터뷰에서 "비공식 조직을 건드려야 한다"고 조언했다.

Q. 비공식 조직과 공식 조직의 정확한 차이가 무엇인가.

공식 조직은 체계로 설명할 수 있다. 흔히 기업의 '조직도'를 생각하면 된다. 논리적인 계획으로 설명이 가능한 조직이 있는 반면 비공식 조직은 회사 내의 인간관계로 형성된 조직을 말한다. 친한 친구 모임, 사내 동호회 같은 부류라 할 수 있다. 이들은 감정의 연결고리가 크고 논리적이지 않아 어딘가 모호하다.

Q. 비공식 조직의 역할은 무엇인가.

공식 조직은 논리적인 절차로 업무를 처리하기 위해 필요한 조직인 반면 비공식 조직은 감정에 치우치는 경향이 있다. 이 조직 내에서는 합리적인 이해를 바탕으로 일이 진행되지는 않는다. 하지만 비전과 철학을 공유할 때처럼 강한 감정적인 지원을 끌어낼 때는 매우 유효하다. 전략적, 분석적, 효율적으로 이 조직을 관리할 수는 없지만 대신 이 조직은 직원들에게 동기를 부여하고 사내의 의사소통을 원활하게 하고, 행동 변화

를 가속화하기도 한다.

**Q. 비공식 조직을 관리한다면 회사에 긍정적인 역할을 할 수 있다는 말
인가.**

일반적인 조직은 '관리(manage)'라는 단어를 쓴다. 하지만 비공식 조
직에서는 관리라는 말을 쓰지 않는다. 실제로 위에서부터 아래로의 관리
가 불가능하다. 다만 이들과 협업할 때는 관리 대신 동원(mobilize)이라
는 말을 사용한다. 보다 유동적으로 또 자발적으로 이들의 참여를 이끌

어내는 방법을 고민해야 한다. 이들을 동원한다면 회사의 가치와 문화를 공유하는 데 큰 도움이 된다.

Q. 비공식 조직의 동원을 보다 쉽게 하는 방법은 무엇인가.

우선 타고난 네트워커(networker)를 눈여겨보라. 이들은 사실 사내에서 A급 인재가 아닐 가능성도 있다. 하지만 조직을 구성하고 이들과 교감하는 데 매우 뛰어난 재능을 가지고 있다.

Q. 공식 조직과 비공식 조직은 접근 방식부터 많이 다르다. 사내에서 이 두 조직이 충돌할 위험도 존재한다.

둘 간의 균형을 맞추면 그럴 일은 적다. 충돌을 피하기 위해 반드시 기억해야 할 일은 이 둘은 상호 보완적인 관계라는 것이다. 항상 공존해야 하고 적절한 시기에 적절히 활용하는 게 중요하다.

Q. 무엇이든 '균형'을 찾는다는 게 가장 어려운 일이다.

특히 리더에게는 여러 가지 고민이 필요하다. 논리 회로를 따라 명확히 움직이는 공식 조직에 길들여져 있기 때문에 예측할 수 없는 비공식 조직에는 접근하기 이려워힌다. 이러한 문제를 극복하기 위해서는 '우선은 시도하라'는 조언을 하고 싶다. 접근이 어렵다고 일부러 외면하는 경우가 더 많기 때문이다. 규율적인 행동을 필요로 한다면 공식적인 면에서는 게 낫다. 반면 감정적인 헌신이 필요한 상황이라면 비공식조직의 편에 서야 한다. 이 시도가 틀릴 수도 있지만 계속 훈련하다 보면 어느새 균형을 향해 나아가고 있을 것이다.

Q. 직접 비공식 조직에 관여해보는 건 어떠한가.

비공식 조직에 접근할 때 가장 피해야 할 점이 의욕에 넘쳐 경영자가 직접 비공식 조직을 만들려고 하거나 혹은 컨트롤해서는 안 된다는 점이다. 이때 비공식 조직에 속한 조직원들은 '회사가 나의 사적인 부분까지 침범하려고 한다'는 거부감을 가질 수 있다. 최대한 현재 회사 내에 존재하는 네트워크를 활용하고 취미 위주의 동호회 활동을 독려하는 게 좋다. 새로운 공식·비공식 조직을 창조할 수 있는 포럼을 많이 활용하는 것도 하나의 팁이다. 이렇게 자연스럽게, 조바심 내지 않고 회사 네트워크의 깊숙한 부분에 다가가면 비공식 조직의 리더 역할을 하는 재빠른 얼룩말(fast zebra)과 대화하며 이들을 회사에 긍정적인 방향으로 이끌 수 있다.

Q. 비공식 조직의 리더 역할을 하는 재빠른 얼룩말과 공식 조직에서 인정받는 '고성과자'들을 구분해 다루는 데도 딜레마가 생길 수 있을 것 같다.

우선 이 두 부류의 직원들이 추구하는 것과 필요로 하는 것의 차이점을 명확히 인식해야 한다. 고성과자들은 논과 빠른 승진을 원한다. 하지만 재빠른 얼룩말들은 보다 넓은 네트워크와 인간관계, 일 자체에 대한 자부심에 더 주목하는 경향이 있다. 경영인이 이들의 이야기에 집중하고 공감하는 것이 일종의 대우가 될 수 있을 것이다. 또 각각 다른 조직에서 활동하고 있는 비공식 조직 리더들을 찾아내 이들이 연결될 수 있는 새로운 통로를 만들어 주는 것도 좋은 방법이다. 새 통로를 통해 재빠른 얼룩말들이 서로의 이야기를 나누며 결국 더 많은 일을 해낼 수도 있다.

Q. 통제가 어려운 비공식 조직이 많아질수록 오히려 리더의 권위는 약화되는 게 아닌가.

내 생각은 정반대다. 비공식적인 조직이 많아지더라도 이 네트워크를 활용해 사람들과 대화하고 '재빠른 얼룩말'들과 소통하는 길을 찾을 수 있다면 그 권위는 더 강해질 것이다. 비공식적 조직을 동원하기 위한 통찰력은 공식 업무에 대한 판단력도 높인다. 비공식 조직이 잘 돌아가면 회사 전체의 질이 높아진다.

Q. 회사의 질이 높아진다는 근거는 무엇인가.

비공식 조직의 가장 큰 장점은 개인의 개별성을 인정해 주는 것이다. 기업 문화가 어떻든 관계 없이 감성적인 부분에 강한 비공식 조직의 리더(재빠른 얼룩말)들은 개개인을 대하며 이들의 개인적인 속성을 잘 파악하고 어떻게 하면 이들에게 효과적으로 동기부여할 수 있을 것인지를 알고 있다. 더 천부적인 이들은 일 자체에 자부심을 높이는 방법도 알 수 있다. 결과적으로 이들로 인해 회사의 비전과 가치가 깊숙이 전달되는 것이다.

공식-비공식 조직, 균형 위한 체크리스트

지금 우리 회사는 이 두 조직이 얼마나 균형을 이루고 있을까.

항목당 1점부터 7점까지 점수를 매길 수 있다. 1점으로 갈수록 강한 부정을, 7점으로 갈수록 강한 긍정을 나타낸다.

1. 공식 조직 단위의 의사 결정과 조직 구분을 넘어선 다양한 조직의 의사결정이 조화된 명료한 전략이 있는가.

2. 직원 개개인의 행동이 높은 생산성을 가질 수 있도록 도와주는 가치가 있는가.

3. 정규적으로 방생하는 업무가 성공적으로 진행될 수 있는 조직 구조와 프로그램을 가지고 있는가.

4. 업무와 관련된 지식을 공유함은 물론 믿을 만한 충고가 오가기도 하며 활발한 소통을 하는 비공식적인 개인 네트워크가 잘 구축돼 있는가.

5. 고성과 직원이 정당한 보상을 받을 수 있는 명백한 성과 지표와 목표를 가지고 있는가

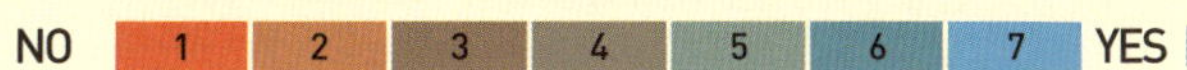

6. 회사에 긍정적인 영향을 가져다주는 행동에 대해 다른 직원들에게 동기부여를 하는 업무에 자부심을 가지고 있는가.

1·3·5번은 공식성이 얼마나 강한지 보여주는 항목이다. 2·4·6번은 비 공식성의 저력이 얼마나 큰지를 보여준다. 1·3·5번 항목 점수 합계가 2·4·6번 항목 점수 합계보다 클 때는 비공식 조직을 제대로 동원(mobilize)하지 못하고 있다는 뜻이므로 비공식 조직에 더욱 관심을 기울일 필요가 있다.

출처 : Jon R. Katzenbach, 《Leading outside the line》, P. 215

.. He is…

세계적인 리더십 및 조직관리 전문가다. 스탠퍼드대 경제학 학사, 하버드대 경영학 석사를 마쳤다. 세계적인 컨설팅 회사 맥킨지에서 20여 년간 디렉터로 근무했으며 이후 뉴욕 소재 카첸바흐 파트너스 LLC의 수석 파트너를 역임했다. 현재 부즈&컴퍼니의 수석 파트너로 활동 중이다.《열정 컴퍼니》,《왜 자부심이 돈보다 중요한가》,《팀워크의 지혜》등 다양한 베스트셀러를 저술했다.

Y세대를 이해하라

디지털 키드가 맘껏 일하게 놔둬라

미국의 젊은 기업 자포스(Zappos)는 온라인 신발 쇼핑몰로 대성공을 거뒀다. 젊은 Y세대가 즐겨 입는 '스키니 진'을 입은 회사라는 말을 들을 정도로 신세대 감성이 뛰어나다. 재미와 모험, 약간의 희한함, 솔직하고 열린 마음을 주구하기로 유명하다.

이 회사 홈페이지 채용 코너(about.zappos.com/jobs)는 일반 기업과 전혀 다르다. 직원들이 출연한 뮤직 비디오가 올려져 있다. 뮤직 비디오를 열면 장발에다 두건과 검은색 선글라스를 쓴 직원이 유쾌하게 노래를 부른다. 훌라훌라 춤을 추는 직원, 아령을 흔드는 직원 등이 노래하며 자포스가 일하기에 즐거운 기업이라는 것을 보여준다. 채용 코너에 링크된 블로그·트위터·페이스북 등을 보면 자포스에 대해 온

갖 재미 있는 정보를 얻을 수 있다.

자포스가 이처럼 차별된 채용 사이트를 유지하는 이유는 명백하다. 도전적이고 소통을 중시하며 기업가정신으로 충만한 Y세대 인재를 얻기 위해서다. 그러나 일부 보수적인 기존 세대들은 'Y세대 인재가 뭐 대단해서…'라며 부정적인 태도를 보인다.

"요즘 세대는 돈만 밝히는 것 같아. 구체적으로 연봉을 얼마 달라고 또박또박 요구해. 휴가 등 복리후생은 얼마나 잘 챙기는지 놀라울 정도야."

"자격도 경험도 없는 신입사원들이 허드렛일은 하지 않으려 하고 눈에 띄는 중요한 일만 하려고 해."

"입사 면접에서 떨어뜨렸더니 부모가 전화를 해서 항의를 하네. 회사에 들어와서도 엄마 품에서 살려는 미숙아들이야."

그러나 Y세대를 연구한 전문가들은 오히려 그들에게 매우 긍정적이다. 베스트셀러 《알파 독》의 저자인 도나 펜은 "협력적이고 개방적인 디지털과 함께 성장한 Y세대는 그 어느 세대보다 기업가정신으로 충만해 있다"고 평가했다. 세대 연구에 관한 한 최고 석학이라는 타마라 에릭슨 콘코스그룹 리서치 헤드는 "Y세대는 창조직이고 새로운 아이디어를 기업에 불어넣는 성공의 원천"이라고 말했다.

기업들도 점점 Y세대 인재의 가능성을 파악하고 이들을 유치하기 위해 애쓰고 있다. 문제는 기존의 수직적인 조직 구조와 업무 스타일이 Y세대 인재들에게는 들어맞지 않는다는 점이다. 기업들 스스로 조직 문화와 일하는 스타일을 'Y세대 프렌들리'하게 바꾸지 않는다면 Y

세대 인재들이 기업을 뛰쳐나갈 게 분명하다. 다행히 국내 대기업들은 잘못된 선입견에서 벗어나 Y세대 인재를 유치·관리하기 위해 노력하고 있다.

"Y세대는 희망 커리어에 대해 선호도가 명확합니다. 원하지 않는 조직에 배치되면 박탈감이 과거 세대보다 큽니다. 이 같은 점을 고려해 회사에서도 직원들에게 더욱 구체적인 커리어 패스(career path, 경력관리), 보상·평가 제도에 대해 명확한 기준을 제시하려 합니다."(SK 그룹 HR 관계자)

아모레퍼시픽은 Y세대를 글로벌 마인드를 갖춘 G세대라고 규정하고 이들을 기업에 성공적으로 수용하기 위한 DESIGN 전략을 실천하고 있다. DESIGN은 다양성(Diversity), 권한위임(Empowering), 합리성(Sensible), 정보기술(IT), 글로벌(Global)의 머리글자를 딴 말이다. IT기술을 자유자재로 다루고, 다양한 문화에 익숙해 있으며, 수직적인 조직 구조를 거부하는 Y세대에 걸맞은 조직 문화를 구축하겠다는 뜻이다.

그렇다고 Y세대에 문제점이 없는 것은 아니다. 어느 세대든 기업에 들어와 성공하려면 거듭나는 과정을 거쳐야 한나. 이를 위해 진문가들은 베이비붐 세대를 Y세대 멘토로 활용할 것을 조언한다. 멘토 제도는 국내 기업에서도 상당수 도입하고 있다. LG전자가 그 같은 곳이다. LG전자는 선배 사원들이 어린 사원들에게 회사생활, 대인관계, 경력관리, 업무 노하우 등을 전수하는 '자기성장과정' 프로그램을 운영하고 있다.

Y세대에 대한 3가지 오해

Y세대는 기존 세대와 여러 점에서 다르다. 그래서 X세대는 Y세대를 종종 오해한다. 그러나 Y세대를 오해해서 손해를 보는 쪽은 기업이다. Y세대라는 거대한 인적 자원을 잃어버리기 때문이다. 그렇다면 기존 세대는 Y세대를 어떻게 오해하는 것일까. 사례별로 대처법은 당연히 달라진다.

●충성도가 낮이 … 회사에 오래 있지 않을거야

Y세대 직장인은 이직이 잦은 게 사실이다. 그러나 이를 두고 회사에 대한 충성도가 낮다고 생각하면 오해다. 이직이 잦은 미국에서조차 Y세대는 회사에 대한 높은 충성도를 보인다. 실비아 앤 휼렛 미국 '일·인생 정책센터(Center for Work-Life Policy)' 사장은 'Y세대의 45%는 현재 직장에서 평생 일하고 싶어한다'는 조사 결과를 내놓기

도 했다.

그렇다면 왜 Y세대는 회사에 대한 충성도가 낮다는 오해를 받는 것일까. 그것은 '충성'에 대한 정의가 다르기 때문이다. 과거 세대는 불만이 있어도 꾹 참고 회사를 계속 다니는 것을 충성이라고 생각하지만 Y세대는 그렇지 않다.

Y세대는 자신이 만족하지 않고, 열심히 일할 수 없는 회사에 계속 남아 있는 것은 회사에 대한 '불충'이라고 느낀다. 그래서 그들은 스스로 충성할 수 있는 회사를 찾아 떠난다.

따라서 기업은 Y세대에게 일방적인 인내를 요구해서는 안 된다. 그들이 원하는 것이 무엇이고, 미래 계획이 무엇인지 파악하고 Y세대의 경력 관리를 구체적으로 고민해야 한다. '우리 기업에 계속 남아 있으면 5년 혹은 10년 뒤에 높은 자리를 차지하게 되고 많은 혜택을 볼 거야'라는 말은 Y세대에게 통하지 않는다.

● 돈밖에 몰라… 툭하면 연봉·복지만 따져

Y세대는 베이비붐 세대나 X세대보다 훨씬 풍요로운 어린 시절을 보냈다. 그래서 그들에게 일정 수준 이상의 풍요는 낭연하다. 그들은 스스로가 마지노선이라고 생각하는 생활 수준을 보장받을 수 있는 '급여'와 '복리후생'을 당연한 권리로 받아들인다.

그러나 이들을 바라보는 기존 세대 일부는 'Y세대는 돈밖에 모른다'는 오해를 한다. 상사에게 받고 싶은 연봉 금액을 직설적으로 얘기하거나, 연월차 수당을 꼬박꼬박 챙기려는 Y세대 직원들에게 '돈에 민감하군'이라고 반응한다. 하지만 이 같은 태도로는 능력 있는 Y세대 인재를 유치할 수가 없다. 자신의 회사가 Y세대가 원하는 생활 수준을 맞출 수 없다면, 그만큼 수익성이 떨어진다는 것을 인정하는 셈이다.

● 허드렛일은 안 하려고 해… 조직에 안 맞아

Y세대는 과거 어느 세대보다 부모의 사랑과 관심을 받고 자란 세대다. 그들은 항상 칭찬과 관심에 익숙해 있다. 그들은 어릴 때부터 '너는 중요한 사람이다. 너는 중요한 일을 할 자격이 있다. 가치 있고 중요한 일에 적극적으로 도전하라'는 말을 듣고 자랐다.

이런 그들이 직장에 들어와서 '중요한 일을 하고 싶다'는 희망을 갖는 것도 자연스러운 일이다. 게다가 Y세대는 '허드렛일을 왜 내가 해야 하는가'라는 생각을 솔직히 표현한다. 이런 Y세대를 접한 기존 세대는 'Y세대는 경험도 없으면서 중요한 일을 하려 한다. 자격도 못 갖춘 어린 사원들이 중요한 자리를 원한다'는 선입견을 갖곤 한다.

그러나 Y세대라고 해서 신입사원에게 주어진 허드렛일을 거부하는 것은 아니다. 그들이 원하는 것은 '왜 지금 내가 이 일을 해야 하며, 이 일이 조직 전체로 봤을 때 어떤 가치가 있으며, 나의 발전을 위해 어떤 점에서 중요한가'라는 질문에 대한 답이다. 이 같은 질문에 대한 답을 주지 않고 '너는 신입사원이니까, 당연히 이런 허드렛일부터 해야 해'라고 반응한다면 Y세대 인재들은 조직을 떠날 것이다.

Y세대와 기존 세대의 차이

Y세대가 처한 상황	기존세대 생각	Y세대 생각
부모가 적극적으로 취업에 관여한다. 부모가 직접 이력서를 회사에 보내고 취업 인터뷰 시간을 잡는다.	Y세대는 다른 사람에게 지나치게 의존적이다. 혼자서 생각할 능력이 부족하다.	기꺼이 도와줄 용의와 능력이 있는 사람이 개입하는 것은 정상적이고 논리적인 과정이다.
매우 급여가 높은 직장을 제안받았다. 그러나 급여는 낮더라도 공동체 봉사활동을 할 수 있는 직장을 선택했다.	뇌가 없는 것이 아닌가. 당연히 돈을 더 받는 직장을 택해야 한다.	돈은 충분하기만 하면 된다. 내가 정말로 중요하다고 생각하는 일을 하기 위해 돈은 일부 포기할 수 있다.
입사 첫 달은 직업훈련을 받는 데 보냈다. 부여받은 업무를 수행하는 데 필요한 단계별 지식을 교육받았다.	합리적인 과정이다. 월급을 받는 이상 회사가 어떻게 작동하는지 먼저 배우는 게 당연하다.	정말 따분하다. 나는 업무를 수행하기 위해 무엇이 필요한지 스스로 파악할 수 있다.
회사를 위해 좋은 아이디어가 떠올랐다. 그래서 CEO에게 메일을 보내 제안을 했다.	회사의 의사결정 체계를 무시한 충격적인 행위다. 회사 정책 위반이다.	왜 수직적인 의사결정 과정을 밟느라 시간을 허비해야 하는가. 가장 큰 혜택을 볼 사람에게 직접 전달하는게 좋다.
보스 집에 저녁 초대를 받았다. 배우자가 동석하기를 권고받았지만 혼자 참석했다.	Y세대 배우자는 남편(또는 아내)의 직장 내 성공에는 관심이 없는 것인가.	농담하는 것인가. 배우자는 자신만의 우선순위가 있는 독립적인 존재다.
회사는 무급휴가를 허용하지 않는다는 게 규칙이라고 한다. 그러나 무급휴가를 신청했다.	위험한 선례가 될 수 있다. 규칙은 규칙이다. 지켜야 한다.	정말 어이가 없는 규칙이다. 비합리적인 규칙은 합리적으로 고쳐져야 한다.
통상 4시에 업무를 끝내고 다른 사람을 돕는다. 그러나 오늘은 일이 없어서 일찍 퇴근한다.	당신은 게으른 사람이다. 하루 8시간 근무의 대가로 월급을 주는 것이다. 정해진 퇴근시간까지 사무실을 지켜야 한다.	일은 언제 어디서든 할 수 있다. 일이 없는데 왜 남아 있어야 하는가.
다른 회사로 이직에 대해 동료들과 공개적으로 의견을 나누었다.	회사에 대한 충성은 본질적으로 중요하다. 이직을 다른 동료와 의논하는 것은 동료들을 자극하는 불충 행위다.	이직 문제에 대해 가장 솔직하고 올바른 피드백을 받을 수 있는 사람이 동료 말고 또 있겠는가.
회사를 떠나겠다고 선언했다.	직업 안정성이 높은 이 직장에서 퇴직 때까지 근무하면 두둑한 퇴직금과 함께 안정된 노후를 보장받을 수 있을 것이다.	새로운 모험을 하고 싶다!

자료: 타마라 에릭슨《플러그드 인(Plugged in)》

generation
Y

고대 이집트의 피라미드 벽화에 새겨진 상형문자에 "요즘 애들은 버릇이 없다"는 구절이 있다고 한다. 신세대들이 구세대에게 '버릇없는 별종'으로 느껴지는 것은 몇천 년 전이나 지금이나 마찬가지란 얘기다. 고참 직장인이 Y세대 직원을 바라보며 '이해할 수 없다'는 반응을 보이는 일은 흔하다. 꼬박꼬박 말대꾸를 하는 Y세내 직원에게는 '저렇게 버릇이 없어서야…'라며 혀를 찬다. 금세 직장을 옮기는 직원에게는 '나약해서 그래'라며 '조직 부적응자'라는 낙인을 찍기도 한다.

이 같은 현상은 동서양에서 공통적으로 나타난다. Y세대 직장인들은 정말 나약하고 미숙할까. 세계적인 경영 컨설턴트로서 세대 연구에 관한 한 세계 최고의 비즈니스 구루라고 인정받는 타마라 에릭슨은 매일경제 MBA팀과 이메일 인터뷰에서 "전혀 그렇지 않다"고 단언했다. 그는 "Y세대는 새로운 아이디어와 높은 수준의 에너지를 직장에 불어넣고 있다"고 확신했다.

Q. Y세대를 다룬 당신의 책 《플러그드 인(Plugged in)》을 읽었다. Y세대를 매우 긍정적으로 보는 것 같다.

그렇다. Y세대는 자신감과 자존심으로 충만해 있다. 배우는 데 적극적이고 목표 지향적이며 인내심도 강하다. 정보통신기술을 잘 알고 있으며 가족 중심적이기도 하다. Y세대는 향후 수십 년 동안 기업의 성공에 가치 있는 공헌을 할 것이다.

타마라 에릭슨은 Y세대에 대한 부정적 의견 중 상당수는 Y세대를 제대로 이해하지 못한 데서 비롯된다고 본다. 기존 베이비붐 세대 또는 X세대 가운데 일부는 Y세대가 자신들과 여러 가지 측면에서 다르다는 사실을 쉽게 받아들이지 못한다는 것이다.

Q. Y세대 직원들은 다른 세대 직원들과 어떤 점에서 크게 다른가.

직장 내에서 Y세대를 오해하는 가장 큰 원인이 되는 몇 가지 차이점이 있다. 첫째는 '일(work)'에 대한 '의미'가 다르다. Y세대는 정해진 장소, 특정 시간에만 일을 한다고 생각하지 않는다. 그들은 일을 언제 어디서나 자신들이 하는 무엇인가로 정의한다. Y세대는 그들이 원하는 시간에 그들이 원하는 장소에서 빠르고 유연하게 일하고 싶어한다. 기존 세대는 오전 9시까지 사무실이라는 특정 공간으로 출근해서 오후 6시까지 일한다는 개념에 익숙하다. 그러나 Y세대는 '왜 사무실이라는 특정 공간에서,

특정 시간대에 일을 해야 하는 것이지?'라고 되묻는다. 그들은 '출퇴근 시간을 스스로 조정할 수 있지 않을까. 그리고 집에서도 일할 수 있잖아'라고 생각한다.

Q. Y세대 직원의 다른 차이점도 말해달라.

의사소통과 관계를 형성하는 방법도 다르다. Y세대는 물리적인 접촉 없이 가상공간에서 신뢰에 기반한 관계를 만들고 소통하는 데 익숙해 있다. 나이 든 세대는 미리 계획하고 스케줄을 짜지만 Y세대는 실시간(real-time)으로 생각하고 일한다. 정보를 얻고 배우는 방법도 다르다. Y세대는 전통적으로 권위가 있다고 여겨지는 통로보다는 자신의 네트워크를 통해 정보를 얻는다.

Q. 당신의 책 《플러그드 인》에 따르면 Y세대가 일하는 스타일은 기업의 기존 업무 스타일과 확연히 다르다. 기업은 Y세대 인재를 얻기 위해서 기존 업무 스타일을 바꿔야 한다고 보나.

Y세대와 기업 양쪽 모두에 변화가 필요하다. 그러나 내가 말하고자 하는 핵심 주제는 대기업들이 전통적인 운영 방식으로는 Y세대 인재를 얻는 데 좌절할 것이라는 점이다. 오늘날 많은 기업의 운영 체제는 할아버지 세대에 설계된 것이며 1990년대 중반에 만들어진 여러 근본 가정에 바탕을 두고 있다. 수직적인 조직 구조와 일방적인 고용 관계, 비탄력적

인 업무 디자인, 계층적 의사결정 등이 대표적이다.

그러나 Y세대는 여전히 기업의 심장(heart)이나 다름없는 '수직적인 피라미드 조직'보다는 '수평적인 네트워크 조직'에 훨씬 더 잘 적응한다. 그들은 네트워크 안에서 배우고 협력하며, 광범위하게 정보를 얻고, 자신의 의견을 전달하는 데 적극적이다.

Q. 기업들이 Y세대 친화적으로 회사 운영 스타일을 바꾸기로 결정했다고 하더라도 효과적인 변화를 위해서는 전략이 필요할 것 같다. 어떤 전략적 접근 방식을 택해야 하나.

가장 효과적이고 중요한 몇 가지 접근 방식이 있다. Y세대 친화적인 방식으로 그들이 사용하는 기술을 이용해서 소통하는 게 첫 번째다. Y세대를 채용할 때는 더욱 그래야 한다. (Y세대의 의사결정에 적극 개입하고자 하는) 부모들에게는 당신 기업의 채용 전략을 명료하게 설명하는 것도 괜찮다. 왜 당신 기업이 그들 자녀들에게 좋은 경험의 장이 될 수 있는지 알리는 메시지를 개발하라는 뜻이다. 또 성과 측정은 일에 들인 시간이 아니라, 완성된 과업이 기준이어야 한다. 업무시간을 유연하게 하는 게 좋다. 피드백 횟수를 늘리고 평가보다는 코칭을 우선해야 한다. 이를 위해 베이비붐 세대 직원을 북돋워서 적극적으로 Y세대 직원의 멘토가 될 수 있도록 해야 한다. 협력적인 팀 단위의 업무 환경을 만들고 세계 최고 수준의 학습 기회를 제공하는 것도 중요하다.

Q. 당신은 시간(time)이 아니라 과업(task)이 성과 관리 기준이 되어야 한다고 말했다. 이는 Y세대 인재를 얻기 위해 꼭 필요한가.

Y세대는 기꺼이 열심히 일하려고 한다. 그러나 그들은 자신들이 목표로 하는 특정 과업의 성취를 위해 일하려고 한다. Y세대는 특정 시간대에, 특정 시간만큼, 특정 장소에서 일하라는 지시를 받았다고 해서 일하려 들지는 않는다.

Q. 성과 관리 기준을 시간에서 과업으로 바꾸려는 기업에 조언을 한다면.

특정 과업을 이루었을 때 예상되는 성과를 미리 정의하는 게 필요하다. 가장 어려운 부분이기는 하지만 예상되는 성과를 정의한 다음에는 직원들에게 데드라인을 정해 언제까지 그 성과를 이뤄내라고 말해 보자. 그런 다음에는 그 성과가 성취됐는지 여부를 측정해보라. 만약 직원들이 데드라인보다 더 일찍 성과를 이뤄냈다면 나머지 시간을 자유롭게 쓸 수 있는 자유를 주는 게 좋다.

Q. 기업이 조직 운영 스타일을 Y세대 친화적으로 바꾸는 과정에서 X세대 또는 베이비붐 세대와 갈등을 빚을 수 있을 것 같다.

세대 간 갈등을 해결하는 데 가장 중요한 전략은 다음 네 가지 단계로 요약할 수 있다. 첫째, 당신과 다른 세대에 속한 사람이 직장 상황을 당신과 다른 시각으로 볼 때는 판단을 유보하라. 그들이 틀렸다고 성급히 결론 내지 말라는 얘기다. 둘째, 다양한 시각을 정당화하라. 세대가 다른 사람들이 직장에서 일어나는 일들을 다르게 해석하는 것은 정상적인 일이다. 셋째, 분명하고 효과적인 그룹 규범을 확립하라. 각각의 특정 상황에 적용할 수 있는 기본적인 규칙을 토론하고 동의를 얻는 과정을 거치도록 하라. 예를 들어 당신과 당신 직원들은 모든 사람들이 한 장소에서 일하는 게 중요한지 등의 이슈에 대해 토론할 수 있을 것이다. 넷째, 신뢰에 기반한 인간 관계를 구축하는 데 의미 있는 투자를 하라. 당신과 다른 세대에 속한 동료들을 알기 위해 노력하라는 뜻이다.

Q. Y세대 인재들이 조직에서 성장하고 기여하려면 리더들의 역할이 중요할 것 같다. 리더들에게 충고를 한다면.

리더가 어떤 직원의 행동을 바라볼 때는 자기 관점이 아니라 그 직원의 관점에서 바라보아야 한다. 이것이야말로 가장 중요한 리더십 기술이다. 예를 들어 많은 관리자들에게 자신감 또는 자신감 과잉으로 비치는 Y세대의 행동이, 실제로는 인생을 충만하게 살고자 하는 Y세대의 열정이 반영된 것일 수 있다. Y세대가 경험과 자격이 없는데도 중요한 업무나 직위를 요구하는 것으로 기존 세대에 비치는 경우가 있는데 이는 도전적이고 의미 있는 일을 하고자 하는 Y세대의 소망이 표현된 것일 수 있다. 나는 Y세대에 도전적인 과업을 주고, 그들이 성공할 수 있도록 코칭하고 지원해야 한다고 생각한다.

	선호하는 조직	정보획득 방식	정보의 흐름	시간 관념	삶에 대한 태도
Y세대	협업적이고 수평적이며 느슨한 네트워크형 조직	인터넷을 적극 활용하되, 자기 자신만의 방식으로 다양한 채널 활용	언제 어디서든 다양한 통로를 통해 정보에 접근	업무를 마치는 데 충분한 시간만 들이면 된다고 생각	일과 인생의 조화를 무엇보다 중요하게 생각함
일반 기업	수직적 조직	권위에 기반한 정보를 획득 이미 확립된 채널을 주로 활용	정보 흐름을 통제하려 함 보안과 프라이버시에 민감	자신의 업무 시간 용량을 보스에게 보이려 함	일이 자신을 정의한다고 생각

Q. 리더들이 Y세대 직원을 이끄는 데 가장 큰 도전은 무엇인가.

관리자 역할이 평가하고 판단하는 것에서 코치하고 가르치는 것으로 바뀌어야 한다는 것을 깨닫는 데 있다. Y세대 직원들은 리더로부터 적극적인 피드백과 배움을 원한다. 리더들은 이 같은 Y세대 직원들의 욕구를 충족시킬 수 있어야 한다.

Q. 당신이 강조했듯이 Y세대는 인터넷 커뮤니케이션 도구 등으로 실시간 소통한다. 리더가 잘못되거나 의심스러운 일을 하면 삽시간에 알려진다. 리더의 투명성과 정직성은 Y세대에게 더욱 중요할 것 같다.

절대적으로 옳은 얘기다. 리더는 일반 대중에게 알려지지 않았으면 하는 일은 무엇이든 해서는 안 된다.

˙˙**She is**…

타마라 에릭슨(www.tammyerickson.com)은 영국 〈더 타임스〉가 선정한 세계의 경영 사상가 50인 중 한 명이다. 베이비 붐 세대와 X·Y세대 등이 기업에 미치는 영향을 소냉한 섯으로 유명하다. 개별 세대에 속한 개인들의 직장 내 성공 전략을 다룬 《은퇴를 은퇴하라 : 부머 세대를 위한 커리어 전략》, 《다음은 누구인가, X세대?》, 《플러그드 인》 등 베스트셀러를 썼다. 2008년 〈하버드 비즈니스 리뷰(HBR)〉에 기고한 '시간이 아니라 과업(Task, not Time)'은 〈HBR〉로부터 2008년에 가장 혁신적인 아이디어 중 하나로 선정됐으며 2004년 〈HBR〉에 기고한 '은퇴를 은퇴시킬 때다(It's time to retire retirement)'로 맥킨지 어워드를 수상했다. 1978년 미국 하버드대에서 MBA(경영학 석사) 학위를 받은 이후 ADL 등 컨설팅 회사에서 일했으며 현재는 콘코스그룹(The Concourse Group)의 컨설팅·리서치·교육 헤드다.

Part 4

유능한 관리자의 특별한 기술

즐거움을 디자인하라

애플·아이디오가 잘나가는 이유는

'감성 디자인' 하면 빼놓을 수 없는 두 회사가 바로 애플과 디자인 기업인 아이디오(IDEO)다. 두 회사의 공통점은 고객에게 단지 예쁜 디자인의 제품을 파는 것에 그치지 않고 고객의 삶, 생활양식을 바꿀 수 있는 제품을 만드는 것이다. 말 그대로 디자인으로 혁명을 이룬 대표적인 기업이다.

많이 알려진 이야기지만 애플이 말하는 '혁신'은 새로운 제품을 발명하거나 개발하는 것이 아니다.

애플의 혁명은 단순히 아이팟이라는 MP3플레이어의 디자인이 아니라 아이튠스에서 시작됐다. 음악을 들을 수 있는 기기만 파는 것이 아니라 고객이 쉽게 사용할 수 있고 언제 어디서나 접속 가능한 아이툰스를 디자인하면서 성공을 이룬 것이다.

iOS5 업데이트 때는 역시 아이폰 사용자들끼리 공짜로 문자메시지를 주고받을 수 있는 서비스를 장착하기로 해 큰 이슈를 낳기도 했다. 물론 단말기 자체 디자인에도 심혈을 기울인다. 아이폰의 둥근 모서리에서 동그라미 버튼까지 애플은 인간의 곡선을 디자인에 심어 놨다.

미국에 본사를 둔 디자인 전문기업 아이디오는 어떤가. 아이디오의 슬로건은 '휴먼 센터드 디자인(Human Centered Design)', 즉 인간 중심 디자인이다. 디자인 기업 아이디오는 애플의 초창기 컴퓨터 마우스부터 통증 없는 백신 주사기, 자전거 등 고객사들의 의뢰에 따라 다양한 디자인의 제품을 선보였다. 업계에서 아이디오는 제품을 생산하는 것이 아니라 고객들 니즈를 채워주는 혁신 파트너로 명성이 높다. 일례로 아이디오가 디자인한 백신 주사기는 상처가 남거나 아픔을 주지 않는다. 디자인을 통해 많은 사람을 주사 공포증에서 구하고 백신에 대한 이미지까지 바꾼 것이다.

컨설팅그룹이기도 한 아이디오는 모든 것을 디자이너 눈으로 본다. 차, 바이오테크놀로지, 브랜드 커뮤니케이션, 선자기기, 일반 제품, 헬스케어, 교육, 에너지, 금융, 음식, 정부, 스포츠 등 다양한 산업에 종사하는 아이디오 고객들이 원하는 것을 디자인 컨설팅으로 해결해 준다.

최근 싱가포르 정부 내 '취업비자' 담당부서와 함께 일한 아이디오는 복잡하고 짜증나는 취업 비자실을 경쾌하고 효율적인 공간으로 바꾸는 데 성공했다. 모든 데이터를 한 곳에 모으고 불필요한 과정을 줄이고 새로운 컴퓨터 시스템을 개발했다. 늘 수많은 사람들로 북적거리던 민원처리실을 깔끔한 VIP 공항 라운지 같은 공간으로 만들었고 고객들이 컴퓨터를 이용해 손쉽게 모든 작업을 해결할 수 있도록 했다. 벽에 붙은 컴퓨터들은 뒤에 사람들이 줄을 서더라도 엉키지 않게 디자인돼 있다.

아이디오의 고객들은 GE, 블랙베리, 유니레버, 포드 등 대기업들은 물론 병원, 중소 가구업체, 비정부기구(NGO) 등 매우 다양하다. 아이디오는 기업 규모나 매출에 상관없이 프로젝트팀을 구성해 고객의 라이프스타일을 바꾸는 혁신을 지향한다. 가구업체가 새로운 의자 디자인이 필요하다고 하면 인체공학을 고려하고 가방을 안전하게 보관할 수 있으며 움직이기도 간편한 아름다운 의자를 내놓는다. GE나 블랙베리 역시 제품의 장단점을 파악해 무엇이 부족하고 어떤 식으로 인간을 고려한 디자인을 해야 하는지 충고한다.

함께 놀고 싶도록… 즐거움을 디자인하라

"디자인이 모든 것이다!"

21세기 들어 대부분의 글로벌 기업이 자사 제품과 서비스 경쟁력 제고를 위해 전면에 '디자인 경영'을 내세웠다. 이전까지 기업들은 제품을 예쁘고 눈에 띄게 만들고 훌륭한 기능을 많이 넣어 팔면 되는 줄 알았다. 하지만 그게 아니었다.

작고 예쁜 디자인에 다양한 기능까지 탑재했던 수많은 MP3플레이

2011년 성균관대학교 인터랙션사이언스학과를 방문한 도널드 노먼 박사가 600주년 기념관 대강당에서 '복잡성 속에서 살아가기(Living with Complexity)'라는 주제로 강연을 하고 있다. 이날 강연에는 국내 대기업의 디자이너와 디자인회사 직원, 학생 등 1,000여 명이 몰려와 세계적 디자인 대가의 한 마디 한 마디에 귀를 기울였다.

어는 직사각형의 아이팟에 밀려 소리 소문 없이 사라져 갔다. 고풍스러운 디자인으로 소비자를 유혹했던 에스프레소 기계도, 여러 기능을 첨가해 첨단기기로 거듭났던 커피메이커노 난순한 모양의 '캡슐커피' 기계에 밀려나는 것을 보면서 생각이 완전히 달라졌다.

'감성 디자인'의 구루 도널드 노먼 박사는 매일경제 MBA팀과의 단독 인터뷰에서 "고객이 만족하기만 하는 제품이나 서비스로는 더 이상 시장에서 성공할 수 없다"고 단언했다. 그는 "사람을 행복하게 만드는 디자인을 구현해야 물건이나 서비스가 팔리는 시대"라며 대표적 캡슐커피 메이커인 '네스프레소'를 사례로 들었다.

제아무리 우아한 디자인에 첨단 기술을 응용한 기능을 부가해도 에스프레소 기계에는 언제나 두 가지 문제가 있었다. 하나는 커피를 만드는 과정을 반드시 '학습'해야 한다는 것이고, 다른 하나는 주기적으로 청소를 해야 하는 번거로움이 있다는 것이다.

캡슐커피 기계가 시장에 등장하면서 두 가지 문제는 동시에 해결됐다. 우선 외양 자체도 사무실이나 거실에 자랑스럽게 둘 만큼 단순하고 예뻤지만 그게 전부는 아니었다. 조작이 간편했고 청소 부담도 사라졌다. 누군가가 커피를 만들어 타다 주길 바랐던 사람들은 캡슐을 뚫는 경쾌한 소리와 스스로 기분에 따라 커피를 선택하고 물을 조절해가며 자신만의 커피를 만드는 재미에 빠졌다. 커피 맛도 훌륭했다. 커피를 마시는 라이프스타일이 바뀌었다. 물론 기계와 캡슐의 디자인과 색깔도 일관된 디자인으로 구현했고 여기에 캡슐커피를 마시는 모습 그 자체가 디자인의 일부가 되는 형태다.

논리적으로 따져보고 이성적으로 판단해봤을 때 '더 좋은 에스프레소 기계'는 분명히 따로 존재했지만 캡슐커피 기계는 '사람들에게 혹은 다른 사무실에 자랑하고 싶은' 물건이었고 보는 사람마다 만져보고 직접 사용해보고 싶은 물건이었다. 아이팟처럼 사용자들의 마음을 움지인 감성 디자인의 대표적 사례가 됐다.

사용자가 물건에 애착을 갖다 보니 문제점을 스스로 찾아서 함께 해결하려고 나서기도 한다. 캡슐커피가 갖는 단점인 '쓰레기 과다 배출'의 문제를 해결해야 한다는 말도 사용자로부터 나왔다. 이제 기계와 커피를 생산한 기업과 함께 소비자가 캡슐의 재활용 방법을 찾고 있다.

캡슐커피 기계의 성공스토리는 또 다른 감성 디자인의 대표적 성공 사례인 아이팟 신화와 정확하게 일치한다. 노먼 박사는 "이전에도 훨씬 작고 예쁘면서 기능이 뛰어난 MP3플레이어는 많았지만 고객들은 그런 제품에 만족했을 뿐 행복해지지는 않았다"고 했다. 그는 "아이팟이 행복을 준 이유는 언제 어디서든 원하는 음악을 내려 받아 저장하고 들을 수 있는 환경을 제공했고, 심플하면서도 감각적인 디자인으로 구매자들에게 '나는 아이팟 유저다'라는 자부심을 심어줬기 때문"이라고 설명했다.

또 간단한 장착으로 스피커와 연결할 수 있는 등 여러 부가적인 기능이 통일된 디자인 속에서 적절하게 구현됨으로써 '라이프스타일'을 지배하는 디자인이 됐고 이것이 사람들의 마음을 움직였다는 것이다. 이후 아이폰, 아이패드 등 후속 상품들의 연이은 성공 역시 이 같은 맥락에서 이뤄졌다.

제품을 꺼내 들고 사람들에게 보여주고 만지작거리면서 노는 모든 행위, 캡슐을 꺼내 기계에 넣고 맛있는 커피를 직접 만들어 먹는 일련의 행위가 사람들에게 행복감과 '즐거움(pleasure)'을 줬다는 얘기다. 노먼 박사가 감성 디자인의 키워드가 즐거움이라고 주장하는 이유다.

노먼 교수는 이어 '감성 디자인'을 이어갈 차세대 디자인으로, 경험을 중시해 서비스하는 '경험 디자인'이 부상할 것으로 내다봤다.

» 도널드 노먼 박사 / 김준영 성균관대 총장

"

고객은 이성으로 제품 선택 안 해

"

'감성 디자인'은 단어가 추상적인 만큼 기업인들이나 디자이너 등이 각자 해석하는 방식에 따라 조금씩 의미가 달라진다. 혹자는 디자인이 예쁜 물건을 만들어 소비자들이 감동할 수 있는 광고를 하거나 소비자들이 좋아하는 방식의 서비스를 디자인해 고객을 감동시키는 것이 곧 감성 디자인이라고 오해하기도 한다. 하지만 개념을 어떻게 해석하든 중요한 것은 기업들이 감성 디자인을 등한시해서는 결코 글로벌 생존 경쟁에서 승리하기 어렵다는 점이다. 감성 디자인을 어떻게 적용할 것인가. 감성 디자인 이후를 이끌 화두는 무엇인가. 디자인 경영을 이끌어갈 인재는 어떻게 확보할 것인가. 이 같은 문제는 기업은 물론 우리 사회가 풀어야 할 과제다.

매일경제 MBA팀은 이 같은 근본적인 문제에 대한 실마리를 찾기 위해 감성 디자인 대가인 도널드 노먼 박사와 김준영 성균관대 총장을 만났다.

　노먼 박사는 소비자의 구매결정에 가장 크고 즉각적인 영향을 끼치는 '감정'을 움직이는 디자인이 감성 디자인이고 이는 단순히 물건의 외양이 아름답게 디자인됐다고 해서, 제품의 기능이 뛰어나다고 해서 성공할 수 있는 건 아니라고 밝혔다. 기업들이 감성 디자인 전략을 추구하기 위해서는 각 디자이너나 기술자, 경영자가 각자 자기 분야의 전문성을 뛰어넘어 상호 소통하고 장점과 아이디어를 융합할 수 있어야 한다는 것이다. 그는 또 우리는 매우 복잡한 시대에 살고 있다면서 복잡한 것들이 잘 정리될 수 있도록 만들어 주는 것이 바로 디자인의 힘이라고 주장했다.

　김준영 총장은 "산업현장에서 이 같은 통합적 기업 경영, 디자인 경영 전략이 창출되려면 그에 앞서 대학에서부터 학문 간 융복합 과정으로 창의적 인재를 키워내야 한다"고 강조했다.

Q. 우선 노먼 박사에게 묻겠다. 공학자였는데 디자인 전문가가 됐다. 디자인에 관심을 갖게 된 계기는 무엇인가.

　(노먼) 애플 부사장 경험이 아무래도 컸다. 처음에는 로봇과 같이 '지능을 갖춘 기계(inteligent machine)'에 관심이 많았다. 그 기계가 어떻게 움직이는가를 연구하다 보니 기계의 모델이랄 수 있는 사람의 뇌와 심리는 어떻게 작동하고 사람들이 결정을 어떻게 내리는가를 알고 싶어졌고 심리학을 공부하게 됐다. 그러던 중 정부 요청으로 원자력발전소 사고를 조사하러 갔다가 발전소 내부의 설계가 엉망이라는 사실을 깨닫

고 사람들이 얼마나 혼란스러운 상황에 있었는지에 대해 조사를 하게 됐다. 자연스레 내 관심도 순수 학문에서 산업현장으로 옮겨갔고 1993년부터 애플에서 부사장으로 일하면서 디자인이 무엇이고 사람들에게 어떤 영향을 미치는지 관심을 갖게 됐다. 공학이나 심리학, 경영학 그리고 디자인은 결국 함께 가야 하는 것이다.

Q. 노먼 박사의 1980~1990년대 저서를 보면 사용자의 감정에 대해 고려하지 않고 오직 제품의 유용성과 사용의 편리성, 그리고 기능과 형태만을 강조했다. 2006년에 《감성 디자인》이라는 저서를 집필하면서부터 심미성과 인간 감성에 대해 강조하기 시작했는데 생각이 변한 이유는.

(노먼) 생각이 변한 게 아니고 기술의 발달에 따라 더 높은 단계로 관심이 옮겨갔다고 봐야 한다. 기술 발달의 초기에는 기계나 제품이 잘 작동하는 것 그 자체가 중요했다. 설사 기계나 제품이 잘 작동한다고 해도 그 사용법을 익히기가 어려웠다. 그런데 이제는 휴대폰이 별 탈 없이 돌아가고 다루기 쉬워야 하는 건 당연한 것 아닌가. 오히려 그보다는 제품을 사용하는 게 즐거워야 하고 특별한 경험을 선사해줘야 하는 시대가 됐다.

Q. 우리 생활에서 디자인은 지속적으로 진화해왔다. 디자인은 우리 생활에 왜 중요하고 어떻게 진화해왔나.

(노먼) 이제 디자인은 한 회사와 다른 회사를 차별화하는 핵심이다. 위대한 회사일수록 위대한 디자인을 창출해낸다. 삼성이나 LG도 최고의 디자이너들을 고용하고 있고 애플이나 필립스는 말할 것도 없다. 지금

최고의 회사가 되려면 예전처럼 잘 작동하는 제품을 만드는 것만으로는 불충분하다. 사람들이 즐거워할 수 있는 디자인을 만들어내는 것이 중요하다. 최고의 회사가 최고의 디자이너를 고용해야 하는 이유다. 아직 한국기업들이 엔지니어 중심으로 돌아가는 점은 좀 아쉽다. 기능 좋은 제품을 만드는 것은 기본이지만, 이제는 사람들이 즐길 수 있는 제품을 만들어야 한다.

Q. '감성 디자인'을 한마디로 정의한다면.

(노먼) 사람들이 무엇이 중요한지, 중요한 일이 맞는지 결정하고 판단하도록 하는 게 무엇이라고 생각하나. 공학자나 기술자, 과학자들은 사람들이 이성적이고 논리적으로 이를 결정한다고 생각하지만 이는 사실이 아니다. 인지과학 연구를 해보면 사람들은 감정적이고, 또 감정에 따라 중요한 결정을 내린다. 내가 말하는 세 종류의 디자인이 있다. 본능적으로 좋은 느낌을 갖게 되는 디자인과 좋은 기능과 사용의 편의성으로 인해 좋아하게 되는 디자인, 그리고 제품을 써보면서 얻은 경험과 제품을 생산한 회사와 자신이 맺은 인연 등을 회고하고 생각하면서 좋아하게 되는 디자인이다. 이 세 가지 요소가 고려뇌면서 사림들의 마음을 움직여 결정하도록 하는 것이 바로 감성 디자인이다.

Q. 매력적인 디자인이란 어떤 것인가. 애플이나 아이디오(IDEO) 등이 디자인에 강한 이유와 함께 말해달라.

(노먼) 모든 것을 다 갖고 있어야 한다. 최고의 디자인을 가진 제품은 일단 보기에 좋고 느낌이 좋다. 그 제품에 대해 생각했을 때 행복해지는

모든 요소를 다 가지고 있다. 애플의 경우 '사람들을 위한 제품'의 개념이 무엇인지 정확하게 이해하고 있고 '소비자 중심 경영'이 무엇인지도 세계 어느 회사보다도 잘 알고 있다. 단순히 아름답고 기능이 잘 작동하는 것을 넘어 사용자들이 애플 제품을 쓰는 것에 자부심을 갖게 만든다. 아이디오는 디자인을 하는 회사라기보다는 사람들이 '다른 생각'을 할 수 있도록 도와주는 회사다. 특히 기업이 자신이 생산해서 판매하는 제품의 장단점을 제대로 파악할 수 있게 하고 소비자는 물론 내부직원들을 어떻게 대해야 하는지까지 깨닫게 해주는 역할을 하게 된다.

Q. 애플이나 아이디오 외에도 감성 디자인을 자신들의 서비스나 제품에 잘 구현하고 있는 회사가 있나.

(노먼) 필립스, 삼성, LG 모두 스스로 '감성 디자인'을 하겠다고 했다. BMW만 해도 운전자가 가장 즐거움을 느낄 수 있도록 디자인하는 것을 넘어서 옆자리와 뒷자리에 타는 사람들 역시 차를 타보는 것이 즐거운 경험이 될 수 있도록 디자인하려 노력하고 있다. 이들뿐 아니라 지금은 많은 회사들의 '대세'다. 세무회사에서 감성 디자인을 적용하고 있다면 믿겠나. 소득세 관련 소프트웨어를 만드는 회사였는데 '사람들이 세무 업무 자체를 너무 싫어한다'며 '감성 디자인을 적용해달라'고 한 적이 있다.

Q. '디자인 경영'을 내세우는 유수의 글로벌 기업들이 늘어나고 있다. '감성 디자인'에서 성공하기 위한 전략은 무엇일까.

(노먼) CEO가 혼자 떠드는 것으로는 '디자인 경영'이나 '감성 디자인'

이 이뤄지지 않는다. LG에서 아무리 디자인을 강조한다고 해도 상사와 부하 디자이너들이 한자리에 모여 앉아 있으면 아무것도 안 된다. 모두가 즐기는 분위기여야 하고 자유로워야 한다. 엔지니어나 경영진과 다른 사고방식을 가진 디자이너를 이해할 필요가 있다. 회사 시스템 개선도 필요한데, 삼성이나 LG는 각각의 제품이 다른 부서에서 고안되고 출시돼 서로 연결되지 않는 것이 문제다. 애플이 여러 주변기기와 조화를 잘 이루는 것과 대조된다. 현대자동차는 새로운 디자인으로 미국시장에서 드디어 주목받기 시작했는데, 기아차와 현대차가 좀 더 차별화될 필요는 있겠다. 현대차는 부드러운 디자인으로, 기아차는 좀 더 스포티한 디자인으로 가는 것이 어떨까 싶다.

Q. 현재 감성 디자인의 키워드, 감성 디자인 이후의 디자인 트렌드는 무엇인가.

[노먼] 현재의 키워드는 '즐거움(pleasure)'이다. 소비자들은 더 이상 '만족스러운' 제품을 구입하지 않는다. 행복을 주는 제품을 산다. 필립스도 최근 기능이 훌륭해서 만족스러운 제품보다 재미있고 즐거운 제품을 만들려고 노력한다. 미래는 '경험 디사인'이 될 것이다. 제품이나 시비스를 이용하고 경험하면서 느끼는 즐거움에 더 집중하는 것이다. 은행에서 항상 자기가 선 줄이 가장 시간이 오래 걸린다고 느껴서 불쾌하지 않았나. 여기에 공정한 순서로 일을 처리할 수 있는 시스템을 만들어 경험을 주는 것이 경험 디자인의 출발이고, 디즈니랜드에서 재미있는 놀이기구를 타기 위해 기다리는 것 자체가 즐거운 것이 또 경험 디자인이 될 것이다. 이를 위해 소비자의 행동을 관찰해야 한다. 설문지를 돌리는 건 안 된

다. 직접 관찰하면서 소비자를 잘 이해하는 기업이 생산성도 높아질 것이다.

Q. 감성 디자인이든 미래의 경험 디자인이든 융합적이고 통섭적인 사고를 하는 인재들이 함께 모여 제품과 서비스를 디자인하고 이를 토대로 경영전략이 짜여야 할 것 같다. 김준영 성균관대 총장과 노먼 박사는 각각 어떤 제안을 해줄 수 있나.

(김준영) '융합원'을 설치할 것이다. 융합원은 하나의 플랫폼이다. 인문과 자연을 연계하는 기초융합원, 사회과학과 공학의 창의융합원, 의학·약학·생명을 하이브리드하는 생명융합원을 설립하고자 한다. 학문 간 융합과 통섭이 이뤄지는 플랫폼을 만들어 보자는 취지에서다. 학문 간 융복합 없이 창의적 인재 배출은 불가능하다.

(노먼) 동의한다. 항상 대학교가 문제였다. 산업현장에서는 그룹으로 일하고 항상 다른 분야 전문가들과 함께 일하는데 대학교는 각 분과 학문들이 좁고 깊게 자기영역에만 집중할 뿐 함께할 생각을 하지 않는다. 대학교의 본질인 사회를 위한 기여에 대해 망각하고 있는 것이 아닐까 싶을 정도다. 한 가지 제안을 하자면 대학에서는 교수들이 융합연구를 통해 얻은 성과를 충분히 보상해주는 시스템을 구축할 필요가 있다.

Q. 한국이 진짜 디자인 강국으로 가기 위해서는 어떤 점이 개선돼야 할까.

(노먼) 한국은 '실패하는 법'을 배울 필요가 있다. 실리콘밸리의 성공 비결은 실패가 용납되는, 아니 장려되는 바로 그런 분위기에 있다. 실패

한 경험이 바탕이 돼야 성공할 수 있는데 한국은 실패를 용납하지도 않고 다들 무서워하기만 한다. 미국에서 사업하다 실패하면 다들 좋은 경험을 얻었다며 기뻐한다. 실패를 두려워하지 않아야 위험을 감수하고 도전할 수 있을 것 아닌가. 디자인에서도 마찬가지다.

Q. 대학에서 현장으로, 현장에서 대학으로 인적 교류가 이뤄지면서 지식과 노하우가 쌓여가야 할 텐데, 어떤 일을 해왔고 앞으로 어떤 방식으로 이를 추진할 것인지.

(김준영) 산학협력을 위해 10년 전부터 많은 일들을 추진해왔다. 삼성, LG 등과 함께 창의교육에 기반한 산학형 맞춤형학과, 트랙과정을 운영해왔고 많은 지원을 해왔는데 기업에서 전문가들이 와서 교육과정을 같이 개발하기도 한다. 현재 정부 차원에서도 산학협동연구에 대한 재정지원을 확대하고 '교육 – R&D – 고용' 연계 모델링 구축사업을 확대하고 있다.

(노먼) 맞는 방향이다. 학문적 의미에서의 과학과 산업현장의 기술이 융합하는 데 대학이 기여할 필요가 있다. 다만 대학교가 기업체의 부속물이 되는 건 막아야 한다.

··**He is…**

도널드 노먼(Donald A. Norman) 박사는 감성 디자인의 대가다. 캘리포니아대 샌디에이고 캠퍼스(UCSD) 인지과학과 명예교수이자 노스웨스턴대 컴퓨터과학과 명예교수다. 과학자이자 공학자로 출발했지만 디자인 전문가로 더 유명하다. 전기공학으로 MIT에서 학사학위를, 펜실베이니아대(유펜)에서 석사학위를 받았다.

1993년부터 1998년까지 5년 넘게 애플사의 부사장으로 재직하기도 한 그는 인간중심 제품·서비스 컨설팅 회사 '닐슨 노먼 그룹'의 공동설립자이자 현직 이사다. 애플 근무 당시에 노먼 박사는 애플의 수석협상가로 미국의 차세대 디지털TV 시스템 개발에 있어 컴퓨터와 텔레비전 산업 간의 토론과 회의에 참여했다. 디자인 전문기업인 아이디오(IDEO)의 멤버이기도 하다.

〈비즈니스위크〉가 영향력 있는 디자이너 27명 중 1명으로 선정하기도 했던 노먼 박사는 유저 익스피리언스(UX, 사용자 경험) 디자인 개념과 인간중심 디자인 개념을 최초로 만들어낸 인물이다. 《감성 디자인》이란 베스트셀러의 저자이기도 하다.

디자인경영 어제와 오늘 그리고 미래는

디자인 개념 흐름

| 디자인 이전 시대 |
| 제품이 실제로 작동하는가 |

↓

| 기능성 디자인 시대 |
| 얼마나 다양한 기능이 있는가 |

↓

| 사용성 디자인 시대 |
| 사용하기에 편리한가 |

↓

| 만족성 디자인 시대 |
| 품질과 기능, 사용성, 겉모양 모두가 만족스러운가 |

↓

| 감성 디자인 시대(현재) |
| 제품을 사용하면서 행복해지는가 |

↓

| 경험 디자인 시대(미래) |
| 사용자가 함께할 수 있는 경험을 제공하는가 |

2011년 4월, 이건희 삼성그룹 회장은 일선에 복귀하면서 가장 먼저 서초동 디자인센터를 찾았다. 한 번은 예고도 없이 "디자인센터로 가자"며 발걸음을 돌려 직원들이 상당히 당황해하기도 했단다.

비단 삼성뿐 아니라 대다수 국내외 기업들이 업종을 불문하고 디자인에 사활을 걸고 있다. 미래 성장을 이끌 '차별화'의 답을 디자인에서 찾기 시작한 것이다. 이런 트렌드는 이미 십수년 전에 예고됐다. 1978년 노벨경제학상을 수상한 미국의 경영학자 허버트 사이먼 교수는 "모든 조직이 혁신을 한다며 모든 것을 바꿔 보지만 결국 근본적인 차별(difference)은 없다. 가장 효율적인 방법은 바로 디자인 혁신"이라고 단언한 바 있다.

현재 디자인 경영의 주류는 '감성 디자인(Emotional Design)'. 이는 시장의 변화, 소비자의 변화, 그리고 가치의 변화와 맞물린 꽤 심오한 흐름이다.

제품의 디자인은 스타일에서 기능으로, 이후 감성적 니즈(emotional needs)를 중시하며 발전해 왔다. 남에게 얼마나 멋지게 보이느냐, 품질이 얼마나 훌륭한지가 과거의 관심사였다면 이제는 소비자의 오감을 자극하고 즐거운 상상을 불러일으키며 특별한 공감대를 이끌어 내는 디자인이 대세를 이루고 있다.

감성 디자인은 소비자를 바라보는 시각의 변화와도 밀접한 관계가 있다. 마케팅의 대부로 불리는 필립 코틀러는 그의 책《마켓 3.0》에서 소비자를 이성뿐 아니라 감성과 영혼을 지닌 전인적인 존재로 정의했다. 오히려 이성보다 감성과 영혼이 갖는 힘이 더 커지면서 '감성공감 시대'가 도래했고 기업에는 '브랜드 소울(Brand Soul)'이 필요하다는 것이다.

이문규 연세대 경영학과 교수는 감성 디자인이 각광을 받는 이유로 기술의 발달과 세계화를 꼽는다. 그는 "기술은 소비자가 원하는 것 이상으로 발달했고 시장이 하나로 개방된 마당에 소비자들에게 어필할 수 있는 것은 제품의 껍데기, 그것도 감성을 울리는 껍데기"라고 말했다.

기업들은 이제 더 이상 자신들의 제품이 어째서 좋은지 주절주절 설명하지 않는다. IT기기나 통신 서비스 회사들이 강조하는 것은 사람들 사이의 정(情)이고, 어려움을 극복해 낸 감동과, 불가능을 가능으로 바꿀 수 있다는 희망이다.

디자인 역시 갈수록 직관적, 인간적인 방향으로 흘러간다. 광고 기

획사 이노션의 김근한 디자인 소장은 "과거엔 금속적이고 직선적이
며 복잡한 디자인이 첨단으로 불렸다면 이제는 사람들이 상식 선에서
이해할 수 있고 편안함을 줄 수 있는 디자인이 각광받고 있다"고 전했
다. "직관적으로 감성을 자극하는 쉬운 디자인이 첨단 디자인"이라는
얘기다.

• 감성 디자인, 직관의 과학

애플의 '아이맥(imac)'은 감성 디자인의 현주소를 가장 단적으로 보
여주는 사례다. 모니터와 본체를 하나로 연결한 이 컴퓨터는 사용자
들을 심란하게 했던 수많은 연결 선들을 모두 없애고 파워코드 딱 하
나만 연결하도록 디자인됐다. 모니터에는 음량이나 화면밝기 조절버
튼은 물론 전원버튼조차 없다. 전원버튼은 모니터 뒷면 아래에 잘 숨
겨져 있다. 아이맥은 소비자들이 어떤 감정적 거슬림도 없이 단번에
제품의 단순함과 순수함을 느낄 수 있도록 디자인됐다.

스토리가 있는 디자인이 각광받는 것도 감성 디자인 트렌드와 상통
한다. 이탈리아의 디자인 거장 알렉산드르 멘디니는 자신이 디자인한
와인 오프너에 아내 '안나(Anna)'의 이름을 붙었다. 실세 이 와인 오프
너의 모양은 영락없이 가는 목에 치마를 입고 춤추듯 팔을 늘어뜨린
여인과 닮아 있다. 이 디자인에는 웃지 못할 스토리가 담겨 있다. 코르
크를 뽑기 위해 여인의 목을 돌릴수록 양팔은 마치 항복하듯 하늘로
들려 올라간다. 말로는 결코 이길 수 없는 아내가 자신에게 항복하는
모습을 보고 싶었던 멘디니의 욕구를 다른 남성 소비자들도 직관적으
로 느끼지 않을까? 솔직하고 사실적인 이야기는 사람들의 기억에 남

아 공감을 일으키고 구매 욕구로 이어진다.

이처럼 스토리, 감정 등 직관적인 단어로 도배된 감성 디자인은 사실 첨단의 인지과학 연구에 기반을 두고 있다. 인지과학에 기반을 두고 감성 디자인을 연구해 온 도널드 노먼 박사에 따르면 본능적으로 욕망하는 것과 필요한 것, 일상생활에서 있으면 유용한 것을 넘어서는 것이 감성 디자인이다. 뇌에서 벌어지는 고도의 사고행위에서 형성된 기업과의 관계, 추구하는 라이프스타일 등이 감정을 불러일으켜 순간적으로 제품이든 서비스든 선택하게 만드는 것, 이 모든 과정이 인지과학·뇌과학을 통해 분석될 수 있다.

● 다음은 경험·서비스 디자인

최근 감성 디자인을 대표하는 용어는 '유저 익스피리언스(UX)', 즉 사용자 경험을 이끌어내는 디자인이다.

김근한 소장은 "UX 디자인은 사용자가 디자인을 통해 최대한 많은 경험을 할 수 있고, 삶의 가치를 높일 수 있는 다소 거창한 목적을 담고 있다"고 설명했다. 스마트폰 제조사들도 하나같이 UX 디자인을 강조한다.

삼성전자 디자인팀의 이성식 상무는 "스마트폰의 외관 디자인이 점점 심플해짐에 따라 UX가 더욱 중요시되고 있다"며 "사용자에게 어떤 경험을 주느냐가 휴대폰 디자인의 핵심이 되고 있다"고 말했다.

그는 "향후 스마트폰, 태플릿PC 등 스마트 기기 산업은 점점 더 사용자들이 쉽고, 편리하고, 직관적이며 친근감을 느낄 수 있는 UX 디자인 쪽으로 갈 것"이라며 "단순한 휴대폰이나 PC가 아닌 사용자가 원하는 다양한 기기로 사용될 수 있는 디자인 제품이 살아남을 것"이라고 말했다.

UX 개념의 창시자인 도널드 노먼 박사도 "감성디자인 다음의 트렌드는 경험 디자인이 될 것"이라며 단순히 라이프스타일에 개입하는 것을 넘어서 소비자·사용자들에게 공통의 경험을 제공하는 디자인과 전략이 성공할 것이라는 의견을 제시했다.

클라우드앤드컴퍼니(Cloud and co.) 디자인 스튜디오 공동대표 유영규 디자이너는 "감성 디자인은 필연적으로 '경험', '관계', '서비스'와 연결될 수밖에 없다"며 "경험 기반의 단순한 UX디자인을 넘어 이제는 서비스 디자인이라는 얘기까지 나오고 있다"고 말했다. 웹사이트에 들어가서 제품을 구경하고 사용후기를 읽고 제품을 선택·구입하면서 자신도 사용기를 올리고 고장나거나 문제가 생기면 애프터 서비스를 받으면서 감동을 받는다는 말이다. 이후 그 제품을 버리는 과정까지 일체를 회사와의 소통 속에서 구현한다는 것이다.

그는 "감성 디자인을 구현한 데 그치지 않고 '경험 디자인', '서비스 디자인'으로 발전시킨 한국 사례가 하나 있다"고 제시했다. 바로 현대카드M의 디자인이다. 전 세계 최초로 네모닌 카드에 디지인을 입혔다. 유 대표는 "해외출장 다니면서 내 카드를 꺼내면 해외 디자이너들조차 놀란다"며 "그냥 예쁜 디자인이 아니라 카드를 쓰게 만드는 효과, 과시하게 하는 효과가 있는 셈"이라고 말했다. 파격적인 카드 디자인에서 그치는 것이 아니라 다양한 혜택을 맞춤형으로 집어넣고 이걸 디자인으로 이미지화함으로써 감성 디자인이 됐다는 얘기다.

유 대표에 따르면 현대카드는 여기에서 한 발 더 나가는 데 이것이

서비스 디자인 혹은 경험 디자인이다. 슈퍼콘서트, 슈퍼토크 등 회원
들끼리 함께 문화를 창출하는 과정이 있다는 얘기다. 그는 "제품이 아
니라 경험을 팔고 공유시키는 과정이고 감성 디자인에서 감성브랜딩
으로 가고 있는 것이며 이것이 곧 감성 서비스, 서비스 디자인 혹은 경
험 디자인이 이뤄지는 과정"이라고 강조했다.

CHAPTER 2

대관업무에 힘써라

대기업의 임원이 지식경제부나 기획재정부 '고위 관계자'를 찾아가 점심식사를 하는 광경을 보면 어떤 생각이 들까. 상당수 사람들은 이런 장면을 보면 특혜를 얻기 위한 '로비'가 이뤄지고 있다고 의심할 가능성이 높다.

지금까지 기업의 '대관(對官)업무' 뒤에는 '특혜'나 '정경유착', '뇌물'과 같은 부정적인 이미지가 따라다녔다. 하지만 대관업무로만 한정할 수 없는 '공공관계활동', 즉 PA(Public Affairs)는 지금의 기업들에 비즈니스 성공을 위한 핵심 전략으로 자리잡아가고 있다. IBM의 싱크패드(Thinkpad) 사업부를 인수한 중국 기업 레노버는 '존경 받는 기업'이 되는 전략으로 자연스레 인지도를 넓혀갔고 미국 의회의 신뢰를 얻었다. 인도에서는 글로벌 제약회사 노바티스가 무료로 치료제를 배포하면서 인도 국민으로부터 지지를 얻었고 인도 정부의 마음을 움직였다. 글로벌 정유회사 발레로도 마찬가지다.

전문가들은 글로벌 금융위기 이후 각국마다 기업에 대한 규제를 강화하고 있는 분위기여서 정책기관이나 국민들을 상대로 한 소통작업을 더욱 강화할 필요가 있다고 조언한다.

규제가 발목잡는다? 똑똑한 룰 만들기!

다시 '규제의 시대'다.

2008년 금융위기 이후 '비즈니스 프렌들리' 국가의 대명사였던 미국에서조차 각종 금융규제가 도입됐고, 나라마다 지구온난화 등 기후변화에 대처하기 위한 각종 환경규제를 신설하고 있다. 이런 현상은 국내에서도 예외가 아니다. 2011년 동반성장위원회가 중소기업 적합업종 16개 품목을 발표한 것은 대기업 입장에서 보면 사업영역을 제한하는 규제에 해당한다. 2010년과 2011년 맥킨지가 두 차례에 걸쳐 실시한 글로벌 설문조사 결과를 보면 현재 전 세계적으로 정부 및 규제기관의 역할이나 비즈니스에 대한 개입이 증가하고 있는 것으로 나타났다. 또 기업에 미치는 영향력이 커지고 있는 것으로 조사됐다.

맥킨지는 이와 관련해 기업들이 장기적 관점에서 좀 더 적극적이고 정기적으로 또 예방적으로 정부와 의회, 사회와의 연계를 강화하고 개선할 필요가 있다고 제언했다. 맥킨지는 사회적 어젠다에 관심을 갖고 전략적 통합적으로 활동하는 PA(Public Affairs)역량이 비즈니스 성과와 상관관계가 높다고 제시하면서 PA는 투자 대비 효과가 특히 높은 기업활동 중 하나라고 강조했다.

늘어나는 규제와 입법환경 변화로 야기되는 비즈니스 환경의 난기류를 돌파할 해법으로 전 세계 전문가들은 PA역량 강화를 꼽고 있다. 때때로 '공공PR'로 불리기도 하는 PA는 '기업과 단체의 활동에 큰 영향을 주는 공공정책이나 법안 그리고 규제로부터 비즈니스와 활동을 보호하고 우호적인 환경을 조성하기 위해 펼치는 전략적인 소통활동'이다.

PA가 선진국에서 본격적인 비즈니스 전략으로 등장한 것은 1960년대 중반 GM자동차가 대량 결함 사태를 겪으면서다. 당시 빈번하게 발생하던 GM차의 사고에 대해 GM사는 차체 결함이 아니라는 입장을 고수했다. 이때 당시 젊은 변호사였던 랄프 네이더가 자료를 모으고 소송을 제기해 공룡 GM을 꺾었고 이후 미국의 대기업들은 '대중과 의회로부터 신뢰를 잃는 일'을 다시 겪지 않기 위해 정치학자와 경영학자들과 함께 정부와 의회, 국민들에 대한 이미지 제고 전략과 대응 전략을 짜냈다.

PA 전문가인 데이브 시네이 '플레시먼힐러드(Fleishman Hillard)' 사회장은 매일경제 MBA팀과의 인터뷰에서 "PA라고 하면 흔히 '대관업무'나 '로비'를 떠올릴 수 있지만 미국은 로비가 합법적임에도 전통적 로비활동이 힘을 잃고 있다"며 "대중들에게 합의가 된 사항은 로비를 할 필요가 없다는 점에서 홍보와 사회공헌활동을 통해 우호적 여론을 형성하는 PA전략을 구사하고 있다"고 말했다.

그는 기업의 PA역량을 핵심 '소프트파워'로 규정하면서 "세계경제 침체가 계속되면서 규제는 강화되고 있고 불확실성은 증대되고 있

다”며 “규제나 법안의 변화로 높은 벌금, 평판 훼손, 고객 손실과 시장
에서의 수익 하락 등에 대한 우려가 높아지고 있기 때문에 기업이 PA
를 통해 각국 정부와 국민들의 호의적 여론을 얻어놓지 않으면 진짜
위기를 맞을 수 있다”고 경고했다.

국내 PA 전문가 문정빈 고려대 경영대 교수도 규제가 다시 심화되
고 있는 글로벌 경제환경에서 기업들이 PA를 홍보(PR), 사회공헌활
동(CSR)과 연계해 통합적 비즈니스 전략의 핵심적 요소로 구사해야
한다고 조언했다. 문 교수는 “우리나라의 한 통신사는 ‘대관업무’와 사
회공헌활동 업무를 한 부서에서 하고 있는데, 이는 PA에 대한 이해가
잘돼 있는 것으로 볼 수 있다”고 말했다. 그는 “이 회사는 의원들에게
불법적인 로비를 시도하는 대신 의원들이 관심을 가지고 있으나 해결
하기 어려운 각종 빈민구제 사업, 즉 사회공헌활동을 중점적으로 하
고 있다”며 “회사 차원에서는 호의적인 국민여론을 얻고 대외 홍보도
이뤄지면서 동시에 불합리한 규제 등에 대한 설득작업을 할 때 이런
활동이 도움이 될 것”이라고 설명했다.

해외진출에서도 PA는 중요한 요소다. 기업들이 중국에 진출할 때
중국 정부는 오지 등에 학교시설 등을 지어줄 것을 요구하는 사례가
많은데, 기업 입장에서는 이를 사회공헌활동으로 여기면서 동시에 홍
보하면 자연스레 중국 정부와 국민들에게 PA가 이뤄질 수 있다는 얘
기다.

PA 전략 위해 '어젠다 세팅' 주저 말라

- 사례 1 : 2005년 중국기업 레노버(Lenovo)는 IBM의 싱크패드(ThinkPad) 사업부를 인수했다. 낮은 인지도도 문제였지만 의회에서는 미국 해외 투자위원회의 승인 과정이나 국무부와의 계약과정에 문제가 있는 것 아니냐는 의혹까지 일었다. 레노버가 중국 정부 소유라는 점 역시 비호감 요소였다. 레노버는 즉각 미국 주요 경제지·일간지와 커뮤니케이션을 시도하면서 레노버에 대한 오해를 불식시켰고 호의적인 보도를 늘려갔다. 대정부 관계 활동을 진행할 때에는 회사가 진행한 환경보호 프로그램, 지적재산에 대한 존중, NGO 파트너십을 통해 진행한 미군의 지원활동 등 사회공헌활동(CSR) 프로그램을 강조한 자료를 전달했다. 이후 레노버의 브랜드 인지도는 뚜렷하게 상승했고 2008년 7월 〈월스트리트저널〉 독자 대상의 설문조사에서 가장 존경 받는 중국 회사 3위에 오르게 됐다.

레노버	2005년 IBM의 싱크패드(ThinkPad) 사업부 인수 후 미국 주요 경제지 일간지와 커뮤니케이션 시도. 미 정부에 자산의 CSR(사회공헌활동) 홍보. 2008년 〈월스트리트저널〉 설문조사 결과 가장 존경받는 중국 회사 3위에 오름.
노바티스	백혈병 치료제 글리벡에 대해 인도 정부가 특허 인정 거부. 노바티스는 법정투쟁, 정부 설득과 함께 인도 환자들에게 무료로 글리벡 공급. 인도 국민 여론에 힘입어 인도에서 특허 등록 성공.
볼레로	직원들의 사회공헌활동 독려하자 직원들의 자부심이 높아지면서 생산성이 향상됨. 볼레로에 대한 지역커뮤니티의 평판도 개선되면서 볼레로에 우호적인 비즈니스 환경 조성됨.

- 사례 2 : 제약회사 노바티스는 백혈병 치료제 글리벡을 인도시장에서 특허 등록하는 과정에서 큰 어려움을 겪었다. 인도정부가 기존 약품과 차별화가 어렵다는 이유로 특허 인정을 하지 않았기 때문이다. 이는 인도의 특허 기준이 글로벌 스탠더드에 맞지 않아서 벌어진 일이었다. 노바티스는 문제해결을 위해 두 방향으로 일을 진행했다. 우선 인도 법원에서의 법정다툼과 대정부 설득에 힘을 쏟았다. 또 한편으로 글리벡을 인도 환자들에게 무료로 공급하는 결단을 내렸다. '대관업무와 법정투쟁'이라는 공공영역에서의 업무 추진과 '사회공헌활동'과 이를 통한 '홍보'기 동시에 진행됐다. 득히 소비자들을 상대로 적극적인 설득작업과 이해를 통해 그들의 마음을 얻어내는 데 힘을 쏟았다. 노바티스는 이를 통해 인도 국민 여론의 힘을 얻게 됐고 결국 특허를 얻어내는 데 성공했다.

레노버와 노바티스가 벌인 활동과 성공스토리의 핵심에 공공관

PA 3단계 전략

1단계 : 소극적 방어적 PA
규제 완화 위해 의회·관료에 접근해 설득

2단계 : 적극적 PA
규제 형성 단계에서 정부·의회에
적극적으로 필요한 정보 제공

3단계 : 어젠다 세팅형 PA
환경단체 등에 앞서 어젠더를
제시해 우호적 여론 조성

계 활동(PA)이 있다. 이들 회사는 모두 PA의 성공전략을 충실하게 따랐다. 대정부·의회와의 관계에서 치밀하게 설득하는 한편 사회공헌 활동과 이에 대한 홍보, 회사에 대한 긍정적 이미지 창출로 여론을 등에 업었다. 기업의 정치전략 'CPS(Corporate Political Strategy)', 사회적 책임 'CSR(Corporate Social Responsibility)', 홍보 'PR(Public Relations)'이 한 데 어우러져 만들어내는 통합전략으로서의 PA가 제대로 구현된 것이다.

PA는 이처럼 기업이 자리잡고 있는 한 국가 안에서 불합리한 규제를 풀고 비즈니스가 원활하게 이뤄질 수 있는 환경을 만드는 활동이다. 해외 진출 시에는 진출 국가의 정치환경과 규제, 경제여건에 맞는 전략을 짜고 진출 국가 국민들의 정서와 문화를 이해하면서 기업을 성공적으로 안착시키는 작업의 핵심으로서 PA가 사용된다. 이는 정부나 국회는 물론 대중을 상대로 비즈니스의 필요성을 인식할 수 있도록 공감대를 형성해가는 활동이다.

글로벌 정유회사 볼레로도 성공적 PA의 대표적 사례로 꼽힌다. 볼레로는 지부가 있는 모든 지역에서 직원들의 시간을 투자해 사회공헌 활동을 독려하고 심지어 내부 경쟁을 시키면서 모금운동까지 펼친다.

일하는 사람들의 자부심이 높아져 생산성이 높아지는 것은 물론이고 지역 커뮤니티에서 볼레로에 대한 평판이 높아진다. 이는 자연스레 해당 지역을 기반으로 하는 정치인을 통해 정부로 들어가 해당 지방정부·중앙정부로부터 우호적인 비즈니스 환경을 조성 받을 수 있게 한다.

전문가들은 이 같은 PA전략도 더욱 진화할 필요가 있다고 지적한다. 기업이 스스로 기업하기 좋은 환경을 조성하고 규제를 완화시키는 과정에서 지금껏 구사해 온 '소극적·방어적 PA' 전략을 넘어서야 한다는 얘기다. 이제는 업계가 자신의 산업에서의 규제가 합리적이고 효율적으로 이뤄질 수 있도록 정부·의회와 함께 '똑똑한 규제'를 만들어가는 '적극적 PA'를 시작해야 할 때라는 것이다.

김희천 고려대 경영대 교수는 "환경문제에 대한 관심이 높아지고 금융위기로 금융권 규제에 대한 목소리가 높아지는 요즘에는 방어적 PA보다 적극적 PA가 필요한 시점"이라며 자동차 수소연료전지 산업을 예로 들었다. 김 교수는 "수소전지는 친환경 차량 사업에서 한 축을 차지하는 중요한 사업인데 안전성 문제로 인해 필연적으로 규제자가 필요한 사업"이라며 "공정한 제3자로 정부가 나서야 하지만 정부관료나 입법하는 의원들이 시업자들보다 관련내용을 살 알기는 어렵다"고 설명했다.

그는 "이런 상황에서 업계가 공동의 이익을 위해 먼저 정부기관과 의회를 찾아 어떤 방식으로 규제가 만들어지고 시장이 형성돼야 비즈니스가 잘 이뤄질지 설명해야 한다"며 "이렇게 규제자와 피규제자가 함께 만들어내는 '똑똑하고 합리적인 규제'를 통해 올바른 시장형성과 산업발전을 촉진할 때 모두가 윈-윈할 수 있다"고 강조했다. 다만 특정 기업이나 업계가 적극적인 PA를 한다는 명분으로 정부나 의회로부터 특혜를 얻으려 할 때에는 곧바로 '정경유착'이 될 수 있고, 기업에 대한 여론과 시장의 신뢰에 치명적인 타격을 입히게 된다. 감시자가 들어와 투명하게 정책결정과정을 볼 수 있어야 PA도 궁극적으로 성공할 수 있다는 뜻이다.

이왕휘 아주대 정치외교학과 교수는 "적극적 PA를 펼치는 과정에서 합리적 규제를 위한 라운드테이블이 형성되면 이때 외부 전문가집단과 감시자 역할을 하는 시민·소비자단체 등이 들어오도록 해야 한다"며 "감시자들에게 철저하게 검증 받고 투명성을 인정받아 우호적 비즈니스 환경을 조성하는 기회로 삼아야 한다"고 말했다.

적극적 PA가 이뤄지는 과정에서 한 발 더 나가면 '어젠다 세팅'형 PA로 진화할 수도 있다. 이 교수는 "PA가 기본적으로 기업이 활동하는 데 유리한 정치적·사회적 분위기를 조성하는 정치적 전략 중 하나라고 볼 때, 각종 규제를 만들고 푸는 과정에서 우호적 여론 조성을 위해 기업의 선제적 어젠다 세팅이 필요하다"고 지적했다. 이 교수는 "각종 환경문제가 걸려 있는 사업에서 환경단체가 비즈니스나 산업 전반에 대한 이해가 부족한 상태에서 이슈를 선점해버리면 기업은 자동적으로 방어태세를 취할 수밖에 없다"며 "방어에 급급하다가 결국 우호적인 비즈니스 환경 구축에 실패하게 된다"고 덧붙였다.

하지만 '과도한 PA', 정책결정과정에 영향을 미치는 것이 아닌 직접 정책을 결정하려는 행태는 오히려 독이 될 수 있다는 경고도 나온다.

이 교수는 "골드만삭스의 경우 클린턴 행정부 시절부터 재무장관,

경제자문회의 의장, 세계은행 총재 등을 직접 배출하면서 사실상 정책결정자로 나서는 모습을 보였다”며 “이게 단기적으로는 이득이 됐을지 모르지만 2008년 글로벌 금융위기 이후 골드만삭스가 각종 음모론에 시달리고 ‘공공의 적’이 되면서 여론의 신뢰를 잃도록 만들었다”고 설명했다.

국내기업 ‘PA(공공관계활동)’ 어떻게

‘커뮤니케이션 팀’, ‘대외협력실’.

이는 한국 기업들의 ‘대관(對官)업무’ 담당부서가 많이 쓰고 있는 명칭이다. 이처럼 한국의 대다수 기업들은 그 동안 PA를 대관업무로 한정해 활동해왔다. 여론의 지지를 얻거나 기업이미지를 제고하기 위해 활동하는 홍보실과는 별도로, 또한 사회공헌활동을 책임지는 부서와는 별도로 운영했다.

국회의원이나 공무원을 접대해 자사에 유리한 정책이 실시되도록 유도하는 것이 목표였다. 평상시에는 기업의 사회공헌 프로그램과 후원금 등을 통해 국회의원과 좋은 관계를 유지하다가 필요한 일이 생기면 기업 차원에서 총력 로비에 나서는 식이다. 정책 담당자와 출신지, 학교 등 인연이 닿는 임직원이 임무를 맡는다. 한 중견 식품기업의 A대외협력팀장은 “이슈가 터졌을 때 논리를 개발하고 다양한 방식으로 담당자를 설득할 수 있어야 하는데, 국내 기업은 대관업무에 할당된 인력과 자원이 부족해 주로 개인적인 로비에 의존했다”고 지적했다.

대관 또는 대외 협력업무는 기업이 소속된 단체나 협회를 통해 이뤄지기도 한다. A팀장은 "식품공업협회 회원사들은 중기적합업종 선정과 관련해 식품공업협회를 통해 영향력을 행사했다"고 말했다. 전경련은 국회를 상대로 조직적인 로비를 시도하다가 언론에 포착되기도 했다.

아직 국민정서상 대관업무에 대한 이미지는 부정적이다. 자칫 잘못하면 '정경유착' 논란이 불거질 수 있고 특혜시비에 휘말릴 수 있는 것이 대관업무다. 이 때문에 2007년 삼성그룹에 대한 특검이 실시된 후 삼성그룹이 경영쇄신 차원에서 가장 먼저 한 일이 바로 대관업무 등을 담당하던 전략기획실 폐지였다.

하지만 이제 변화가 필요한 시점이 됐다. PA라는 통합적 전략의 틀에서 사회공헌활동과 홍보활동 등과 연계해 정상적이고 합법적인 '비즈니스 활동 전략'으로 인식을 전환하고 투명하게 일을 진행해 '합리적 규제'를 정부기관·의회와 함께 만들어가는 동반자로 자리매김해야 한다는 뜻이다.

실제 변화도 감지된다. 한국 사회가 많이 투명해지면서 대관업무가 PR(홍보)와의 긴밀한 연계 속에서 통합적인 PA로 이뤄지기도 한다. 대표적인 사례가 락앤락과 삼광유리의 '강화유리 안전성 논란'이다.

강화유리의 안전성 문제를 놓고 락앤락과 삼광유리의 논쟁이 치열해지면서 소비자 불안이 커지자 기술표준원은 강화유리에 대한 실험을 실시했다. 두 회사의 명운을 좌우할 기술표준원의 공식 발표를 앞두고 락앤락은 강화유리 전문가인 독일의 안드레아스 카스퍼 박사를 긴급 초청해 기자간담회를 열었다. 권위자의 입을 통해 강화유리의 위험성을 알려서 우호적인 여론을 조성하겠다는 의도였다. 삼광유리도 지지 않았다. 락앤락의 기자간담회 직전에 기술표준원의 비공식적인 발표를 언론에 흘리면서 자사에 유리한 방향으로 여론을 이끌고자 했다.

주목할 점은 이 과정에서 두 회사가 자사의 이익을 부각시키지 않고 소비자의 안전을 명분으로 내세웠다는 점이다. 이들이 가장 두려워했던 것은 '회사의 이익을 위해 소비자의 안전과 이익을 도외시한다'는 소비자들 평판이었다. 특정 국회의원이나 공무원에 집중됐던 대관업무가 PR와 연계되고 있음을 단적으로 보여주는 사례다.

일부 대기업도 사회적 책임(CSR), 대관업무, 홍보활동을 연계해 통합적 PA전략을 구사하기 시작했다. SK텔레콤의 정태철 전무는 "대관부서와 CSR부서가 같은 대외협력팀에 속해 있다"며 "이슈가 있을 때마다 회사를 보호하는 소극적인 역할뿐 아니라 평상시에도 사회적 책임을 다하면서 회사 이미지를 제고하는 적극적인 역할을 동시에 수행하고 있다"고 말했다.

이왕휘 아주대 정치외교학과 교수는 "아직도 '법무실'을 통한 소극적 방어와 은밀한 부서를 통한 수면 아래 접촉에 익숙한 대기업들이 대다수"라며 "기업들이 개별적으로 관이나 의회와 접촉하려는 욕심을 버리고 업계 전반의 의견을 수렴해 함께 산업 공동의 이익을 추구하고 우호적 비즈니스환경을 조성하려는 노력을 해야 한다"고 말했다.

이 교수는 "결국 각 산업분야의 선두 기업들이 단기적인 자신의 이익에 집착하지 않고 대승적인 차원, 산업의 파이를 키운다는 차원에서 적극적인 통합 PA를 펼쳐야 하는데 아직 우리나라 기업들은 이에 대한 인식이나 노력이 부족하다"고 지적했다. 그는 "업계 차원에서 투명하게 의회와 행정부에 접근하고 다른 이해 당사자들이나 국민들에게 설득할 것은 설득하려는 노력을 시작하면 그 이후에 투명성 감시 등 시스템 구축은 아주 쉬워질 수 있다"며 "'정경유착'이나 '특혜'의혹 없이 당당하게 비즈니스 전략으로서 PA, 대관업무 등을 할 수 있을 때 결국 기업도 최대의 이득을 얻는 것 아니겠냐"고 되물었다.

» 데이브 시네이 플레시먼힐러드 회장, 조앤 윙 플레시먼힐러드 아시아퍼시픽
클라이언트 서비스 수석부사장, 박영숙 플레시먼힐러드 코리아 대표

데이브 시네이 플레시먼힐러드 회장이 서울 정동의 한 레스토랑 회의실에서 매일경제 MBA
팀과 만나 기업 PA활동의 중요성을 강조했다. 시네이 회장이 인터뷰에 앞서 덕수궁 돌담길
을 배경으로 포즈를 취하고 있다.

"한국 기업들은 이제 글로벌 PA활동을 강화할 때입니다."

PA 전문가인 데이브 시네이 플레시먼힐러드 회장은 매일경제
MBA팀과의 인터뷰에서 글로벌 경제 침체와 각 지역의 규제 변화 불
확실성이 커지면서 한국을 비롯한 아시아 기업들의 해외 비스니스에
영향을 주는 리스크가 커지고 있다면서 이같이 밝혔다. 특히 한국은
그 동안 수출 시장에서 비교적 성공적인 성과를 거뒀다면서, 이제 한
발 더 나아가 글로벌 시장을 적극 공략하기 위해서는 현지에서의 PA
활동에 신경써야 한다고 주장했다. 방한 직전 10여 일 동안 아시아 지
역에서 머물며 중국 다롄에서 열린 세계경제포럼에도 참가했다는 시

네이 회장은 "서머 다보스의 주제는 질적인 성장"이었다면서 "중국, 한국과 같은 아시아 국가들이 점점 세계적인 브랜드로 뻗어나가기 위해 PA역량을 다져야 할 때"라고 강조했다.

그는 또 현재 글로벌 톱 브랜드 명단에 중국 브랜드는 하나도 없고 한국은 두 곳 정도가 있지만 미래에는 아시아권 브랜드로 채워질 것으로 예상했다. 시네이 회장은 "다만 한국의 기업들은 뛰어나나 거의 '하드 파워(hard power)'에만 집중하는 경향이 있고 '소프트 파워(soft power)'에는 약하다"고 지적하고 PA의 기본이 되는 소프트 파워를 갖기 위한 8가지 원칙을 제시하기도 했다.

인터뷰에는 조앤 윙 플레시먼힐러드 아시아퍼시픽 클라이언트 서비스 수석부사장과 박영숙 플레시먼힐러드 코리아 대표가 배석해 국내외 기업들의 PA활동에 대해 폭넓게 논의했다.

시네이 회장이 말한 소프트 파워를 갖기 위한 8가지 원칙

1	소통 전략을 비즈니스 목표와 일치시켜야 한다.
2	시장에서 받아들여진 후 수익을 추구하라.
3	통역을 소통이라 착각하지 말아야 한다.
4	고정관념(stereotype)을 이해해야 한다.
5	투명하게 커뮤니케이션하라.
6	팀으로 움직이는 것이 중요하다.
7	현지의 색을 입혀라.
8	자신감과 함께 겸손함이 있어야 한다.

Q. 한국에서는 PA란 개념이 다소 생소하다.

[시네이] 맞다. PA는 비교적 생소한 개념이다. 간단하게 설명하면 기업과 단체의 활동에 큰 영향을 주는 공공정책이나 법안 그리고 규제로부터 비즈니스와 활동을 보호하고 우호적인 환경을 조성하기 위해 펼치는 전략적인 소통활동을 PA라고 말한다.

Q. 한국 기업들은 국내에서 성공하고 해외에서도 비교적 선전하고 있는 기업들이 많다. 이들 기업에 PA가 왜 중요한가.

[시네이] 한국 기업들은 지금까지 수출 시장에서 매우 성공적이었다. 이제는 사업을 글로벌하게 구축하고자 하는 시점이다. 글로벌 기업으로 성공하려면 PA가 중요하다. 실제로 모든 전문가들이 인정하듯 아직까지 한국의 기업들이 강세를 보여준 부분은 하드 파워다. 반대로 미흡한 부분은 소프트 파워다. PA는 대표적인 소프트 파워로 대한민국 기업들이 진정한 글로벌 기업이 되기 위해서 키워야 할 역량이다.

Q. 그런데, PA라 하면 그 정의가 명확하지 않아 사람들마다 다르게 인식하고 있다. 예를 들어 PA를 생각하면 많은 사람들이 로비를 생각하는데, 한국의 경우 로비는 불법이다. PA를 어떻게 적용해야 하나.

[시네이] PA는 시장이나 국가마다 조금씩 다르게 받아들여지고 있다. 기업의 PA전략을 지원하는 플레시먼힐러드도 국가별 PA활동 범위가 다르다. 로비가 법적으로 용납되는 국가에서는 로비도 시도하지만, 한국처럼 법적으로 불법인 나라에서는 다른 전략을 구사한다. 한국의 경우 변호사법에 의해 변호사만 로비를 할 수 있다. 따라서 PR회사가 로비를 할

수 없다. 한국의 경우 일 추진 과정의 투명성이 더욱 요구되고, 여론이 크게 영향을 미친다. 대중을 읽고 이해하는 것이 중요한 사회다. 따라서 대중의 심리를 읽고 이슈를 이해하는 것이 중요하다. 이런 경우 우리는 대중의 의견을 수렴해서 변호사들을 교육하기도 한다. 변호사법에 의거해 변호사들이 로비를 할 수 있도록 교육을 하는 것이다.

Q. 국내에서 로비라는 단어는 부정적인 이미지가 있다. 로비와 PA는 어떻게 다른가.

〔시네이〕 방금 말했듯이 각 나라와 지역에 따라 로비와 PA활동이 다르다. 미국 워싱턴DC의 경우 로비가 합법적임에도 불구하고 오히려 전통적 방식의 로비 활동은 힘을 잃고 있다. 워싱턴에서 정치를 하기 위해서는 대중의 반발을 살 수 있는, 합의점이 도출되지 않은 내용은 얘기를 하지 말고, 이미 대중에게서 합의가 된 사항은 로비를 할 필요가 없다.

미국의 경우 중국 등 아시아 기업들이 진출할 때 워싱턴의 미국 중앙정부 차원의 입장과 개별 주정부의 입장에는 차이가 있음을 이해하는 것이 도움이 된다. 주정부나 시에서는 투자가 도움이 되어 적극 환영하는 경우가 많으므로 한국 기업도 지역 정부와 지역 커뮤니티에서 먼저 신뢰를 쌓는 것으로 시작하는 것도 고려해볼 만하다. 즉 미국의 경우 전략적 캠페인이 중요한 시장이라고 보고 로비보다는 정부와 지역사회에 신뢰를 구축하는 데 집중한다.

반면 유럽의 브뤼셀에서는 로비가 많다. 유럽에서는 전문성에 근거한 비즈니스 보호를 위한 적극적인 자료 제시가 당연해 로비 활동 역시 당연하게 생각한다. 2012년부터는 ECI(European Citizens' Initiative)라고 해서 EU 가입 국가 시민들 100만 명 이상의 서명을 받아 청원서를 제출하는 방식으로 정책 어젠다를 제안할 수 있게 됐다.

디지털 커뮤니케이션을 통해서 활발하게 ECI를 활용하겠다는 기업과 NGO가 벌써 나오고 있어서 한국 기업들도 ECI가 어떤 영향을 초래할지 충분히 이해하고 있어야 한다. 영국의 경우는 정부기관, 규제기관에 투명한 방식으로 진출해 아시아 기업들이 영국 경제에 투자, 일자리 창출, 새로운 기술을 통해서 기여한다는 긍정적인 이미지 구축이 필수적이다. 미디어를 통해서 이런 이미지를 적극 구축해 정치권에 좋은 인식을 심어주는 게 도움이 된다.

아시아의 경우는 아직 관계를 중시하는 모델이다. 이는 중국이든 한국이든 일본이든 마찬가지다. 하지만 이 또한 바뀌고 있다. 일본은 과거에는 누구와 술을 마셨느냐가 중요할 정도로 관계 중심적 사회였는데 지금은 이런 일본마저도 바뀌고 있다. 일본 시장에서는 한국 기업, 중국 기업들이 서로 파트너십을 추구하고 지나친 자존심 경쟁을 피하는 것이 중요하다.

Q. 로비를 제외하고 PA를 생각하다 보면 PR(홍보)과 개념이 애매모호하다. 어떻게 다른가?

(시네이) PR(Public Relations)은 상당히 광범위하다. 대중의 이해를 이끌어 내는 활동에서 PA를 보면 공공정책에 영향을 미치는 분야, 즉 입법, 행정기관, 규제기관을 대상으로 소통에 집중한다. 따라서 PA는 PR보다는 좀 더 좁은 범위를 다룬다고 볼 수 있다.

Q. 대표적인 PA 활동 사례로 어떤 것이 있는가?

(시네이) 2011년 중국 다롄에서 열린 세계경제포럼(WEF)에 참석했다. 참석했던 다국적 제약사의 경우 장기적인 관점에서 중국 정부와 사회로부터 단순히 제약사가 아닌 '헬스케어 파트너'로 인식되도록 하는 것을 목표로 PA활동을 전개해왔다. 가격, 경쟁, 지적재산권만 가지고 비즈니스를 풀어 나가기는 힘들다. 오히려 기업 측에서 중국 정부가 필요로 하는 사회적 어젠다의 도전과제를 인지하고, 중국 정부가 필요한 부분을 해결해줄 수 있는 파트너가 되는 방향으로 접근한 것이고 물론 이는 매우 바람직한 전략으로 중국 정부는 물론 대중에게도 우호적인 기업으로 자리잡은 좋은 사례다. 이 사례는 CSV(Creating Social Value)의 개념에서 최고의 사례라고 할 수 있다.

Q. PA를 하는 데 최고경영진의 역할이 매우 중요하다고 생각한다. PA활동을 총괄하는 최고책임자를 두고 있는 기업들도 있는가.

(윙) PA에는 이슈, 산업, 지역에 대한 전문성과 관련 분야 리더들과의 인맥, 전략적으로 커뮤니케이션할 수 있는 능력 모두를 요구한다. PA가 중요해짐에 따라 C-level 임원진이 늘어나고 있다. 최근에 포천 100대 기업 임원진을 대상으로 효과적인 소통 역량을 키우기 위한 교육에 PA 트레이닝을 포함해 진행한 적이 있다.

이는 인맥만 좋은 고위 관료 출신이나 법에 정통한 변호사들이 소통 전문가는 아니라는 의미다. 단순히 말만 잘하는 것보다 효과적인 대정부, 국회 청문회 등에서 소통하기 위한 트레이닝이 필요하다. 관련 부처 고위 당국자들을 만난 적이 있어서 명함을 모두 갖고 있다고 해서 문제가 해결되는 것이 아니다. 이슈에 대해 깊게 이해하고 빠르고 효과적인 소통을 할 수가 있어야 하고, 평소에 준비하고 훈련되어 있는 것이 중요하다. 중요한 상황에서 전략적인 PA 필요를 경험하면 CEO가 직접 법무, 대관업무(GR), PR(홍보), CSR(사회공헌활동) 등 통합적으로 대응하기 위한 조율에 적극 관여하는 경우가 많아지고 있다.

Q. 한국 시장의 상황은 어떠한가?

(박영숙) 기업의 비즈니스에 대한 우호적 환경 조성도 PA 영역이고, 정부와의 갈등 사안이나 사회적 임팩트가 큰 정책에 대해 국민 수용성을 높이기 위한 공공교육 캠페인도 역시 PA 영역이다. 플레시먼힐러드 한국지사는 방폐장, 저출산 고령사회 대응, 노동관계법 개정, 경기도 GTX 녹색 성장, 기후변화 대응, G20 비즈니스 서밋 등 국내외 소통 업무를 맡았다. 공공정책에 대한 이해를 바탕으로 기업들을 위한 PA 영역에서도 개별 기업과 협회 차원에서 다양한 PA 컨설팅 경험을 보유하고 있다.

Q. 보다 구체적인 PA활동 사례를 제시해 준다면.

(박영숙) 국내에 투자한 유럽계 백신회사(C사)의 생산시설이 위치한 곳에 지자체의 지역 개발 계획이 추진됨에 따라 공장을 이전해야 하는 상황이 발생했다. 설상가상으로 지역 주민들한테 알박기 기업으로 비난받기 시작하고 국제기구 고객사에 백신 공급 중단 시 비즈니스 중단의 위기 상황에 처하게 되었다. 이에 플레시먼힐러드는 국가적 어젠다와 지역 어젠다의 갈등 사안에서 윈윈할 수 있는 전략적 메시지 구축, 로펌과 메시지 및 통합적 소통 전략 조율, 협회 등과 연대해 여론 형성, 영향력

그룹 대상 백신 생산 특수성과 사업 가치에 대한 교육자료 개발, 협상 소통 트레이닝 등 종합적 PA자문 활동을 했다. 결과적으로 자칫 외교적 이슈로까지 불거질 위기 상황에서 지혜롭게 대체 생산시설을 건설하고 백신 생산의 지속적인 비즈니스 보호를 받고, 수출을 늘리며 기업 신뢰도도 높일 수 있었다. 적극적인 PA활동을 통해 서로가 승리한 대표적인 사례로 꼽을 수 있다.

Q. 기업들이 해외에 진출해 사업을 하기란 결코 쉬운 일이 아니다. 특히 해외에서 문화적인 차이가 큰 장애물로 작용하는데 이 같은 장벽을 해소하려면 어떻게 해야 하나.

(박영숙) 우선 인재가 중요하다. 두 번째는 훌륭한 인재를 기반으로 한 네트워크다. 네트워크가 없으면 아무것도 안 된다는 것이 내 생각이다. 여러 지역에 지사 네트워크를 갖추었다고 해서 훌륭한 네트워크 협력이 이루어지는 것은 아니다. 플레시먼힐러드는 현재 톱200 클라이언트 중 3분의 2가량이 지역 단위로 함께 일하고 있으며, PA 서비스에서의 협력이 늘어나고 있다. 글로벌 팀워크는 우리의 커다란 경쟁력이다.

Q. 경기가 어려워지면서 각국 정부의 규제가 점점 더 강화되고 있는데 기업들 입장에서 어떻게 대처해야 하나.

(박영숙) 기업이 잘못된 행동으로 만든 상황을 단순히 커뮤니케이션만으로 해결할 수는 없다. 기본적으로는 기업의 책임경영과 윤리성이 더욱 강화되어야 한다. 과거에는 특정 산업이나 기업만 정부의 규제를 받았다. 하지만 이제는 모든 기업이 정부 규제의 대상이 되고 있다. PA는

비즈니스를 할 때 방패나 헬멧과 같은 방어막이 될 수 있다. 독점 이슈 등이 빈번한 상황에서 점점 더 중요해질 것이다.

˙˙He is…

데이브 시네이 회장은 1984년 미국 세인트루이스에 위치한 플레시먼힐러드 본사 소비자마케팅 분야 담당 AE로 입사했으며, 이후 27년 동안 다양한 프랙티스(practice)그룹의 리더 역할, 세인트루이스 주지사의 총책임자이자 미 중서부, 캐나다, 유럽, 중동, 아프리카 지역 사장을 역임했다. 2005년부터 국제 무대에서 회사 성장을 책임지는 플레시먼힐러드 최고경영진 위원회 공동의장을 역임해 왔으며, 회사의 장기 계획 수립에도 중요한 역할을 해왔다.

시네이 회장은 세인트루이스대에서 경영학과 커뮤니케이션 학위를 취득하고 국제 마케팅 분야 석사과정을 이수했다. 플레시먼힐러드의 모기업인 세계 최고 커뮤니케이션 지주회사인 옴니콤(Omnicom)을 대표하여 하버드대 경영학부(Harvard School of Business Faculty)와 밥슨대가 공동으로 제공하는 'Omnicom 최고경영자 프로그램'을 수료했다. 최근에는 2011년 칸 국제 광고제(Cannes Lions) PR부문(PR Lions) 심사위원단장을 역임했다.

하이브리드 기업이 돼라

섞어라! 그러면 훨씬 강력해진다.

로봇 만화영화에는 각자 뛰어난 능력을 가진 메카닉들이 '합체'를 통해 가장 강력한 힘을 발휘하고 적을 무찌르는 장면이 어김없이 등장한다. 지금의 글로벌시장도 업종과 영역, 기술의 종류를 뛰어넘어 합체를 시도하는 움직임이 그 어느 때보다 활발하다. 학계와 업계에서 빈번히 등장하는 융합, 하이브리드, 컨버전스, 퓨전, 크로스오버 같은 용어도 서로 다른 요소들을 결합해 '획기적인 성과'를 내는 것을 가리킨다. '하이브리드'가 기업의 지속성을 담보하는 경쟁력으로 자리 잡은 것이다.

이런 추세는 오늘날 실타래처럼 얽혀 있는 '산업 생태계(industry ecosystem)'와 밀접한 관련이 있다. 예를 들어 아크로뱃(Acrobat)으로 유명한 어도비(Adobe)사는 텍스트와 그래픽 영역에서 고유한 플랫폼을 지녔지만 동시에 윈도우즈와 매킨토시 컴퓨터, 다양한 스마트폰 입장에서는 훌륭한 보완재다. 구글 검색엔진도 전 세계에서 가장 널리 쓰이는 인기 프로그램인 동시에 인터넷 서비스 회사와 컴퓨터 제조사들을 보완하는 역할을 한다.

여기서 잠깐 삼성전자, 애플, 구글의 2010년 경영실적을 들여다보자. 한국 시가총액 1위인 삼성전자의 2010년 영업이익률은 13.3%인데 애플은 28.2%, 구글은 무려 52.3%에 달한 것으로 분석됐다. 똑같이 1,000원어치 제품을 팔아서 삼성은 133원을 벌었지만 애플은 282원, 구글은 523원이나 벌어들인 셈이다. 수익성을 따지면 애플이 삼성전자보다 2배, 구글은 4배나 높다.

김덕현 세종사이버대 융합경영학과 교수는 "삼성이 반도체, 휴대폰, TV, 냉장고 등 제품을 주로 팔지만 애플은 아이폰 단말기만 취급하지 않고 여기에 앱스토어 같이 서비스를 얹어 돈을 벌기 때문"이라고 분석한다.

실제로 물건을 생산하는 제조업과 콘텐츠를 강조하는 서비스업 사이의 융합이 두드러지면서 둘 사이의 경계는 갈수록 모호해지고 있다. 미이클 쿠수마노 MIT 슬론경영대학원 교수는 "경영자들은 오늘날 대부분의 제조업체들이 곧 하이브리드 기업이 된다는 사실을 깨닫고, 레버리지를 일으킬 수 있는 방안을 고심해야 한다"고 강조했다.

일명 '제품의 서비스화'는 컴퓨터, 인터넷, 소프트웨어 등 전반적인 IT업계에서 가장 두드러지게 나타난다. 한국후지쯔는 자체 개발한 유통·요식업 매장관리 솔루션인 '리테일 원'을 '서비스형 소프트웨어

(SaaS, Software as a Service)’ 방식으로 제공한다고 밝혔다. SaaS는 사용자가 필요한 소프트웨어만 골라 필요할 때에 온라인을 통해 이용할 수 있는 배포방식이다. 기존의 하드웨어 공급 중심에서 벗어나 서비스 영역으로 사업을 확대하기 위한 움직임이다.

모바일 사업자들도 휴대폰은 사실상 공짜로 주면서 일정 기간 약정 계약을 맺게 하고 있다. 어떤 회사들은 아예 넷북 컴퓨터를 서비스 이용 조건으로 무료 지급한다. 상품 하나를 팔고 끝내는 것보다 서비스를 함께 제공해 안정적이고 순환적으로 수익이 일어나도록 하는 것이다.

‘서비스의 제품화’도 기업이 서비스를 효과적으로 디자인하고 전달하는 매우 중요한 모델이다. 소프트웨어 애플리케이션 제품이나 신문 발간, 커머셜 뱅킹, 개인 자산관리 등은 이미 맞춤형 서비스를 통해 ‘상품화’에 접어든 사업들이다. 이제 기업들은 하이브리드 모델을 통해 제품과 서비스 사업 간 농밀한 시너지 효과를 창출해야 한다.

마이클 쿠수마노 교수는 “하이브리드 기업의 중요한 과제는 제품 사업부를 건강하게 유지하면서 서비스 부문을 새로운 제품 아이디어와 부가 수익을 창출하는 ‘제2의 엔진’으로 만드는 것”이라고 강조했다. 이익의 원천을 금융서비스에만 전적으로 의존했던 제너럴모터스 (GM)는 ‘서비스화’를 잘못 이해하고 실수를 저지른 대표적인 사례다.

어떠한 외부변화에도 기업을 전진시키는 힘 ‘유연성’

최근 기업의 성공전략으로 가장 많이 언급되는 키워드는 바로 ‘유연성(flexibility)'이다. 시장이 빠르게 변한다면 기업 체질도 변화에 발맞출 수 있을 만큼 유연해야 한다는 논리다. 마이클 쿠수마노 교수 역시 "기업이 지속적으로 경쟁력을 유지하려면 다양한 기술과 능력이 요구되지만 가장 핵심은 유연성"이라고 강조했다. 유연성이 도대체 기업에 어떤 이득을 안겨준다는 얘기일까.

● 공정관리 : 시장 반응을 듣고 그때그때 고쳐라

마이크로소프트(MS)의 '윈도우즈7'을 예로 들어 보자. MS는 5년간 60억 달러를 투자해 2007년 '윈도우즈 비스타'를 출시했지만 시장 반응은 좋지 않았다. 사용자들은 비스타가 생각보다 느리고 불안정하며 '보안기능이 너무 강해 오히려 짜증난다', '차라리 애플 매킨토시로 바꿔버리겠다', '예전에 쓰던 윈도우즈XP를 다시 깔아달라'는 불평을 늘어났다.

이 상황에서 MS의 유연한 '풀 시스템(pull system)'이 빛을 발했다. 풀 시스템은 제품 생산공정을 실시간 시장 정보나 반응에 따라 조정해 나가는 기법으로, 세부적인 계획과 관리를 강조하는 '푸시(push) 전략'과 대조된다.

MS는 경영의 핵심 단계들을 시장과 연계해 수요 변화, 소비자 기호, 내부적 어려움 등을 실시간으로 반영해 '윈도우즈7'이라는 작품을 내놨다. MS 측이 "소비자 피드백(feedback)이 제품개발 어젠다의 거의 전체를 이끌었다"고 밝힐 정도다.

● 기술 : 왜 따로 놀아? 부서 간 신기술 공유해야

전통적인 규모의 경제를 고집하기보다 부문 간 영역을 넓히는 '범위(scope)의 경제'를 추구하는 것도 결과적으로 기업의 유연성을 끌어올린다. 경영자라면 서로 다른 사업 부문 간에 시너지를 찾으려고 할 게 아니라 같은 사업 라인 안에서 나눌 수 있는 역량과 자원이 무엇인지 고민해 봐야 한다. 도요타라면 캠리와 렉서스, 하이랜더 SUV 엔지니어들이 함께 협력해서 새로운 시스템 개발이나 디자인 작업을 할 수 있을 것이다.

쿠수마노 교수는 "요즘엔 기술의 수명이 5~6년 정도이기 때문에 신기술을 공유하며 재사용하는 것이 훨씬 유리하다"고 조언한다. 그는 이어 "만약 당신의 회사가 신기술과 전문지식을 여러 제품 간에 공유하지 않고, 각자 매출과 비용을 가지고 진흙탕 싸움을 하는 사업 부서들로 이뤄져 있다면 심각한 문제"라고 지적했다.

● 전략 : 나보다 센 상대를 이기는 유도기술

유연성은 전략과 기업활동 전반에서도 강력한 원칙이 될 수 있다. 지난 1999년 아메리카온라인(AOL)에 인수되면서 지금은 명성이 바랬지만 1990년대를 풍미하던 넷스케이프(Netscape)의 유연성은 참고할 만하다. 이 기업의 인터넷 브라우저인 '내비게이터'는 1994년 12월 출시된 뒤 두 달도 안 돼 전체 시장의 60%를 차지했다.

무려 24개의 경쟁자가 있는 시장에서 넷스케이프를 승자로 만든 것은 다름아닌 '유도(judo)전략'이었다. 이 전략은 자기보다 크고 강한 상대와 정면으로 맞서지 않고 상대의 힘을 역이용하는 유연성이 핵심이다. 넷스케이프는 인터넷 이메일, 인터넷 그룹웨어, 서버, 인트라넷 등 경쟁자들이 취약한 발생 초기 시장을 노렸다. 또한 시장 강자였던 MS의 기술을 받아들여 마치 내비게이터가 윈도우즈 플랫폼의 보완물처럼 인식되게 만들었다. 하지만 가장 기발한 것은 경쟁자들의 역습을 어렵게 만든 전략이었다.

넷스케이프는 기술등록, 즉 제품의 특허를 중시한 MS의 전략을 비판하고 자신들은 '열린 기준(open standard)'을 가졌다고 선전했다. 실제로 내비게이터는 윈도는 물론 유닉스, 애플, 자바에서도 실행되는 호환성을 자랑했다.

쿠수마노 교수는 "흔히 경영진은 유연성이 가지는 불확실성을 두려워 한다"며 "그러나 짧은 기간 안에 생산시스템을 쉽게 조정하고 제품 디자인을 프로젝트 별로 바꾸고 경쟁 전략을 수정하면서 얻는 전략적 이득은 단점을 능가한다"고 단언한다. 특히 유연성은 혁신을 가능하게 한다는 점에서 기업의 '지속력'을 좌우하는 열쇠가 될 수 있다.

삼성전자, 현대중공업, KT… 제품 + 서비스 활용 늘려

제품과 서비스를 결합해 특별한 시너지를 내는 기업은 한국에서도 쉽게 찾아볼 수 있다. 기업이 자체적으로 '하이브리드'를 추진하지 않더라도 산업 생태계, 비즈니스 생태계 안에서 파트너를 통해 자사 제품을 핵심 서비스와 결합시킨 사례도 많다.

KT와 삼성전자는 유비쿼터스 자판기, U벤딩 등으로도 불리는 '스마트 벤딩머신'을 선보였다. 겉모습은 기존 음료수 자판기와 비슷해 보이지만 디지털 터치스크린과 무선통신 기능이 탑재된 것이 특징이다. 이에 따라 음료와 스낵을 뽑아 먹는 것은 물론이고 각종 광고와 뉴스를 시청하거나 스마트폰, 태블릿PC 등 모바일 기기를 통해 전자책(e북), 영화, 음악, 애플리케이션 등 다양한 콘텐츠를 내려 받을 수도 있다.

삼성전자는 이미 지난 2008년 베이징올림픽 당시 코카콜라와 공동으로 스마트 벤딩머신을 개발했는데 음료수 판매와 함께 광고 서비스, 길안내 서비스, 티켓예매 등 다양한 기능을 선보였다. 삼성전자의 뛰어난 디스플레이 기술이 제품의 서비스화를 가능하게 한 것이다.

삼성SDS가 선보인 '통합 출력관리 서비스(MPS)'는 프린터에 원격 기술을 접목시켜 기업의 인쇄, 복사, 팩스, 스캔 등 모든 출력환경을 통합 관리하고 출력량에 따라 요금을 부과한다. 결과적으로 프린터 효율성을 높이고 비용을 절감하는 효과를 낳고 있다.

현대중공업도 굴착기에 위성통신, 위치정보, 웹 솔루션 등 IT기술을 접목해 '하이-메이트(Hi-mate)'라는 서비스를 제공하고 있다. 이 굴착기 원격관리 시스템은 전 세계 건설기계의 가동시간, 가동추이, 고장 종류와 원인, 부품 교환 주기 등을 파악할 수 있게 해준다.

웅진코웨이가 정수기나 공기청정기, 비데를 팔지 않고 빌려주면서 관리해주는 '코디 시스템'을 고안하고, 제휴 신용카드를 통해 정수기 사용료를 할인·적립해 주는 '페이프리(Payfree)' 서비스를 도입한 것도 기업이 상품에 새로운 가치를 입히고 미래 지속성을 확보하는 추세를 드러낸다.

» 마이클 쿠수마노 MIT 슬론경영대학원 교수

"도요타 리콜 사태는 2010년에 터졌지만 개인적으로는 훨씬 전부터 위기를 직감했어요. 제 차가 도요타 타코마(Tacoma)인데 회사에서 부식 가능성이 있으니 차 값의 150%로 되 사주겠다고 '은밀히'제안을 해 왔거든요."

마이클 쿠수마노 미국 MIT 슬론경영대학원 교수는 매일경제 MBA 팀과의 본격적인 인터뷰에 앞서 "(도요타가) 오랜 세월 잘 지켜오던 품질에 대한 원칙을 무시하면서부터 문제를 일으키기 시작했다"고 꼬집었다. 30년 동안 도요타 사례를 연구해 온 까닭에 안타까움이 더 큰 눈치였다. 그는 "도요타를 비롯한 기업들이 지속력(staying power)을 가지려면 6가지 원칙을 반드시 지켜야 한다"며 △플랫폼 리더 되기 △제품의 서비스화 △실질적 능력 확보 △시장의 반응 반영 △기

술의 재활용 △유연성 등을 제시했다.

IT, 자동차 업계 분석 전문가인 데다 성균관대와 MBA 협력 프로그램을 진행하고 있어 한국에 대한 관심과 애정도 많았다. 그는 "미래에는 한국의 IT기업들이 글로벌 영향력을 가진 소프트웨어를 개발해 낼 것"이라면서도 "일본처럼 이공계 대학 투자가 미흡한 채로 시간이 흐르면 신성장산업 주도권을 놓칠 수 있다"고 따끔한 조언도 아끼지 않았다.

Q. '스마트폰 경쟁'에서 뒤진 노키아가 최근 대대적인 혁신에 나서고 있다. 휴대폰 시장을 주무르던 세계적인 노키아가 모바일폰 산업에서 뒤처져 마이크로소프트에 급하게 손을 내밀 수밖에 없었던 가장 큰 이유는 무엇인가.

몇 가지 이유가 있다. 첫째, 노키아는 예나 지금이나 값싼 피처폰(스마트폰이나 PDA폰이 아닌 일반 휴대폰) 분야에서 글로벌 리더였다. 결국 1등을 하는 비즈니스에서 다른 쪽으로 방향을 쉽게 틀지 못했던 것이다.

둘째, 노키아는 예전 휴대폰에 포켓용 컴퓨터 기능을 추가하려고 시도한 적이 있었다. 전화와 이메일 장비를 결합한 '노키아 커뮤니케이터'가 대표적인 예다. 하지만 시장은 포켓용 컴퓨터가 아니라 소비가전제품같이 더 작고 더 우아한 휴대폰을 원하고 있었다.

셋째, 노키아가 개발한 휴대폰 운영체제(OS) '심비안(Symbian)'은 한때 모바일시장을 호령했지만 급속히 진화하는 고성능의 그래픽과 미디어 기능들을 수행해내기엔 역부족이었다. 이런 와중에 애플이 아이폰을 내놓고 구글이 안드로이드 OS를 공유하자 노키아는 점점 더 뒤처지고 말았다. 참고로 캐나다의 스마트폰 제조사인 리서치인모션(RIM)은 보안성이 높은 이메일 기능이 필수적인 기업인들을 상대로 기업시장을 접수해 성공을 거뒀다.

Q. 한국은 세계적인 IT강국이지만 하드웨어 제조 부문이 강하고 소프트웨어나 서비스 분야는 상대적으로 약하다. 이런 산업구조가 어떤 문제를 일으킬 수 있을까.

휴대폰, 컴퓨터 같은 소비가전에서 가장 중요한 기능은 바로 소프트웨어와 애플리케이션(응용프로그램)이다. 하드웨어는 상대적으로 복제하기 쉽지만 소프트웨어는 보다 복잡하기 때문이다. 특히 장치에 내장돼 있거나 하드웨어와 소프트웨어 시스템이 긴밀하게 결합돼 있는 경우가 그렇다. 한국 IT기업들은 두말할 것 없이 소프트웨어 기술 개발에 주력해야 한다.

Q. 한국이 글로벌 주도권을 잡기 위해서는 독자적인 OS를 개발해야 한다는 주장도 있고, 그냥 마이크로소프트나 구글 등 글로벌 스탠더드를 따라가는 것이 더 낫다는 의견도 있다. 어떻게 생각하나.

OS를 반드시 새로 개발해야 할 이유는 없다. 사전 준비 없이 OS를 만드는 것은 리스크가 있다. 그 대신 아주 핵심적인 애플리케이션이나 OS 최상단에 놓일 만한 독자적인 애플리케이션과 사용자 인터페이스 층(layer)을 구축하는 데 힘을 쏟아야 한다. 예를 들어 구글의 안드로이드는 휴대폰용 OS·미들웨어·운용프로그램을 한 데 묶은 소프트웨어 플랫폼인데 바로 이런 기술이 한국 IT 회사들에 가장 필요한 기술이다. 한국 기업들의 능력을 감안하면 마이크로프로세서나 OS의 가장 상단에 독자적인 층을 구축할 가능성이 충분히 있다. 미래에는 한국의 IT기업들이 차세대 장치를 위한 새로운 OS를 개발해 낼 기회가 있을 것이다.

Q. 현대차, 기아차 등 한국의 자동차 메이커들은 글로벌 경제위기 이후 미국의 '빅3'나 도요타 등 경쟁자들이 휘청이면서 오히려 세계 시장 점유율을 늘리고 있다. 한국의 자동차산업에 대한 조언을 해달라.

우선 제너럴모터스(GM), 포드, 크라이슬러 등 미국의 3대 자동차 기업들이 빠르게 회복하고 있다는 것에 주목해야 한다. 결코 자동차산업에서 이들을 배제할 수 없다는 얘기다. 도요타 역시 회복 중이며 여전히 글로벌 리더다. 그렇다고 해도 현대차와 기아자의 부상은 정말 놀랍다. 미국시장에서만 보더라도 한국 자동차기업들은 더 이상 저렴한 가격으로만 알려져 있지 않다. 이제는 신뢰성과 디자인, 품질도 높다고 평가 받는다. 하지만 지금 당장에 프리미엄시장에 집중할 단계는 아니라고 본다. 프리미엄시장은 여전히 전 세계적으로 작다. 따라서 한국 기업들도 일본이 그랬듯 점진적으로 위를 목표로 올라가는 것이 낫다.

Q. 잡스 사후의 애플을 어떻게 예상하나.

'히트 상품'은 왔다가도 간다. 하지만 수많은 회사들이 파트너십을 맺고 함께 사용할 수밖에 없는'산업 플랫폼'은 대체하기 매우 어렵다. 애플 역시 아이튠스, 앱스토어, 아이북스(iBooks) 등 '애플의 서비스 생태계'가 애플을 지탱시킬 것이다. 마이크로소프트 윈도우즈와 오피스, 마이크로소프트 애플리케이션으로 이뤄진 'MS 생태계'가 건재하듯이 말이다. 애플의 기술력도 이런 플랫폼을 바탕으로 앞으로 수년간 진보할 수 있을 것이다.

그러나 스티브 잡스의 천재성이 애플에 지대한 영향을 미친 것은 사실이다. 그는 획기적인 디자인 아이디어를 발견했고 직원들이 위대한 제품을 만들도록 동기를 부여했다. 조너선 아이브가 이끄는 잡스의 디자인팀은 여전히 잘 굴러가고 있지만 잡스의 추진력을 대체하기는 어려워 보이고, 애플도 몇 년 이후엔 큰 도전에 직면하게 될 것이다. 누군가 잡스 대신 조직에 동기를 부여하고 '다음 대박'을 터뜨리기 전까지 말이다.

Q. 일본 경제는 거의 20년 동안 침체를 겪으며 기업들도 예전만큼 주목 받지 못하고 있다. 일본 업계에 대한 전망과 한국 기업이 얻을 수 있는 교훈을 들려달라.

일본 기업 중에서도 도요타, 닛산, 혼다, 소니, 샤프, 파나소닉, 캐논 등 소위 '위대한 기업'들은 여전히 아주 좋다. 하지만 일본은 몇 가지 심각한 문제에 봉착했다. 먼저 경쟁자들이 일본식 생산방식과 엔지니어링, 품질관리 기술을 배우고 제품들을 대부분 복제해 경쟁이 극도로 심화됐다. 단적인 예로 이제는 거의 모든 기업들이 도요타의 JIT(Just−In−Time)

기업이 지속력(Staying Power)을 갖기 위해 지켜야 할 6가지 원칙

구분	Not Hust…	Do this!	키워드
1	몇 개의 제품에 의존하지 말고	업계에 통용될 플랫폼 구축하기	Platfom
2	물건 제조만 고집하지 말고	서비스화 하기	Service
3	이상적인 전략만 외치지 말고	실질적인 능력 키우기	Capabilities
4	한 방향으로 밀어부치지 말고	피드백을 끌어 당겨 반영하기	Pull
5	규모의 경제가 아니라	부분 간 영역을 넘어서는 범위의 경제	Scope
6	효율성만 추구하지 말고	모든 기업활동에 유연성 불어넣기	Flexibility

시스템과 공정 품질관리를 이해하고 있다. 둘째, 일본은 저축률이 너무 높고 소비는 그만큼 이뤄지지 않은 탓에 막대한 돈이 쌓였다. 이로 인해 통화가치가 올라갔고 오랜 엔고로 일본 내 비용(cost)은 너무 비싸졌다.

마지막으로 일본의 정치는 수십 년간 정체상태다. 그리고 일본 인구의 거의 절반이 비효율적인 공공기관이나 그 자회사 등 어떤 형태로든 공공부문에 고용돼 있다. 이들은 농업, 유통, 시스템, 서비스, 건설, 에너지, 화학, 금속 등 산업 전방위에 걸쳐 있다.

게다가 일본은 소프트웨어, 생명공학, 신소재, 통신공학 등 '뜨는 산업'의 원천이 되는 대학 연구기관 투자가 미국이나 유럽에 비해 미흡하다. 이에 따라 다른 국가들이 일본의 기존 산업을 빠르게 따라잡는 동안 신성장동력을 창출하지 못하고 있다. 일본이 이 문제를 바로잡으려면 최소한 한두 세대 이상의 시간이 걸릴 것이며 이는 고령화와 함께 상황을 더욱 악화시킬 수 있다. 과학기술에 대한 투자 부족과 이로 인한 문제는 한국도 귀담아들을 만하다.

Q. 지속 가능 성장성(sustainability)과 녹색경영(green management)이 화두로 떠오르면서 IT·자동차 기업들도 저마다 2차전지, 하이브리드카 등 친환경 제품 개발을 서두르고 있다. '녹색'이 글로벌 업계 지도에 어떤 영향을 미칠까.

이 시대 모든 학생들은 기업 전략과 제품 아이디어, 생산 시스템 등 무엇이든 '환경 친화적이고 지속 가능해야 한다'는 교육을 받고 있다. '녹색경영'은 단순한 유행이 아닌 모든 기업과 정부 업무의 일부가 될 것이다. 이제는 어떤 기업도 환경을 해친다는 평판을 듣고서는 생존할 수 없다. 소비자들이 이를 용납하지 않을 것이다. 인도나 아프리카 국가 등 개발도상국들의 가장 큰 도전은 정부의 비효율성이나 국민들의 빈곤이 아니라 바로 '친환경·지속 가능 경영' 문제다. 중국은 미래 환경문제를 진지하게 고민하면서 이 문제를 경제적으로 해결할 방법들을 찾는 선봉에 있다. 모든 개발도상국들도 향후 10년 동안 중국의 이런 생각을 따라가야 할 것이다.

Q. IT와 자동차를 포함한 산업 전반에서 중국과 인도가 약진을 보이고 있다. 경제성장률뿐만 아니라 산업별 헤게모니도 미국과 유럽 선진국에서 이머징 국가로 넘어갈 가능성이 높은지 관심이 많다. 이에 대한 의견은.

최소한 첨단기술 분야에 있어 산업 주도권의 힘은 대학의 과학기술연구소, 이들 연구기관과 기업, 정부와의 파트너십에서 나오고 민간 벤처캐피털에 의해 활성화된다고 생각한다. 중국은 국고가 넉넉하고 정부가 과학기술에 대한 중요성을 충분히 인식하고 있으며 대학들의 예산이 풍족하다는 점에서 인도를 앞선다. 유럽은 좋은 대학들이 많지만 기업과 벤처 업계와의 연계가 부족하다. 반면 미국은 산학연계가 매우 활발하다. 따라서 나는 당분간 미국이 많은 첨단산업을 계속 리드해나갈 것이라고 본다. 단, 다른 나라들과의 기술 차이는 확실히 줄어들고 있다.

MIT 슬론스쿨 교수로 기업전략과 제품개발 분야 전문가다. 특히 컴퓨터 소프트웨어와 자동차, 소비가전 분야에 강점을 지녀 2009년 실리콘닷컴에서 IT 분야에서 가장 영향력 있는 50인으로 선정됐다. 미국 프린스턴대를 졸업한 뒤 하버드 비즈니스에서 박사학위를 취득했다. GE, 포드, 후지쓰, IBM, 도시바 등 전 세계 90개가 넘는 회사를 컨설팅했으며《스테잉파워(Staying Power)》등 총 9권의 책을 내놓았다. 이 중《소프트웨어 비즈니스(The Business of Software)》는 2004년〈뉴욕타임스〉가 선정한 톱 경영서적 중 하나며《마이크로소프트의 비밀(Microsoft Secrets)》은 14개 언어로 번역돼 15만 부 이상 판매됐다. 현재 인도 파트니컴퓨터시스템스와 미국 엘리자코퍼레이션 디렉터, 일본 픽스스타스 자문을 맡고 있다.

Part 5

시장 탐험가

일류 브랜드가 긴장한다?
PL의 발칙한 도전 때문에

의류업체 '리바이스'의 프랜차이즈로 출발했던 갭(GAP) 창업자 도널드 피셔는 리바이스 상품을 취급하면서 전체 상품을 리바이스만으로 하기에는 어딘가 부족하다는 생각이 들었다. 이런 생각은 특히 여성복 상의에서 강했다. 피셔는 1974년 뉴욕 여성복 업체를 방문해 그곳에 있던 상품 라인을 가져와 자사 매장의 5%를 채우고, 이 라인에 자사 브랜드 '갭'을 붙였다. 그 후에도 피셔는 매년 5%씩 갭 브랜드 비중을 높였고, 이를 남성복과 아동복으로 확대했다.

어느 정도 매출이 예측되기 시작하자 피셔는 자기 회사에 PB(Private Brand) 개발부문을 설치하고 의류업체에서 디자이너와 패터너를 데려왔다. 17년이 지난 1991년 드디어 갭 매장의 모든 상품이 자체 브랜드로 채워졌다. 그렇게 갭은 SPA(Speciality retailer of Private label Apparel : 자체브랜드 의류전문점) 시대를 개막했다. 2010년 갭은 매출 147억 달러를 기록해 리바이스 매출액 44억 달러를 3배 이상 앞질렀다. 갭과 리바이스가 동반자 관계에서 적으로 돌아선 것처럼, 의류시장 외에 여러 시장에서 소매업체와 브랜드 제조업체가 라이벌 관계로 변하고 있다.

20세기는 제조업체 브랜드 시기였다. 코카콜라, 조니워커 위스키, 존슨앤드존슨 베이비 파우더, 리바이스 청바지, P&G 아이보리 비누 등 제조업체 브랜드들이 전 세계 시장을 장악했다.

이에 반해 소매업체들은 브랜드 제조업체들 규모에 비하면 상대적으로 영세했다. 브랜드 제조업체들은 혁신과 막대한 광고비 투자를 통해 확보한 힘으로 소매업체들에 자신들이 원하는 가격과 판촉 정책을 불도저처럼 밀어 부쳤다.

그러나 1970년대 들어 몇몇 소매업체가 전국적인 체인망을 구축하면서 상황이 역전되기 시작했다. 까르푸 등 대형 소매업체들은 해외 진출을 시작하면서 크고 작은 소매업체들을 인수·합병(M&A)했다. H&M, 홈디포, 이케아, 자라, 토이즈아르어스와 같이 특정 분야에 전문화된 소매업체들도 등장했다.

이제 소매업체들은 기업 크기 측면에서 제조업제들을 압도히기 됐다. 제조업체에 쏠렸던 힘의 균형이 소매업체로 기울기 시작한 것이다. 게다가 대형 소매업체는 PL(Private Label)제품이라는 '신종 무기'를 손에 쥐게 됐다. 상대적으로 저렴한 가격을 무기로 한 PL제품은 제조업체 브랜드보다 더 빠르게 성장하고 있다. 특히 독일은 30년 전 PL제품이 시장에서 차지하는 비중이 12%에 불과했으나 지금은 34%나 된다. 전 세계적으로 보더라도 2000년 소비재에서 PL제품이 차지하는 비중은 14%였지만 2010년에는 22%에 육박한다.

PL은 어디서나 볼 수 있는 '유비쿼터스' 제품이 됐다. PL제품은 전체 소비재 카테고리 중 95% 이상에 존재한다. PL은 식료품이나 소비재뿐 아니라 속옷(빅토리아시크릿), 가구(이케아) 등 다양한 분야에서 볼 수 있다. 특히 의류는 가장 중요한 PL의 활동무대 중 하나다. PL 제품이 수량 기준으로 미국 전체 의류시장에서 차지하는 비중은 45% 이상이다. 여성 스커트나 아이들 옷 같은 카테고리에서는 PL 비중이 65%나 된다. 이 외에도 대형 체인 서점인 반스앤드노블은 PL 도서 비중을 늘려가고 있으며, 펀드를 판매하는 피델리티도 직접 운영하는 펀드 판매 비중을 높이고 있다.

일반적으로 기존 소비자가 PL제품에 대해 가졌던 이미지는 '저렴하지만 품질이 다소 떨어지는 유통업체 제품'이었다. 그러나 PL은 가격 경쟁력뿐 아니라 품질로도 기존 제조업체 브랜드를 누르기 위해 조용히 칼을 갈고 있다. 제조업체 브랜드와 정면 승부를 하겠다는 것이다. 미국에서는 블라인드 테스트 결과 기존 제조업체 브랜드보다 품질이 우수하다고 인정받는 PL제품들이 계속해서 등장하고 있다.

궁지에 몰린 제조업체들은 대응책 마련에 부심하고 있다. 제조업체들은 유통업체 공세에 어떻게 대응해야 할까. 2005년 P&G가 월마트 PL제품 위협에 대응하기 위해 질레트를 570억 달러에 인수했듯이, M&A로 더욱 덩치를 키워야 할까. 결국 제조업체들은 유통업체에 헤게모니를 완전히 빼앗기게 될 것인가. 이에 대한 학계의 관심도 뜨거워진 상황이다.

소비재 브랜드 분야의 세계적인 권위자 얀 베네딕트 스테인캄프 노

스캐롤라이나대 교수는 "유통업체가 주도권을 쥐게 되는 것은 피할
수 없는 시대적 흐름"이라면서 "향후 2~3류 브랜드들은 유통업체 PL
제품에 밀려 시장에서 사라지게 될 것"이라고 진단했다.

PL(Private Label) 제품

유통업체 또는 소매업체가 자체 매장에만 판매할 목적으로 개발한 자체 브랜드 상품을 말한다. 우리나라에서는 PB(Private Brand)라는 이름으로 더 많이 알려져 있으나 의미상 큰 차이는 없다. 주로 제조업체에서 PL제품을 납품받지만, 시장 특성에 따라 유통업체가 직접 생산하기도 한다.

» 얀 베네딕트 스테인캄프 노스캐롤라이나대 교수

"제조업체와 유통업체의 힘겨루기에서 유통업체가 주도권을 쥐게 되는 것은 피할 수 없는 시대적 흐름이다."

소비재 브랜드 분야의 세계적 권위자인 얀 베네딕트 스테인캄프 노스캐롤라이나대 교수는 최근 거세게 불고 있는 PL(Private Label, 유통업체 자체 브랜드) 바람의 미래에 대해 이같이 진단했다. 그는 이보다 한 발 더 나아가 "향후 이류·삼류 브랜드들은 유통업체의 PL에 밀려 시장에서 사라지게 될 것"이라며 제조업체 입장에서 '무시무시한 예언'을 했다. 결국 일류 제조업체 브랜드 제품과 유통업체들의 자체 브랜드(PL) 제품만이 시장에서 살아남게 될 것이라는 게 스테인캄프 교수의 주장이다. 스테인캄프 교수는 소비재 브랜드 연구 분야의 세계적인 권위자로 베스트셀러 《PL전략(Private Label Strategy)》을 저술하기도 했다.

Q. 유통업체가 직접 제작해 판매하는 자체 브랜드제품(PL) 바람이 거세다. 왜 PL제품이 대세인가.

1970년대에 등장한 PL은 불황이 있을 때마다 비약적으로 성장했다. 주머니 사정이 안 좋아진 소비자들이 비싼 브랜드 제품 대신 저렴한 PL을 구매한 것이다. 그런데 이들 PL제품을 써보니 품질이 기대 이상이었다. 가구회사인 이케아, 의류회사인 H&M, 자라가 대표적이다. 상당수의 소비자들은 주머니 사정이 나아진 후에도 계속해서 PL제품을 구매하고 있다.

Q. 특히 유럽에서는 PL제품을 구매하는 소비자가 '영리한 소비자(smart consumer)'라는 인식이 퍼져 있는데 PL제품을 구매하는 것이 실제로 영리한 소비라고 할 수 있나.

꼭 그렇지만은 않다. 유럽의 경우 소비자들이 구매하는 물품 중 70%가 PL제품이다. 정말 재미있는 것은 PL제품 구매자의 양극화다. PL을 구매하는 사람들은 두 종류로 나뉘는데 첫째 가난한 사람들이다. 돈이 없으니까 더 저렴한 PL제품을 쓰는 것이다. 살기 빡빡한 사람들은 품질을 생각하기 어렵다. 이런 소비자들을 영리한 소비사라 부르지 않는다. 하지만 PL제품 구입 군의 또 다른 한 그룹은 바로 교수, 정치인, 의사, 변호사 등 사회지도층이다. 이들은 이미 사회적으로 인정을 받고 있기 때문에 물건 구입으로 무언가 '잘 보이려는' 행동을 할 필요가 없다. 독일의 알디 매장 주차장을 가면 그 어떤 백화점보다 벤츠, BMW, 렉서스 등 고급 승용차가 많다. 영리한 소비자란 바로 이런 이들을 두고 하는 말이다.

Q. PL은 내구재를 포함해 모든 물품에 적용될 수 있는지에 관심이 많다. 어떤 특성을 가진 물품에서 유통업체의 PL전략이 효과적인가.

PL은 거의 모든 물품에 적용될 수 있지만 모든 물품들 사이에서 효과적이라고 말할 수는 없다. 화장지와 샴푸를 생각해 보자. 사실 화장실에서 쓰는 롤 화장지라면 오히려 PL제품이 더 매력 있는 물품이 될 것이다. 가격은 싸면서 품질 면에서 별다른 차이를 느끼지 못하기 때문이다. 하지만 샴푸는 어떤가. 샴푸는 저렴한 것을 쓰고 싶지 않다. 머릿결도 신경 쓰이고 향도 신경 쓰이기 때문이다. 샴푸 같은 카테고리에서는 더 많은 돈을 지출하더라도 PL보다는 기존 제조업체 브랜드를 사게 되는 것이다.

Q. PL은 제조업체보다 힘의 우위에 서게 된 유통업체들이 제조업체에 대한 협상력을 더욱 강화하기 위한 전략이라고 생각된다. 왜 유통업체들이 제조업체보다 힘의 우위에 서게 됐는가.

테스코나 월마트와 같은 대형 체인은 브랜드를 만들 만한 자신감과 스케일을 갖고 있다. 반면 동네 슈퍼는 PL에 대해 생각조차 할 수 없다. 시도해봤자 망할 것이 분명하다. 이것은 브랜드 제품을 구입할 때도 마찬가지다. 동네 슈퍼는 브랜드가 큰 제조업체가 '주는 대로 받아야' 할 판이지 협상의 여지가 없다. 하지만 대형 마트들은 어떤가. 전국적으로 유통망을 보유했을 뿐 아니라 엄청난 수의 고객을 보유하고 있는 유통업체가 제조업체의 물건을 구입할 때는 절대적 우위의 협상 위치를 확보하게 된다. 아니 협상보다는 대부분 브랜드들이 대형 마트에 가서 세일즈를 해야 할 판이다. 유통업이 더 많은 파워를 갖고 있는 것이다.

Q. 이러한 역학구도가 앞으로도 계속될 것으로 보는가.

이런 흐름이 계속되다 보면 작은 규모의 유통업체들은 사라질 수밖에 없다. 물론 정부가 개입한다면 시장의 상황과 상관없이 구멍가게들이 살아남을 수는 있다. 대표적인 예가 일본이다. 일본 정부는 소규모 가족경영을 보호하기 위한 정책들을 만들어서 작은 구멍가게들이 살아남아 있다. 그러나 이는 경영학이나 경제학적인 측면에서 매우 비효율적인 조치다.

Q. PL의 모방(copycat) 전략이 기존 브랜드 제품의 특허를 침해할 우려는 없는가. 유통업체의 모방을 막기 위해 제조업체들은 어떻게 대응해야 하나.

유럽이나 미국의 경우를 보자. 브랜드 제조업체들이 유통업체들을 특허법 위반으로 고소하는 경우가 많이 있다. 하지만 사실 이것은 매우 위험한 행동이다. 고소에 대한 복수로 대형 마트가 그 제조업체의 물건을 구입하지 않을 수 있기 때문이다. 제조업체가 해야 하는 것은 건수마다 이기려는 것이 아니라 '평판'을 쌓는 것이다. 코카콜라는 조금만 비슷하다 싶으면 아무나 고소하는 것으로 유명하다. P&G도 마찬가지다. 이런 제조업체들은 그 어떤 유통업체들도 잘 건드리려 하지 않는다.

유니레버를 생각해보자. 네덜란드에서 가장 큰 대형 마트인 알버트하인은 자신의 거의 모든 PL제품을 유니레버와 흡사한 패키지로 포장했다. 이 때문에 유니레버는 수십 건에 걸쳐 알버트하인을 고소했지만 유니레버가 실제로 승소한 경우는 단 두 건뿐이다. 그러나 그 후 알버트하인은 다시는 유니레버의 디자인이나 포장을 모방하지 않았다. 이기고 지는 것에 상관없이 '치열한 싸움'을 벌이는 기업이 되는 것이 중요하다. 이런 평판이 쌓이면 유통업체가 선뜻 모방을 할 수 없게 된다. 그럼 제조업체가 자신만의 브랜드를 구축하기 더 쉬워진다.

Q. 유통업체에 PL제품을 공급하면 유통업체에 제조업체가 종속되기 쉬운데, 그렇다면 무조건 유통업체의 PL전략에 협조하지 않는 것이 최선인가?

베스트 시나리오는 한 가지다. 아주 강한 브랜드들을 보유하고 유통업체의 PL전략에 협조하지 않는 것이다. 사실 시장의 힘을 쥐고 있는 것은 유통망이다. 사람들은 보통 대형 마트의 이름을 보고 그곳에서 쇼핑을 하는 편이지 개별 브랜드를 보고 쇼핑을 하러 가지 않는다. 그러나 제조업체의 브랜드가 강하다면 유통업체들도 찾아올 수밖에 없다. 유통망도 확보되지 않고 제품력도 약한 제조업체인 경우에만 PL제품을 만들어 유통업체에 공급해야 한다. 이렇게 되면 제조업체는 유통업체에 종속될 수밖에 없겠지만 그것 이외에 살아남을 방법이 없다면 어쩔 수 없지 않은가.

Q. 한국의 한 소프트렌즈업체는 유럽 유통업체에 소프트렌즈를 수출해 30% 이상의 영업이익률을 기록하고 있다. 유통업체의 PL 확대가 중국 등 개발도상국 제조업체에는 오히려 기회가 되고 있는데 이에 대해 어떻게 생각하는가.

시장에 대한 이해도가 없고 유통망도 확보되지 않은 작은 제조기업이라면 PL전략이 효율적일 것이다. 제조업체는 기술을 쌓아가는 시점이 될 수도 있고 많은 것을 배울 수도 있다. 물론 돈도 벌어가면서 말이다. 지금 제시한 사례는 PL로 유럽에 진출하는 것이 매우 적절한 경우다. 하지만 만약 브랜드가 제대로 구축된 기업이라면 이런 일은 하지 말아야 한다. 결국 자신의 브랜드를 좀먹는 일이기 때문이다. 삼성이나 LG는 절대 이런 일을 하지 않을 것이다. 다른 브랜드들도 마찬가지다.

Q. 앞으로 시장에서는 일류 제조업체 브랜드와 PL제품만이 살아남을 것이라고 예상했는데 그 근거는?

사람들은 일류 브랜드가 아닌 샴푸를 살 바에야 PL제품을 살 것이다. 사람들이 이류, 삼류 브랜드의 이름을 기억하는 경우는 매우 드물 것이다. 일류가 아니면 살아남을 수 없는 것이다. 이류 브랜드의 물건보다야 차라리 이름이 알려진 대형 마트의 PL제품이 더 믿음직스러울 것이다.

Q. 대체로 유통업계 종사자의 보수 수준은 제조업계에 비해 높지 않다. 유통업체의 힘이 세지면 유통업계 종사자의 보수 수준이 올라가게 되는지.

낮는 말이나. 현새 유통업계의 보수는 제조입계에 못 미친다. 하지만 모든 비즈니스가 그러하듯 유통업계의 힘이 세지면 당연히 보수 수준이 역전될 것이다. 즉, 유통업계는 앞으로 벌어들일 게 많아지고 높은 연봉을 받을 수 있는 기회가 많아질 것이다. 물론 이는 임금협상에 따라 달라지겠지만, 미래의 기회는 확실히 유통업에 있다고 볼 수 있다.

··He is···

얀 베네딕트 스테인캄프 노스캐롤라이나대 케넌플래글러 비즈니스스쿨 교수는 글로벌 마케팅의 대표적 학자다. 그의 연구 분야는 브랜딩, PL과 신제품, 조직 간 관계, 마케팅 연구기술 등이다. 네덜란드의 와게닝겐대학(Wageningen University)에서 학사, 석사, 박사 학위를 마친 스테인캄프 교수는 미국, 네덜란드, 오스트리아 등 다양한 국가에서 강의를 해 왔다. 프록터&갬블, 크래프트, 레키트 벤키저, 취리히파이낸셜서비스그룹, KPMG를 비롯한 수많은 글로벌 업체의 컨설팅을 담당했다. 또한 2007년에 런던비즈니스스쿨의 니르말야 쿠마르 교수와 공동 집필한 저서《자사 브랜드 전략(Private Label Strategy : How to Meet the Store Brand Challenge)》을 내기도 했다. 〈국제마케팅연구저널(The International Journal of Research in Marketing)〉의 편집장으로 일했던 스테인캄프 교수는 네덜란드왕립과학원으로부터 행동·사회과학 분야에서의 학문적 공로를 인정받아 '뮐러평생상'을 받았다. 경영학자 출신으로는 처음이다.

PL열풍 갑부 순위까지 바꾼다

'자라'의 창업주 아만시오 오르테가 회장, 스테판 페르손 'H&M' 회장, 카를 알브레히트 '알디' 창업주. 이들 3인의 공통점은 무엇일까. 우선은 스페인, 스웨덴, 독일 등 자국 내에서 최고 갑부라는 점이다.

2011년 경제전문지 〈포브스〉가 발표한 세계 갑부 순위에서 스페인

세계 갑부 순위 (단위 : 억 달러)

의류 유통업체 '자라'의 창업주 아만시오 오르테가는 310억 달러로 스페인 최고 갑부이자 세계 7위 갑부를 차지했다. 스웨덴 의류 유통업체 'H&M'의 회장 스테판 페르손은 245억 달러로 스웨덴에서는 단연 최고 갑부이자 전 세계적으로도 13위 갑부에 올라 있다. 255억 달러로 12위를 차지한 독일 슈퍼마켓 체인 '알디'의 창업주 카를 알브레히트 역시 독일에서는 단연 가장 돈 많은 사람이다. 한국에서도 인기를 끌고 있는 의류 유통업체 유니클로의 야나이 다다시 회장도 76억 달러의 재산으로 일본에서는 손정의 소프트뱅크 회장(81억 달러)에 이어 갑부 서열 2위를 달리고 있다.

이들은 각국에서 재산이 가장 많은 것 말고도 또 하나의 공통점이 있다. 모두가 자체브랜드 제품으로 성공한 기업가라는 점이다. 이 같은 사실은 PL제품이 그만큼 돈이 된다는 것을 시사한다. PL제품은 유럽을 비롯한 선진국 유통시장에서는 이미 대세가 된 지 오래다.

한국에서도 대형마트와 의류업계를 중심으로 PL 비중이 높아지고 있다. 이마트, 홈플러스, 롯데마트 등 대형마트들은 다른 대형마트와 차별화된 좋은 품질의 식자재를 공급받기 위해 농장과 전속계약을 맺기도 하고 노르웨이산 언어를 공수해 오기도 한다. 공급받은 농수산물은 PL상표를 붙여 판매한다.

이마트 마케팅전략 담당 장중호 상무는 "2007년 PL 비중은 9%대였지만 2010년에는 24%로 확대됐다"며 "앞으로도 PL상품 수를 늘려나가 2014년에는 PL 비중을 35~40%까지 끌어올릴 계획"이라고 말했다.

의류업계에서는 자라, 유니클로, H&M 등의 SPA 제품이 대세다. 주요 상권마다 이들 매장이 가장 좋은 위치에 들어서고 있다. 신도림에 위치한 쇼핑몰 '대성 디큐브시티'는 아예 기존 명품을 배제하고 자라, 유니클로, H&M 등 세계 3대 패스트패션을 모두 입점시켜 화제를 모으기도 했다.

PL이 제조업체 브랜드와의 경쟁에서 유리한 것은 공급사슬상 유통업체가 제조업체보다 소비자와 가까운 거리에 있기 때문이다. 우선 시장 트렌드를 가장 빨리 파악해 곧바로 생산에 반영할 수 있다. 의류업계에서 SPA가 돌풍을 일으키고 있는 이유다. 그리고 소매업체는 소비자들이 유통업체가 원하는 이익률이 높은 상품, 즉 PL을 구매하도록 유도할 수 있다. 가령 소비자들이 잘 볼 수 있는 선반에 PL을 배치해 판매를 촉진할 수 있다. 또 매장 내에 다양한 안내판을 설치해 소비자들에게 생소할 수 있는 PL제품의 우수성을 알릴 수 있어 마케팅 비용을 절감할 수 있다.

PL의 등장으로 소비자의 브랜드에 대한 충성도도 변하고 있다. 품질을 믿을 수 있고, 감정적인 만족을 줄 수 있다면 브랜드가 유통업체의 것인지, 제조업체의 것인지는 중요하게 생각하지 않는 소비자들이 많아지고 있다. 최근 전 세계 소비자들을 대상으로 실시한 AC닐슨의 조사에 따르면 소비자 3명 중 2명이 슈퍼마켓의 자체 브랜드가 다른 브랜드의 좋은 대안이 될 수 있다고 생각하고 있다.

PL은 브랜드 제조업체에 대한 소매업체의 협상력을 높여주는 역할도 한다. 브랜드 제조업체에 가격협상이 마음에 들지 않으면 PL로 대체할 수 있다는 '믿을 수 있는 위협(credible threat)'을 줄 수 있기 때문이다. 세계 최고 수준 브랜드 가치를 지닌 코카콜라도 대형 슈퍼마켓 체인에 PL콜라가 등장하자 어쩔 수 없이 코카콜라의 공급가격을 낮출 수밖에 없었다. 소매업체는 높아진 협상력을 바탕으로 납품가와 판매가격을 낮추고 있다.

PL전략 성공하려면… 핵심가치 정하고 차별화 고민하라

PL제품을 성공적으로 키우려면 어떻게 해야 할까. 유통업체는 물론 제조업체들도 고민하는 이슈다. 이장혁 고려대 교수는 "PL제품은 유통업체가 기획했다는 점을 빼면 기존 제조업체 브랜드 제품과 다를 바가 없기 때문에 기존 브랜드 제품과 동일한 브랜드 전략이 필요하다"면서 "PL제품도 타깃이 되는 고객층과 핵심 가치를 분명히 정하고, 어떻게 경쟁자들로부터 차별화할 것인지를 고민해야 한다"고 조언한다.

대표적인 성공사례는 '하드 디스카운트 스토어'로 불리는 독일의 슈퍼마켓 체인 알디(Aldi)와 리들(Lidl)이다. 독일 업체인 알디와 리들은 타깃을 브랜드에 연연하지 않고 낮은 가격에 높은 만족을 원하는 '실속파' 소비자들로 국한했다. 알디에서 판매하는 제품의 가격은 대형마트에서 판매하는 동일 카테고리 제품의 가격보다 무려 40% 이상 저렴하다. 그럼에도 불구하고 알디는 4.5~4.7%의 영업이익률을 유지하며 영국 내 유통업체 중 가장 높은 수익성을 보이고 있다.

알디의 매장 규모는 한국의 동네 슈퍼마켓보다 조금 더 큰 1,000

㎡(약 302평) 정도다. 식료품·빵·주류·의류 등을 판매한다. 테스코 등 대형마트는 취급품목 수(SKU)가 2만~10만여 개나 되지만 알디는 1,000~1,600개에 불과하다. 매장 규모가 크면 재고관리 비용, 전열, 냉·보온 비용 등이 많이 들기 때문에 비용절감을 위해 소비자들이 주로 사는 품목에만 역량을 집중했다. 카테고리 별로 한 종류의 상품만을 진열했고 전체의 95%를 PL로 채웠다. 다양한 상품 구색을 원하는 소비자들을 과감히 포기한 것이다.

알디와 리들의 제품들은 저렴하면서도 놀라운 경쟁력을 갖췄다. 일례로 리들의 3.99파운드짜리 향수는 영국 조향사 조합(Perfumer's Guild)의 블라인드 테스트(제품 이름을 가리고 고르는 것)에서 61파운드짜리 샤넬 향수보다 높은 점수를 받은 바 있다.

알디와 리들의 제품들이 대형마트보다도 훨씬 저렴한 비결은 강한 가격 협상력을 가진 대형 제조업체 브랜드 대신 무명의 중소 제조업체와 손을 잡았기 때문이다. 그러나 공급 계약을 1년마다 갱신하는 등 품질 관리를 철저히 해 품질 경쟁력은 대형 제조업체 브랜드를 능가한다. 중소 제조업체 입장에서는 알디의 품질 요구가 비록 까다롭지만 알디가 전 세계 8,000개에 달하는 매장을 확보하고 있어 알디와 손잡고 박리다매 전략을 추구하는 것이 이득이다. 이류 제조업체와 '윈윈'을 추구하는 전략으로 일류 제조업체를 위협하고 있는 것이다.

명품 백화점도 자체상표 매출이 절반

에르메스, 샤넬, 구찌가 즐비한 미국의 초호화 백화점 삭스 피프스 애비뉴를 찾은 한국의 명품족 H씨(27·여). 고급스러운 인테리어, 멋지게 차려 입고 손님을 맞이하는 직원들 사이로 보이는 신발 한 켤레가 그녀의 눈을 사로잡았다. 디자인은 흡사 '지미추' 같기도 하고 '크리스찬 루부탱' 같기도 했지만 실제 그녀가 발견했던 그 신발의 상표는 다름 아닌 '삭스 피프스 애비뉴'. 이 백화점에서 자체적으로 개발해 판매하고 있는 이른바 PL 제품이었다.

PL이라 하면 흔히 대형 유통업체가 운영하는 '마트'에 진열된 생필품 정도를 떠올리기 십상이지만 패션업계에서는 이미 이러한 PL이 대세로 자리 잡은 지 오래다. 물론 저가 상표에 국한된 얘기도 아니다. '삭스 피프스 애비뉴' 역시 동명의 명품 전문 백화점 상호를 그대로 차용해왔다. 이 백화점에서 팔리는 신발 한 켤레가 보통 미화 700~1,000달러를 오가는 명품이지만 PL은 그 반값 정도다. 중산층 고객에게조차 만만한 가격은 아니지만 비슷한 가격대의 다른 브랜드에는 관심도 없는 이 백화점 고객들은 '삭스 피프스 애비뉴'라는 백화점의 역사와 명성을 신뢰하고 이를 '합리적인 기격'이라 믿고 선택하세 된다. 그 결과 이 백화점의 자체 상표 매출은 일반 명품 매출과 비슷한 수준을 유지하고 있다.

삭스 피프스 애비뉴와 어깨를 나란히 하는 초호화 백화점 니먼 마커스는 물론이고 중산층을 겨냥한 미국의 백화점 노드스트롬, 블루밍데일즈, 메이시스 등 패션업계를 담당하는 백화점들에서도 PL은 대세다.

PL상품이 탄생한 애초의 목적대로 '저가' 전략으로 크게 성공한 경우도 있다. 미국 백화점 제이시페니나 블루밍데일즈가 대표적 사례. 이들은 자신들의 고객, 즉 중산층을 겨냥해 삭스 피프스 애비뉴의 PL 제품과는 정반대 가격군을 갖고 있다. 이들은 정장 한 벌도 100달러 미만에 구입할 수 있는 PL상품을 만들어 고객들의 니즈에 부합했다. 제이시페니의 최고경영자 마이크 울맨은 "PL은 '변하지 않으면 죽는' 패션 업계에서 살아남는 방법이었다"며 "처음부터 끝까지 관여하는 토털 공급체인을 형성해 A급 제품을 고객에게 더 낮은 값으로 빠르게 전달하기 위한 최고의 수단이 PL이었다"고 밝힌 바 있다.

이 같은 백화점 PL브랜드에 맞서는 또 다른 패션업계의 대표적 PL 제품은 SPA다. 글로벌 브랜드로 자리매김한 갭(GAP)이 사실상 최초로 시작했던 SPA는 의류 기획과 디자인, 생산과 제조, 유통과 판매까지 전 과정을 유통 회사가 맡는 의류 전문점으로 백화점 등의 고비용 유통이 아닌 대형 직영매장을 운용해 비용절감을 실현한 브랜드다. SPA는 소비자들의 라이프스타일과 요구를 정확하고 빠르게 잡아내 즉시 반영한 상품을 내놓는 이른바 '패스트 패션(fast fashion)'을 실현하고 있다.

전 세계적으로 가장 유명한 3대 SPA브랜드는 한국인들에게도 이제 아주 친숙해진 자라, H&M, 그리고 유니클로다.

자라는 1975년 아만시오 오르테가와 로살리아 메라가 창업한 스페인 브랜드다. 매년 1만여 개의 새로운 디자인을 만들어내기로 유명한 자라는 해외 첫 매장을 1992년 멕시코에 만들고, 1993년 그리스, 1994

년 벨기에와 스웨덴에 만들더니 급속도로 번지면서 전 세계 73개국에 진출했다.

자라 다음으로 유명한 H&M은 1947년 에를링 페르손이 스웨덴에 설립했다. 1990년대 시대 흐름에 따라 크게 성장하기 시작해 전 세계 41개국에 진출했다.

일본의 유니클로는 1949년 야마구치에서 시작해 유니클로라는 이름으로 재탄생했다. 작은 일본의 옷소매업체였던 유니클로는 SPA를 받아들이고 초고속 성장했다. 전 세계 12개국에 진출한 유니클로는 다른 2개 업체보다 진출한 나라 수가 적지만 그에 못지않은 연매출(미화 612억 달러)을 올리고 있는 것이 특징이다.

한국에서 SPA 3대 브랜드의 활약은 더욱 대단하다. 유니클로는 2005년 제일 먼저 SPA브랜드로 한국에 입성했으며 2008년 자라, 2009년에는 H&M이 국내에 론칭해 식을 줄 모르는 인기를 자랑한다. 최근 5년간 국내 패션업계 매출 성장이 4.7%에 그친 반면 3개 SPA 브랜드 매출 성장은 77%에 달한다. 2010년 유니클로의 국내 매출은 2,260억 원, 자라는 1,338억 원을 기록했다.

SPA의 인기가 식을 줄 모르고 두드러지자 국내 의류업계에서도 SPA 모델을 딴 브랜드를 론칭하기 시작했다. 2009년 11월 이랜드는 첫 SPA브랜드 스파오를 론칭하고 2010년 4월에 여성복 전문 SPA브랜드인 미쏘를 론칭했다. 스파오는 2010년 매출 310억 원을 기록하고 미쏘는 200억 원의 매출을 기록했다. 이랜드는 아예 보유하고 있는 모든 브랜드를 SPA화하려는 계획을 세우고 있을 정도다.

패션업계에서 뒤바뀌는 판도를 지켜보던 대형마트와 홈쇼핑 등 유통업체들도 SPA 공략을 시작했다. 생필품의 PL에서 멈추지 않고 패션으로 옮겨 간 것이다. 이마트는 SPA브랜드 데이즈를 론칭했고, CJ 오쇼핑도 온라인에서 슈대즐과 스타일로산다를 론칭해 SPA전략을 실천하고 있다. 이마트의 경우 중국시장에서 자사 SPA브랜드 데이즈를 통해 2015년까지 연매출 4,000억 원을 달성할 계획이라고 밝혔다.

실버시대에 대비하라

1세부터 100세까지 모든 고객 환영합니다

세계적인 실버산업 컨설팅 전문기업인 실버그룹(Silver Group)은 2011년 8월 싱가포르와 런던에서 애플 아이패드2 구매 고객의 연령을 조사했다. 대부분의 고객이 젊은 층일 것으로 예상됐지만 결과는 뜻밖이었다. 무려 46%의 고객이 55세 이상이었다. 예상보다 나이 든 고객의 비중이 높다는 사실에 사람들은 깜짝 놀랐다.

애플은 이 같은 결과가 반갑지 않았다. 서둘러 반박 자료를 내놓았다. 나이 든 사람들이 이용하는 브랜드라는 이미지가 아이패드에 덧입혀지기를 원치 않았기 때문으로 풀이된다. 그런 이미지가 입혀지면, 나이 든 고객들에게조차 외면 받을 확률이 높아진다. 조사기관마다 차이는 있지만, 아이패드 사용자 중 상당수가 55세 이상이라는 것은 엄연한 사실이다. 그만큼 아이패드는 10대부터 할아버지까지 모든 연령층에서 사랑 받는 제품이다.

"애플 제품은 할아버지, 아버지, 아들 3대가 모두 이용할 수 있도록 한다는 점에서 가장 고령 친화적(Age-friendly) 제품이지요. 흔히 실버산업이라 하면 '노인들만 사용하는 무엇'이라고 생각하기 쉬운데 애플처럼 연령과 상관없이 사용할 수 있는 제품을 만드는 게 가장 성공 확률이 높아요."

실버산업 컨설팅 분야에서 세계적인 명성을 얻고 있는 실버그룹(Silver Group)의 킴 워커(Kim Walker) 회장은 "애플이야말로 가장 실버사업을 잘하고 있는 기업"이라고 꼽는다. 2011년 8월 실버산업 기업들을 조사해 순위를 매겼더니, 애플이 5점 만점에 4.4점을 받고 1위에 올랐다. 노인들이 주로 이용하는 의료기기 회사나 간호 로봇 회사들은 오히려 순위가 밀렸다.

"애플 광고 중 어디에도 젊은이를 위한 상품이라는 인식은 찾을 수 없어요. 웹사이트도 단순해요. 팝업창은 하나도 뜨지 않죠. 애플 상점에는 커다란 글씨로 라벨이 붙어 있고 조명도 밝죠. 진열도 잘돼 있어 물건을 쉽게 찾을 수 있어요. 노인 고객이 피곤하면 앉아서 쉴 수 있는 자리도 마련돼 있어요."

워커 회장은 "애플의 아이패드는 컴퓨터를 이용해보지 않은 사람도 30분이면 금방 적응할 수 있다"며 "이보다 더 고령 친화적인 제품은 없을 것"이라고 단언했다.

특정 연령대 상품이라는 이미지를 주면 실패할 가능성이 높다. 일본의 유명 화장품 회사인 시세이도는 지난 1997년 '아름다운 50대가

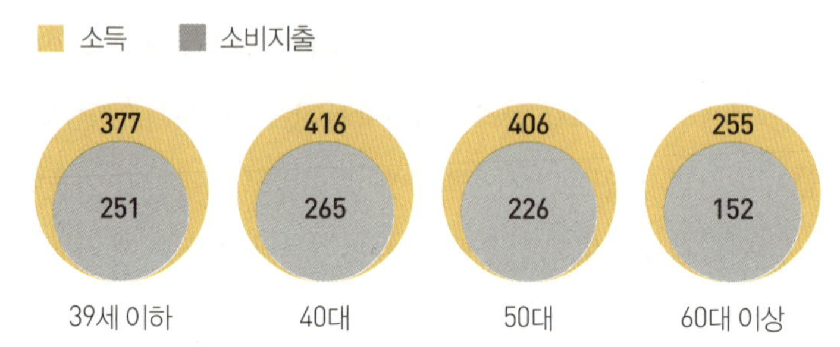

늘어나면 일본은 변한다'는 광고를 내세워 시니어용 제품을 판매했다가 큰 낭패를 봤다. 50대 이상 여성들이 '50대'라는 표현에 거부감을 느꼈기 때문이다.

몇 년 전부터 '실버(silver)시장을 공략해 금(gold)을 캐라'라는 말이 유행어처럼 번지고 있다. 경제력을 갖춘 실버인구가 급속하게 증가하고 있어 실버시장이 황금시장으로 부상하고 있기 때문이다.

예를 들어 미국의 50대 이상은 미국 금융자산 중 80%를 소유하고 있다. 2010년 이들은 870억 달러를 새 차를 구입하는 데 썼다. 50세 미만이 차량 구입에 쓴 700억 달러를 훌쩍 뛰어넘는다. 영국의 경우 전체 인구 중 34%가 50세 이상이고 영국 전체 부(wealth) 중 75%가 그들에게 집중돼 있다. 2010년 전 세계적으로 60세 이상 소비자가 쓴 돈은 8조 달러에 육박한다.

반대로 그 동안 기업들이 주된 타깃으로 삼았던 젊은 소비자의 수

전체 소득에서 60세 이상이 차지하는 비율 〔단위 : %〕

나라	2005년	2020년(예상)	나라	2005년	2020년(예상)
미국	15.7	23.6	일본	26.2	31.4
영국	23.4	29.2	중국	11.2	17.4
스페인	21.6	24.4	러시아	18.4	26.7
스웨덴	30.2	34.3	인도	8.4	10.3
프랑스	24.8	31.6	이탈리아	24	24.1
독일	27.1	29.7	터키	11.6	15.7

출처 : 미국 통계국, 에이티 커니

는 점점 줄어들고 있다. 1989년 전 세계에서 9,000만 명의 새 생명이 태어났지만 2010년에는 7,300만 명의 새 생명이 태어났다. 전 세계적으로 출산율이 떨어지고 있는 것이다.

그러나 애플과 달리 아직까지 대부분의 기업들은 나이 든 소비자들의 '까다로운' 욕구를 제대로 해소하지 못하고 있다. 23개국에서 60세 이상 3,000명을 대상으로 실시한 설문조사 결과에 따르면, 나이가 많은 대부분의 소비자들은 기업들이 자신의 불편한 점을 제대로 고려하지 못하고 있다고 말했다.

특히 이들은 너무 낮은 선반에 있는 물건들을 고르기가 힘들다고 불평했다. 이들에게는 제품들의 포장도 너무나 단단해 뜯기 힘들었다. 라벨에 적혀 있는 글씨는 너무 작아 안경을 껴도 제대로 읽기 힘들었다.

대부분의 대형마트 직원들은 노인들을 어떻게 도와줘야 하는지에 대해 제대로 교육을 받지 못했다. 70세 미만 응답자 중 63%, 70세 이상 응답자 중 70%는 쇼핑하는 도중에 앉아서 쉴 수 있는 공간이 있으면 좋겠다고 답했다.

미래 기업들이 성공하려면 애플처럼 모든 연령대에 자연스럽게 다가갈 수 있는 환경과 제품들을 만들어낼 필요가 있다. 이것이 바로 진정한 고령 친화적(age-friendly) 접근이다. 애플은 "우리는 1살부터 100살까지 모든 고객들을 환영한다"고 말했다. 연령이나 능력에 관계없이 모든 사람이 사용하기 쉽게 만들어진 디자인인 '유니버설 디자인'을 추구하고 있는 것이다.

　제12회 세계지식포럼을 위해 방한한 킴 워커 실버그룹 회장은 실버 마케팅의 중요성을 강조했다. 킴 워커 회장이 창업한 실버그룹은 정부와 기업이 고령화 시대에 어떻게 대응해야 할지에 대해 체계적인 컨설팅을 하는 아시아·태평양 최초 실버산업 전문 컨설팅 기업이다.

　선진국을 중심으로 고령화가 빠르게 진행되고 있지만, 유럽이나 미국과는 달리 아시아 기업들은 고령화 문제에 체계적으로 접근하지 못하고 있다는 게 킴 워커 회장의 진단이다. 그는 "대부분의 사람들이 실버시장을 단지 의료기기나 보험 시장에 국한해서 생각하지만, 노인들도 젊은 사람과 똑같은 일상생활을 하는 만큼 사실 모든 영역에서 실버시장이 존재한다"며 발상의 전환을 촉구했다.

Q. 실버시장은 얼마나 큰가?

한국 전문가들은 한국의 실버시장이 2002년 6조 4,000억 원, 2010년 31조 원에 이어 2020년에는 116조 원에 달할 것으로 예상하고 있다. 하지만 내가 보기에는 시장 규모를 너무 작게 보고 있는 것 같다. 65세 이상의 초고령 인구만 고려해서 시장규모를 예측했기 때문이다. 한국 업계에서는 50세 이상 인구를 간과하고 있다. 오히려 50세 이상의 인구를 타깃으로 하는 것이 더 좋다. 유럽이나 미국과 달리 아시아에서는 실버산업이 궤도에 오르지 못한 상태다.

Q. 고령화 시대는 기업에 위기인가, 기회인가?

위기인 측면도 있지만 고령화에 적절하게 대응한다면 오히려 큰 기회다. 더 이상 실버시장은 틈새시장이 아니다. 나이 든 소비자가 늘고 있고, 이들은 수십 년 동안 견고한 경제 성장 속에서 안정적으로 재산을 축적해 왔다. 그들에게는 충분한 돈과 시간이 있다. 얼마 안 있어 실버시장이 가장 큰 시장이 될 것이다. 고령 친화적인 전략(age-friendly strategy)을 취하는 기업들에는 고령화 시대가 축복이 될 것이다.

Q. 고령 친화적 접근법이란 무엇인가?

고령 인구의 몸을 이해하고 접근하는 것을 말한다. 56세인 나만 보더라도 킬리만자로 산을 등산했을 정도로 활동적이고 건강하지만 눈이 점점 침침해지고 있다. 조금씩 신체기능이 저하되고 있다는 느낌이다. 쉰 살이 넘으면 누구나 자연스럽게 느끼는 감정이다. 그러나 나이가 들더라도 여전히 양치질을 하고 얼굴을 씻으며 영화를 보고 여행을 가고 싶다.

할아버지·아버지·아들 3대가 모두 이용할 수 있도록 한다는 점에서 연령 중립적(age-neutral)이라고 부르기도 한다.

Q. 기업들이 고령 친화적 접근법을 활용할 때 고려할 점을 말해달라.

고령화는 심리적인 고령화, 생리적인 고령화로 나눠서 접근할 수 있다. 노인은 자신이 실제 나이보다 젊다고 믿는다. 자신이 나이가 든다는 것을 부인하는 것이다. 젊게 살고자 하는 고령층의 욕구를 기업들은 잘 공략할 필요가 있다. 생리적 고령화는 말 그대로 신체가 늙어가는 것을 말한다. 신체 기능이 점차 떨어지는 고령층이 예전처럼 활발하게 행동할 수 있도록 뒷받침해주는 아이템들이 인기를 얻을 것이다.

Q. 생리적인 고령화 문제에 대해 기업이 잘 대처한 사례를 알려달라.

독일의 한 슈퍼마켓은 고령 고객의 비중이 높다는 사실을 깨닫고는 이들이 편리하게 쇼핑할 수 있도록 여러 가지 아이디어를 고안해 실천했다. 진열대 간격을 넓게 만들어 고객들이 편안하게 진열대 사이를 지나다닐 수 있게 했고, 노인들이 사용하기 쉬운 카트를 설치했다. 물건의 세부 사항을 자세히 살펴볼 수 있도록 신열내 곳곳에 확대경을 설치했디. 그랬더니 매출이 30% 늘었다. 이처럼 작은 변화와 조치들이 큰 변화를 이끌어낼 수 있다.

Q. 고령화 시대는 기업들 입장에서 수요층의 나이가 많아진다는 것뿐만 아니라 기업을 위해 일하는 근로자의 나이도 많아진다는 것을 의미한다. 젊은 노동자를 구하기가 더 어려워지기 때문이다. 기업들은 고령의 노

동자를 어떻게 활용해야 하나?

독일의 BMW 사례를 보자. 독일에는 고령의 노동자가 많다. 당연히 이들을 어떻게 활용할 것인지가 회사의 큰 과제였다. 고심 끝에 47세 이상의 노동자들을 하나의 생산라인에 모두 모아봤다. 생산성이 일반 생산라인보다 7%나 낮았다. 결근율과 불량률이 높아졌기 때문이다. 회사는 고심 끝에 직접 노동자들에게 해결 방안을 물어봤다. 고령의 노동자들은 '조명을 밝게 해달라', '바닥을 철판 대신 나무로 깔고 작업용 신발의 굽 높이를 높여서 냉기를 덜 느끼게 해달라', '부품이 잘 보이게 확대경을 설치해달라', '무릎에 무리가 가지 않도록 해달라' 등의 요구를 했다. 이들의 요구대로 시설을 갖추자 결근율은 일반 노동자보다 오히려 2% 낮아졌다. 불량률도 다른 일반 생산라인의 수준과 비슷했다. 이런 놀라운 변화를 위해 BMW가 투자했던 비용은 겨우 5만 달러에 불과했다. 이처럼 고령 노동자를 위한 작업 여건에 조금만 투자하면 젊은 노동자들 이상의 성과를 이끌어낼 수 있다.

Q. 고령화 시대에 유망한 사업분야는 무엇이라고 생각하나?

금융업, 보험업, 부동산 등이 유망할 것이다. 은퇴 자금과 집을 마련하기 위해 재테크가 더욱 활발해질 것이기 때문이다. 은퇴 후 시간이 많아지니 여행업도 계속 성장할 것이다. 배달음식, 간호로봇의 매출도 계속 증가할 것이다. 그 밖에도 넓은 시야를 가지고 접근하면 다양한 분야에서 기회를 찾을 수 있다. 50~60대가 되더라도 사람들은 여전히 그 동안 해왔던 일상생활을 하고 옷을 입고 자전거를 탈 것이다. 아직 기업들은 그 점에 대해 주목하지 않는 것 같다. 나는 이러한 일상생활의 소소한 것에서도 큰 기회가 있다고 생각한다. 평범하게 느껴지는 분야에서도 조금만 고령의 소비자에 대한 배려가 들어간다면 크게 성공할 수 있다.

Q. 기업도 사회적 책임을 다한다는 차원에서 정부와 함께 고령화 문제 해결에 나서는 추세다. 문제 해결에 도움을 주면서도 효과적으로 기업 이미지를 제고하려면 기업들은 정부와 어떻게 협력해야 하는가?

재미있으면서도 매우 어려운 주제다. 고령화 시대가 되면서 정부 또는 기업이 지불해야 하는 사회적 비용이 증가하고 있다. 예를 들면 2011년 싱가포르는 은퇴연령을 65세로 높였다. 따라서 모든 국민은 65세까지 일자리를 유지할 수 있다. 여기에 그치지 않고 새로운 법이 2012년 1월 1일에 발효되었다. 바로 재고용법이다.

싱가포르의 모든 고용주는 65세 이상 근로자가 더 일하고 싶어하면 반드시 재고용해야 한다. 다만 일주일에 몇 번, 어떤 일을 할 것인지, 임금 수준 등에 대해서는 협상을 할 수 있다. 은퇴라는 개념 자체가 대부분의 선진국에서 사라지고 있는 것이다. 싱가포르가 계속 일하고 싶어하는 사람들이 일할 수 있게 한 것은 매우 잘한 일이다. 그러나 정부의 이러한 조치 때문에 기업의 비용이 증가한다. 고령 노동자 문제에 대해 기업이 지혜롭게 대처하지 못한다면 기업의 비용은 증가할 수밖에 없다. 앞서 예로 든 BMW 사례처럼 나이 든 노동자의 업무 효율성을 높일 수 있는 방안을 모색해야 한다.

··He is…

호주에서 태어난 킴 워커(Kim Walker) 회장은 주로 아시아·태평양 지역에서 활동해온 마케팅, 커뮤니케이션 전문가다. 캐럿(CARAT), 엠 앤드 씨 사치(M&C Saatchi), 베이츠(Bates)와 같은 주요 글로벌 마케팅-커뮤니케이션 그룹들의 아시아·태평양 지역 최고경영자(CEO) 또는 최고운영책임자(COO) 등을 역임하며 주로 싱가포르, 홍콩, 뉴욕, 도쿄 등에서 활동했다. 지금은 아프레(APRAIS)와 실버그룹 등 2개의 마케팅·커뮤니케이션 컨설팅 기업을 경영하고 있다.

1998년 창업한 아프레는 런던에 본사를 두고 있으며 현재 40개국에서 컨설팅 활동을 하고 있다. 2009년 창업한 실버그룹은 아시아·태평양 지역에서 점차 비중이 높아지고 있는 50세 이상의 인구집단에 대해 기업·정부가 적절하게 대응할 수 있도록 도움을 주고 있다. 많은 기업은 그의 조언을 받아들이고 있으며 CNBC나 블룸버그 등의 매체에서도 그의 발언을 자주 인용할 정도로 워커 회장은 실버산업에 큰 영향을 끼치고 있다. 워커 회장은 국제적으로 인정받는 연설가이기도 하다. 제12회 세계지식포럼에서도 패널로 참여해 실버 마케팅에 대한 여러 가지 혜안을 제시했다.

중국 실버산업 유망분야… 헬스케어, 보험

데븐 샤르마 S&P 전 회장

"중국은 부유해지기도 전에 늙어버릴 것이다."

데븐 샤르마 S&P 전 회장이 지적한 대로 중국의 고령화 속도는 어마어마하다. 50세 이상의 중국인 수는 이미 미국 전체 인구보다도 훨씬 많다. 전문가들은 앞으로 10년 동안 50세 이상 인구가 1억 4,200만 명 증가할 것으로 보고 있다. 반면 50세 미만 인구는 1억 1,700만 명이 줄어들 것으로 예상된다. 1970년대부터 실시되고 있는 산아제한정책 때문이다.

현재 중국 실버산업 중에서는 시니어를 겨냥한 헬스케어, 보험, 문화센터 등이 가장 유망한 분야로 꼽힌다. 특히 약국체인 넵스타(Nepstar)는 76개 도시에서 약국 가맹점 2,700개를 확보하며 승승장구

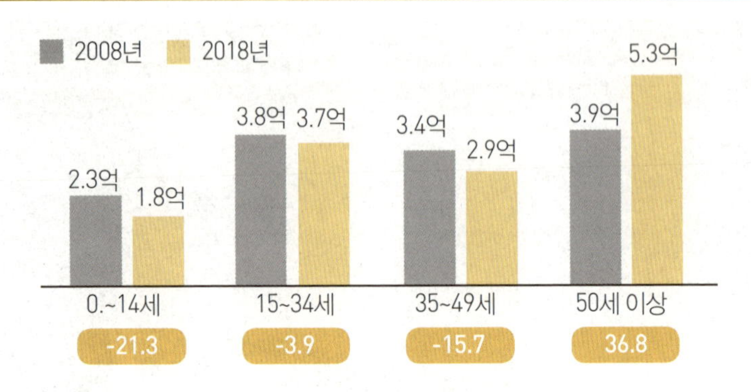

하고 있다.

중국 시니어들은 한국 시니어들과 유사한 점이 많다. 우선 구매력이 높다. 중국 시니어 시장 크기는 2009년 5,680억 위안에서 10년 뒤인 2019년 1조 2,060억 위안으로 2배 이상 커질 것으로 예상된다. 리

서치 회사인 '글로벌 데모그래픽스(Global Demographics)'는 "중국에
서 아직 경제력이 있는 50~64세 시니어들은 젊은 층보다 수입이 적지
만 부양 가족 수가 적어 소비 여력이 젊은 세대보다 30% 더 크다"며
"집과 필수 내구재도 이미 소유하고 있기 때문에 외식, 교양, 오락 등
선택성 지출이 젊은 세대보다 높다"고 밝혔다.

또한 중국의 50대 시니어들은 과거 시니어들과 달리 젊은 취향을
갖고 있다. 실버그룹 조사에 따르면 중국 '뉴 시니어' 중 59%는 자신이
실제 나이보다 다섯 살 이상 어리다고 생각한다.

이들은 인터넷도 활발하게 이용하고 있다. 50세 이상 사용자는 곧
전체 온라인 사용자 중에서 20% 비중을 차지할 것으로 예상된다. 이
에 맞춰 중국의 선두 웹 기업인 바이두는 나이 든 웹 사용자에 특화한
서비스를 내놓고 있다. 한국 웹 기업도 중국 시니어층을 공략할 필요
가 있다. 김숙응 숙명여대 실버산업전공 주임 교수는 "2009년만 해도
중국에서 실버산업에 대한 개념조차 희미했지만, 최근 실버 전용 병
원, 실버타운이 형성되면서 실버산업이 태동하고 있다"며 "실버산업
은 세분된 여러 시장으로 구성돼 있는 만큼, 특히 한국 중소기업 활약
이 기대된다"고 말했다.

'뉴 시니어' 그들이 원하는 것은 바로…

현재 50대가 주를 이루는 베이비붐 세대는 자신을 위해 소비하는
세대다. 이들을 가리켜 '뉴 시니어'라고 부르기도 한다. 국가통계포털

자료에 따르면 현재 가구주 연령이 50세 이상인 가구의 소비 지출은 전체 소비 지출의 35%를 차지한다. 2010년 롯데백화점 매출의 21.3%는 50대 이상 구매 고객에게서 나왔다. 2011년 1월부터 3월까지 50대 이상의 매출은 전년 동기 대비 28.7% 증가했다. 2030세대를 주고객으로 하는 영캐주얼 의류는 2010년 매출이 전년보다 16.1% 신장했지만, 4060세대를 대상으로 하는 의류의 매출은 20% 넘게 성장했다.

안신현 삼성경제연구소 선임연구원은 최근 〈뉴 시니어 세대의 3대 키워드〉 보고서에서 "50대 베이비붐 세대는 여유 자산을 기반으로 적극적인 소비 활동을 한다는 점에서 기존의 시니어 세대와 구별된다"고 밝혔다. 단순히 오래 사는 것이 아니라 건강하면서도 품위 있고 아름답게 살고자 하는 베이비붐 세대. 이들의 마음을 사로잡으려면 어떻게 접근해야 할까?

● 노인용이란 느낌 안들게 스타일에도 더 신경써라

사람은 나이를 먹으면 신체 기능의 일부가 저하되지만 패션감각은 그다지 떨어지지 않는다. 20~30대와 다르지 않은 디자인을 원하는 중장년 여성도 많다. 그런데도 고령자를 대상으로 한 상품은 '노인용'이라는 느낌이 드는 것이 대부분이다. 상품의 종류노 다양하지 않다. 단순히 기능만을 제공하는 상품보다는 신체의 변화에 따른 불편을 효율적이고 세련된 방식으로 해결할 수 있는 '스타일'을 가진 상품이 필요하다. 미국의 시니어 대상 통신판매 회사 '골드 바이올린'의 코니 홀키스트 사장은 "아무리 기능이 좋아도 그 상품을 이용하면서 기분이 좋아지지 않는다면 팔리지 않는다"며 "다른 매장에서 만날 수 없는 우리만의 스타일을 가지고 있어야 성공할 수 있다"고 말했다.

● 가장 중요한 사회적 활동 '쇼핑'에 대한 인식 바꿔라

유통업이 나이 많은 소비자를 상대하려면 '쇼핑'에 대한 인식의 전환이 필요하다. 나이 든 소비자는 쇼핑을 바라보는 시각이 다르기 때문이다. 이들에게 쇼핑은 가장 중요한 '사회적 활동'이다. 일주일에 몇 번씩 쇼핑하며 심지어 매일 쇼핑하는 사람도 많다. 나이가 많을수록 작은 가게와 집에서 가까운 상점을 선호한다. 좋은 먹을거리가 구비되어 있으며 즐겁게 쇼핑할 수 있는 환경을 원한다. 이들이 원하는 것은 스피드가 아니라 개인에게 신경을 써 줄 수 있는 친근하고 말 많은 점원들이다. 그러나 지금까지 유통업계는 효율성을 중요하게 생각해 왔다. 손님들이 빠르고 간편하게 쇼핑할 수 있는 시스템을 구축하는 데에만 신경을 썼다는 뜻이다. 이 같은 접근법을 바꿔야 한다.

● 퇴직 후 갈 곳 없는 게 고민, 아지트 공간 제공해 줘라

시니어들은 회사 퇴직 후 갈 곳이 없어 괴로워한다. 그래도 경로당은 가고 싶지 않다. 뉴 시니어들은 나이 든 사람들만 모이도록 '공식화된' 장소인 경로당은 '딱 질색'이다. 어쩔 수 없이 가정에 머물면서 '삼식이(가정에서 하루 종일 머물면서 매 끼니를 부인에게 의지하는 가장을 일컫는 말)'라는 핀잔을 듣는 가장들이 늘고 있다. 이들에게 필요한 것은 생활에 도움이 되는 정보를 얻을 수 있고, 새로운 친구를 사귈 수 있는 '아지트'다. 미국의 '매더 카페 플러스'는 50대 이상을 대상으로 하는 '장소 비즈니스'를 시작해 성공했다. 이 기업의 컨셉트는 '시니어를 위한 스타벅스'다. 이곳에서는 식사뿐 아니라 다양한 프로그램과 강의를 들을 수 있다. 고령자가 자녀나 손주들의 손을 잡고 방문할 수 있다.

● 절대 노인 취급하지 마라

유니버설 서비스(universal service)란 쉽게 말해서 '모든 사람을 위한 서비스'를 말한다. 예를 들면 겉으로는 건강해 보이는 고령자라도 손가락 힘이 약해져 계산대에서 잔돈을 세기가 어렵거나 시력이 감퇴해 상품 표기를 읽기가 힘들어질 수 있다. 이때 동작이 느리다고 차가운 시선으로 바라볼 것이 아니라 여유를 가지고 대응해야 한다. '따뜻하게 대응하지만 노인 취급은 하지 않는다'는 마음가짐이 필요한 것이다. 시니어 시장에서는 이 같은 숨겨진 배려가 더욱 중요하다. 가게의 점원도, 택시기사도 어떻게 고령자와 커뮤니케이션할 것인지를 배워야 한다. 《시니어 비즈니스》의 저자 무라타 히로유키는 "유니버설 서비스를 도입한 기업들은 기업 이미지 제고 효과를 거둘 수 있다"고 말했다.

● 그들에게 필요한 건 행복

시니어는 지혜롭다. 오랜 인생 경험을 통해 무엇이 좋은지 알고 있다. 젊은 시절 쓸데없이 소비한 경험이 있기 때문에 불필요한 것은 구입하지 않는다. 시니어는 불만이나 차별, 소외감을 느끼거나 배우자의 상실 등 여러 경험을 거쳤다. 인생의 '결실과 수확기'를 맞아 진정한 풍요로움이 무엇인지에 대해 알기 시작한다. 다시 말해 시니어는 '행복이란 무엇인가'를 생각하는 사람들이다. 이 때문에 일본의 하쿠후도 생활종합연구소는 《거대시장 시니어의 탄생》에서 "시니어 비즈니스의 키워드는 '행복'으로 축약된다"며 "시니어들에게 행복한 경험을 줄 수 있는 비즈니스가 성공할 것"이라고 말했다.

● 인터넷 마케팅 강화해라

나이 든 소비자들이 점차 인터넷에 익숙해지고 있는 만큼, 인터넷 마케팅도 활발하게 전개할 필요가 있다. 노인들은 정보를 중요시하기 때문에 인터넷을 많이 이용한다. 물론 아직 인터넷을 시도조차 안 한 시니어들도 있지만 한번 시작한 시니어들은 계속해서 인터넷을 이용하는 경향이 있다. 이들은 인터넷 쇼핑도 즐긴다. 인터넷으로 구입하고 집으로 배달시키는 것을 좋아한다. 구매 전에 고민할 수 있는 시간도 충분하기 때문에 인터넷을 통해 심사숙고해 물건을 고르고 주문할 수 있다. 영국에서는 이들 '실버 서퍼(나이 든 인터넷 이용자)'에 눈을 돌리고 발 빠르게 대응하는 인터넷 쇼핑업체가 늘고 있다.

당신의 회사는 얼마나 고령친화적인가

50세 이상 고객 80%가 제품을 구매할 의사를 결정할 때 고령친화적인 요소를 고려한다고 한다. 아래 체크리스트를 이용해 얼마나 고령친화적인가 테스트해보자. 각 질문에 그렇다·그렇지 않다로 답하고 결과를 평가해보자.

① 고령 고객들을 상대로 실험을 마친 획기적인 기술에 대한 광고를 하고 있는가.

② 소셜 네트워크 전략에서 고령 고객들의 니즈와 행동을 고려하고 있는가.

③ 고령 고객들이 쉽게 이해하고 인터넷 상에서 둘러볼 수 있게 정기적으로 웹사이트를 업데이트하는가.

④ 고령 고객의 니즈를 이해하는 직원들과 상점 인테리어가 고객의 눈높이에 맞춰져 있도록 조정하고 있는가.

⑤ 고령 고객의 니즈에 합당한 제품 디자인을 하되 타깃 고객의 연

한국 50세 이상 인구 비중

(단위 : %)

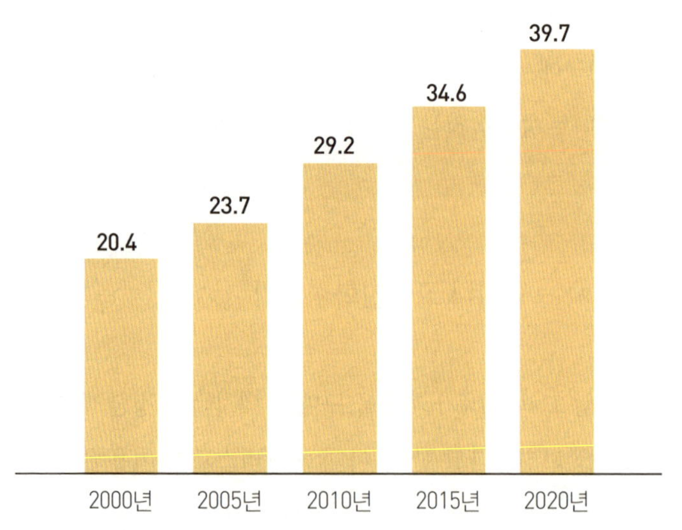

자료 : 통계청, 연령별 인구추계

령대를 언급하지 않는 데 주력하고 있는가.

⑥ 고령 고객의 불만, 니즈, 염려 등을 해소할 수 있는 콜센터 직원들과 세일즈 직원들을 보유하고 있는가.

▶ 5~6개 문항에 그렇다라고 답했다면, 당신의 회사는 고령 고객의 중요함을 '완벽히' 이해했다. 하지만 귀사 스스로의 평가를 고령 고객들도 완벽히 동의하는지 설문조사를 통해 알아볼 필요가 있다.

▶ 3~4개 문항에 그렇다라고 답한 당신의 회사는 고령 고객을 '충분히' 이해하고 있다. 그렇지만, 고객의 생리학적인 노화에만 집중하고 있는 것은 아닌지 살펴볼 필요가 있다. 고령 고객들이 원하는 것은 육체적인 편리함도 있지만 기업의 공감능력이다.

▶ 1~2개 문항에 그렇다라고 답한 당신의 회사는 어느 정도 고령 고객의 '육체적인 니즈'를 알고 있다. 하지만 더 많은 고령 고객을 놓치고 있는 상황이다. 따라서 전략적으로 고령 고객을 이해하려는 노력이 필요하다. 고령 고객의 까다로운 입맛을 맞추지 못한다면 시장에서 밀려날 가능성이 있다.

'구멍가게 마인드'로 돌아가라고?

소셜미디어시대, 입소문 무시했다가는…

"구멍가게식 사고를 버려라. 구멍가게식 홍보마인드를 버려라. 구멍가게식 업무처리에서 벗어나라."

비즈니스업계에서 '구멍가게'는 종종 버려야 할 구습이라는 의미로 통한다. 사업을 키울 때 가장 먼저 버려야 할 것도 바로 이 '구멍가게식 마인드'다. 현대 기업인들에게 이는 체계적이지 않고 작은 것에 연연하며 멀리 보지 못하는 사고로 각인되어 있기 때문이다.

하지만 와인유통업체 '와인라이브러리'의 최고경영자이자 소셜네트워크업계의 구루로 통하는 게리 바이너척(Gary Vaynerchuk)은 도리어 "성공하기 위해서는 구멍가게 마인드를 되찾아라"라고 역설한다. 미국의 베스트셀러인 《생큐 이코노미(The thank you economy)》의 저자이기도 한 그는 고객 한 사람 한 사람을 신경 써 주고 다가서는 방식으로 감동시켜야 살아남는 시대가 도래했다고 강조한다. 인터넷이나 트위터 등 소셜미디어의 발달에 맞춰 새로운 고객 감동 마케팅을 펼쳐야 한다는 주장이다.

지금은 사라졌지만 70여 년 전까지만 해도 어디에나 있었던 동네 양복점, 철물점, 푸줏간의 주인들은 '단골 챙기기의 달인'이었다. 푸줏간 주인은 단골의 제삿날을 기억해 질 좋은 고기를 준비해 두었고 양복점 주인은 도시에 공부하러 나간 김씨 할머니의 아들이 언제 고향으로 돌아오는지를 꿰고 있었다.

그때 그 시절의 상인들이 인심 좋고 정이 많아서였을까. 바이너척은 고개를 가로젓는다. 그들이 이렇게 손님들에게 공을 들인 이유는 단 하나. 살아남기 위해서다. 한 명의 손님이 자신의 상점에 불만을 가지면 그 불만은 마을 곳곳에 급속도로 퍼졌다. 한 명의 고객이 푸줏간 주인의 야박한 인심에 대해 이웃에 털어놓기 시작하면 열 명의 단골이 발길을 끊었다. 단순히 가게 문만 닫는 게 아니라 마을에서 쫓겨날 수도 있었다. 결국 그들은 살아남기 위해서 보다 친절해야 했고, 끊임없이 관계를 유지하기 위해 고민해야 했으며 불만을 가진 손님들에게는 정중히 사과해야만 했다. 방앗간, 마을회관에서의 수다가 호환마마보다도 무섭던 시절이다.

이제 어느 개울가를 가더라도 빨래터를 찾기는 쉽지 않다. 하지만 가로질러 십 리가 채 안 되던 작은 마을은 지구촌이라는 거대한 마을로 확대됐다. 빨래터 대신 소셜네트워크라는 새로운 대화의 장(場)이 지구마을 곳곳의 사람들을 연결한다. 이 안에서는 기업이 통제할 수 없는 정보들이 공유된다. 다시 구전(word of mouth)의 시대가 돌아온 것이다.

이제 기업들은 살아남기 위해서 고객 한 사람 한 사람에게 집중하고 정성을 기울여야 할 때다. 글로벌 마케팅 조사분석기업 닐슨컴퍼니에 따르면 70%의 사람들이 물건 구매 시 가족과 친구의 조언을 듣는다. 이 회사가 미국 내에서 진행한 2010년 취학 준비 시즌 구매 관련 설문조사에서는 학부모의 30% 이상이 트위터, 페이스북 등 소셜네크워크가 구매에 영향을 줬다고 답했다.

수닐 굽타 하버드대 경영대학원 석좌교수는 한상만 성균관대 경영학과 교수와 공동 집필한 소셜네트워크마케팅 관련 논문에서 '싸이월드 등 소셜미디어를 활용하는 사람들은 소셜네트워크 친구의 구매에 상당한 영향을 받는다'고 언급했다.

새로운 경영환경이 지배하고 있는 현대에서도 '구멍가게식' 고객관리로 성공한 기업들이 속속 등장하고 있다. 미국의 온라인 신발업체인 자포스는 사소한 한두 명의 고객을 감동시키는 방법으로 '생큐 이코노미'의 강자로 부상할 수 있었다. 제품 구매와 소비에 사회적인 맥락이 중요해지는 이때, 즉 '소비행태를 혼자 결정짓지 않는 시대'가 온 이 시점에 기업가들이 가져야 할 자세는 최대한 고객의 일상을 파고드는 것이다. 그들과 끊임없이 대화를 시도하고 소통해야 한다. 아직은 너무 이른 게 아니냐는 생각을 할 수도 있다. 많은 기업이 '설마 조금 두고 본다고 해서 지금까지 공들여 쌓아온 탑이 무너지지는 않겠지'라고 생각한다. 하지만 바이너척은 이들에게 경고하고 있다.

"담배가 반드시 죽음을 불러오지는 않습니다. 모든 흡연가들이 폐암으로 죽지는 않을 테니까요. 하지만 폐암으로 사망에 이를 위험이 커지는 건 사실이지요. 리스크(risk)는 계속 커진다는 거죠. 분명 당신이 당장 고객과 소통하지 않는다고 기업이 무너지는 것은 아닐 겁니다. 하지만 기억하세요. 고객과 가까워지려는 시도를 하지 않는다면 리스크는 분명 커질 겁니다."

생큐 이코노미의 승자들은…

　　시카고에 거주하는 한 여성이 운동화를 구입하기 위해 한 온라인 신발 쇼핑몰 웹사이트를 방문했다. 하지만 아무리 검색해도 구입하려던 브랜드와 디자인의 신발을 발견할 수 없자 고객센터에 전화를 걸었다. '그 제품은 품절'이라는 답변이 돌아왔다.

구입을 포기하고 전화를 끊으려던 순간 수화기 너머로 콜센터 직원의 목소리가 들려왔다. "저희가 이 제품을 구입할 수 있는 다른 쇼핑몰이 있는지 찾아본 후 30분 안에 다시 전화 드리겠습니다." 실제로 30분 후 그는 콜센터 직원에게 다른 쇼핑몰을 소개받았고 결국 원하던 신발을 구입할 수 있었다.

이는 미국 온라인 신발업체 자포스에서 실제 있었던 일이다. 자포스는 무료 배송과 무료 반품, 24시간 콜센터 운영을 원칙으로 한다. 사실 자포스의 전체 매출 중 전화를 통해 판매된 제품으로 발생하는 매출 비율은 5%에 불과하다.

하지만 이들은 '전화 한 통으로 사람들이 감동하고 자포스를 기억해주는 것'에 대한 가치를 그 이상으로 봤다. 그리고 이 판단은 옳았다.

2009년 아마존닷컴은 자포스를 아마존 역대 최고가인 12억 달러(1조 2,700억 원)에 인수해 화제에 올랐다. 전문가들은 자포스의 고객서비스와 기업문화가 그들 기업의 가치를 끌어올렸다고 분석했다. 자포스는 고객과 관계를 맺는 데 들인 시간과 비용이 실제 눈에 보이는 가치로 창출될 수 있다는 것을 몸소 증명한 생큐 이코노미의 승자인 셈이다.

자포스 외에도 생큐 이코노미라는 새로운 문화를 수용해 한발 앞서고 있는 선구자들은 곳곳에 존재한다.

세계에서 두 번째로 큰 부티크 호텔 체인인 주아 드 비브르(Joie de Vivre)의 창업자 칩 콘리는 '욕구는 충족될수록 발전한다'는 지론을 가지고 있다. 그는 고객과 직원, 투자자 등 호텔의 모든 이해관계자들에게 '체험의 절정(peak exprience)'을 제공해 이들의 로열티를 고취시킨다는 전략이다. 고객을 진심으로 대하면 고객은 긍정적으로 반응하고 결과적으로는 브랜드 이미지 제고에 도움이 된다.

주아 드 비브르의 고객만족 서비스는 생각보다 거창한 게 아니다. 암으로 죽어가는 아들과 함께 있고자 하는 어머니를 위해 방을 예약해주고 카모마일 차와 찻잔 세트, 해바라기 세 송이를 선물하는 것과 신혼여행을 온 부부에게 샴페인과 꽃다발을 전달하는 것 정도다.

하지만 이 서비스의 특징은 모든 게 직원의 자발적인 아이디어라는 사실이다. 직원들은 평소 진심 어린 관심을 가지며 고객을 챙기는 방법을 찾는다. 이 호텔은 매달 고객에게 가장 큰 감동을 준 직원을 포상한다.

대표인 콘리 역시 포상 방법에 있어서 직원들에게 체험의 절정을 제공하기 위해 고심한다. 휴가를 가는 직원에게 예상에 없던 인센티브를 제공하며 깜짝 이벤트를 하고, 세계적으로 유명한 인사가 호텔을 방문했을 때는 가장 열심히 일한 직원과 동석해 그들에게 특별한 경험을 선사한다.

미국 위스콘신주의 패스트푸드 업체 AJ범버스(AJ Bombers)는 직원과 고객이 누구나 들여다볼 수 있는 자리에 고객들의 불만사항을 보여주는 커다란 전광판을 설치하는 '배짱'으로 고객의 마음을 잡았다. 이들은 지역정보 웹사이트인 'Yelp'에 올라오는 AJ범버스의 평가를 꾸준히 확인하며 일일이 칭찬에는 감사로, 불만에는 사과로 답한다. 특히 불만을 제기한 고객에게는 직접 찾아가거나 그들을 레스토랑에 초청해 대접한다. 이러한 사과 표현은 그의 마음이 돌아올 때까지 계속된다.

이들은 자신의 실수를 감춰야 할 것이라고 생각하지 않는다. 오히려 실수로 인해 돌아온 고객들의 불만은 더 나은 서비스를 제공하기 위한 정보를 얻는 기회가 된다. 또 이로 인해 새로운 네트워크도 형성할 수 있다는 게 AJ범버스의 생각이다.

AJ범버스는 고객에게 레스토랑을 운영하는 전권을 줬다고 해도 과언이 아닐 만큼 고객 의견을 반영하는 데 열심이다. 고객들은 온라인과 오프라인을 통해 메뉴 종류와 프로모션 행사에 대한 아이디어를 제공한다. 심지어 식당 운영시간과 자선행사에도 고객 의견이 반영된다.

AJ범버스가 고객의 '통제'를 즐기는 이유는 생큐 이코노미의 대가가 생각보다 크다는 사실을 알기 때문이다. 자신의 의견이 반영된다고 판단하자 고객들은 브랜드에 대한 많은 관심과 기대를 갖게 됐다.

미국의 고급 백화점 체인인 노드스트롬은 '고객감동의 신화'라고 불리는 전설적인 이야기를 상당수 가지고 있다. 의류매장에서 한 고객이 옷을 입어보다 두고 간 비행기표를 발견한 직원은 택시를 타고 공항에 달려가 고객에게 비행기표를 건넨다. 며칠 전 세일이 끝난 바지에 대해 고객이 문의해오자 자신들의 창고에 그 물건이 없는 것을 확인한 후 옆에 있는 다른 백화점에서 고객이 원하는 제품을 성가로 구입해 세일가에 팔았다.

이 가슴 따뜻한 이야기들은 입에서 입으로 전달돼 전 세계에 퍼지고 추후에는 백화점의 홍보 문구에도 활용됐다. 노드스트롬의 직원들은 월 200달러 내에서 고객에게 친절을 베풀기 위해서는 어떤 것도 할 수 있는 권한을 가지고 있다. 소나기가 내리는 날에는 매장에서 어린 아이를 동반한 고객을 위해 우산을 사줄 수도 있다.

문달주 세계경영연구원(IGM) 교수는 "이제는 과거처럼 메가폰을 들고 불특정 다수에게 일방적으로 자신들을 홍보하는 시대는 지났다"며 "정말 브랜드를, 제품을 찾아주는 소수 고객에게 집중해 이들을 감동하게 만들어야 한다"고 말했다. 문 교수는 "이들이 감동하면 그들은 알아서 메가폰을 잡고 자신이 받은 감동을 사람들에게 전한다"고 덧붙였다.

"기존의 고객관리는 '수비' 위주였어요. 불만이 쌓여 기업에 항의하는 고객들을 달래는 게 최선이었지요. 하지만 생큐 이코노미에서는 공격을 해야 합니다. 제대로 비즈니스를 할 생각이 있다면 고객들이 어떤 고민을 가지고 있는지 먼저 귀를 기울여야 합니다."

게리 바이너척(Gary Vaynerchuk)은 히루 평균 9만여 명이 시청하는 와인라이브러리TV의 진행자이자 와인 전문가다. 87만 명의 트위터 폴로어를 보유한 트위터계 유명인사이자 파워 블로거이기도 해 소셜 미디어 업계의 구루로 통한다.

유명인사들의 강연을 모아둔 세계 최고 지식 공유의 장 테드닷컴(TED.com)에 올라온 그의 강연은 애플의 CEO인 스티브 잡스의 2005

년 스탠퍼드대 졸업식 연설과 함께 '반드시 봐야 하는' 최고의 강의로 꼽히기도 했다. 책을 두 권 냈고 모두 〈뉴욕타임스〉에서 베스트셀러로 선정됐다.

프로그램 진행자이자 와인 전문가, 강사, 작가, 파워 블로거 등 많은 수식어가 따라붙지만 사실 그의 본업은 아버지가 물려준 와인 가게인 '와인라이브러리' 경영자다. 그리고 그가 이렇게 다양한 활동을 하는 이유는 단순하다. 그는 "제대로 비즈니스를 하기 위해서"라고 답한다.

그는 본인이 트위터를 하는 이유를 "고객이 무슨 이야기를 하는지 듣기 위해"라고 말했다. 온라인 방송을 진행하는 이유는 "고객에게 재미를 주기 위해서"다. 강의를 하는 이유도, 블로그를 운영하는 이유도 모두 "고객에게 공격적으로 다가가기 위해서"라고 설명한다.

Q. 이렇게 '고객을 위해' 다양한 활동을 하는 이유가 무엇인가.

이제 높이 쌓아서 최대한 멀리 날려보내자는 구시대의 마케팅 방법으로는 더 이상 사업을 할 수 없기 때문이다. 일대일 마케팅을 통해 고객과 관계를 만들어가야 한다. 대부분의 기업들은 멀리까지 날아가는 '한 방', 즉 핵폭탄을 준비하려 고심하지만 지금은 이러한 핵폭탄보다는 1만 명의 육군 병사가 필요한 시점이다. 비즈니스를 성공적으로 이끌기 위한 새로운 공식에는 마음과 영혼이라는 새로운 재료가 추가돼야 한다.

Q. '1만 명의 병사'라는 표현에서 '병사'란 고객을 의미하는 것 같은데.

그렇다. 이제는 고객에게 물건 구입을 강요하는 '푸시 마케팅'의 개념이 사라져야 할 때다. 문화는 엄청난 속도로 변화하고 있다. '이제는 TV 광고, 라디오 광고, 전체 메일정보를 모으고 이 정보를 새롭게 정의하고 개조하며 게임화해서 결국 고객과 관계를 만들어 나가는 게 새로운 마케팅의 주요 포인트다. 고객과 유대관계가 생기면 결국 그들은 자신이 기업에 받은 감동을 주변인에게 전달하는 충실한 병사가 된다. 이를 위해서는 모든 고객에게 공격적으로 다가가야 한다. 그들이 물건을 많이 구입하는지 혹은 적게 구입하는지 여부를 떠나 접근을 하는 게 중요하다.

Q. 저서 《생큐 이코노미》를 보면 경영인들이 '구멍가게 운영자' 마인드를 가져야 한다고 하는데.

인터넷과 소셜미디어의 발달 때문이다. 이들이 만든 새로운 문화는 사람을 모이게 하고 서로 끈끈하게 맺어준다. 100여 년 전 작은 마을에 살고 있을 때와 같이 만들어준다. 이러한 문화 속에서는 큰 기업들도 과거 단골손님을 하나하나 챙기던 구멍가게처럼 행동해야 한다고 본다. 이것이 생큐 이코노미다. 고객과 관계를 맺고 고객에게 감동을 주는 데 기업이 투자를 하고 이를 통해 수익을 내는 문화다.

Q. 소셜미디어 등을 통한 고객관리도 높은 투자수익률(ROI)을 낼 수 있다고 주장했다. 하지만 보통 고객관리 투자는 ROI가 거의 없는 분야라는 게 통념이다.

고객관리를 통한 ROI는 분명히 존재한다. 예를 들자면 이런 것이다. 한 통신사는 단 한 번의 트윗으로 수많은 고객의 마음을 움직였다. 이로 인해 벌어들인 비용은 수천 달러다. 한 치과의사는 환자의 온라인을 통한 '사이버 진료'로 수십 명의 오프라인 단골손님을 만들었다. 이게 바로 고객관리를 통해서 ROI를 높일 수 있는 실제 사례다.

Q. 대부분의 고객들의 일과 트위터에 직접 댓글을 다는 것으로 잘 알려져 있다. 쉽지도 않고 힘든 부분도 많을 텐데.

사실 모두에게 답하지는 못한다. 2006년부터 3년간 타율이 10할이라면 이제는 9할 정도 된다. 놓치는 부분이 많다. 또 재미있는 것은 내 답에 모두 긍정적인 반응을 보이지는 않는다는 것이다. 내가 한번씩 뭔가 빠뜨리면 그곳에 더 집중할 때가 많다. 그러면 지금까지의 노력이 헛수고가 되기도 한다.

Q. 그래서 많은 기업인은 소셜미디어를 멀리하는 경우가 많다. '잠깐 뜨고 사라질 트렌드 때문에 큰 피해를 보고 싶지 않다'는 생각을 하는 기업도 있다.

그들에게 나는 늘 '2020년에 보자'고 말을 한다. 사실 그들과 나, 둘 중 하나는 옳은 말을 하고 있을 테니 말이다. 2020년이 되년 소셜미디어가 우리가 앞으로 소통을 하는 보편적인 미디어가 될지 그렇지 않을지가 결정될 것이다. 하지만 중요한 것은 '소셜미디어'가 아니라 '소통'이다. 소셜미디어는 단순히 소통의 한 방법이다. 웹 2.0시대가 이제는 지고 있다고 말하는 사람들도 있지 않나. 하지만 웹 2.0은 현재의 소셜미디어를 등장하게 한 발판이고 또 현존한다. 소셜미디어 역시 소통하기 위한 수단이다. 나 역시 소셜미디어 이전에도 꾸준히 고객과 소통하기 위해 노력해왔다. 지금은 소셜미디어를 활용해 '더 많이' 소통하고 있을 뿐이다.

Q. 소셜미디어라는 소통수단의 독은 '악성 댓글' 아닌가. 이 독을 피할 수 있는 방법은 없나.

나는 악성 댓글을 다는 고객이 기업 이미지에 치명타를 입힐 수 있다는 말에는 동의할 수 없다. 내 생각과 정반대이기 때문이다. 누군가가 대화의 장에서 노이즈를 계속해서 만들어내는 것은 자신의 이미지를 실추시킬 뿐 기업 이미지에 타격을 입히는 게 아니다. 관계의 맥락(context) 속에서는 누군가 나쁜 말을 했다고 쉽게 마음이 바뀌지 않는다. 보다 심오하다는 소리다.

예를 들어보자. 내 경우는 나의 어머니가 한 회사에 대해 나쁜 이야기를 하면 나 역시 이에 동조할 것이다. 반면 아버지가 또 다른 회사에 대해 험담을 하면 흘려 들을 것이다. 내 어머니는 거의 불평을 안 하는 분이지만 아버지는 매사에 불평불만을 하는 분이기 때문이다. 이처럼 사람들은 결국 '필터링' 기술을 익히게 될 것이다. 누구의 말이 들을 만하고, 누구의 말이 버려도 될 이야기인지는 조금만 겪다 보면 다 알게 될 일이다.

Q. 때로는 비방에 초연해지는 둔감함도 필요하다는 이야기인가.

그렇다. 공개적 비방이 기업 이미지에 치명타를 입히기 때문에 새로운 세계에 접근하지 않겠다는 말을 하는 기업들은 사실 숙제를 덜 한 것이다. 공부를 하지 않았을 뿐 아니라 자신이 가지 않은 길에 대한 핑계만 대는 것과 같다. 기업이 무엇인가를 정말 잘못했을 때에만 비방이 기업

이미지를 떨어뜨릴 수 있다.

바이너척은 마지막으로 경영자들에게 "스스로를 먼저 파악하고 행동하라"는 조언을 남겼다. 내성적인 사람이라면 직접 고객 앞에 나설 필요는 없다는 뜻이다. 바이너척의 주문은 '귀와 입을 열라'는 것이다.

외향적인 사람이라면 고객 전면에 나서야 한다. 하지만 한 사이즈의 신발이 모든 사람의 발에 맞을 수는 없다. 다만 사람들이 이렇게 소통을 하고, 또 소통을 원하고 있다는 사실을 리더는 반드시 알아야 한다. 사람들이 어떻게 생각하는지, 또 어떤 방향으로 가고 있는지를 무시하는 순간 당신은 가장 힘든 순간을 겪게 된다. 말을 하며 대화를 시도하기 힘들면 눈과 귀를 고객에게 최대한 열어라. 이게 지금 이 순간 비즈니스 세계가 흘러가고 있는 방향이다.

·· He is…

1975년 벨라루스에서 태어났다. 22세가 되던 해 뉴저지에서 아버지가 운영하던 연 매출 400만 달러의 와인가게를 맡아 대형 와인마트로 성장시켰다. 2006년부터 와인에 대한 주제를 다루는 인터넷 TV 쇼 〈더 선더 쇼(The Thunder show, 현 와인 라이브러리 TV)〉를 시작해 일약 와인업계와 소셜네트워크업계 스타로 떠올랐다.

2009년 발간한 저서 《크러쉬 잇(Crush it)》은 〈뉴욕타임스〉와 〈월스트리트저널〉 베스트셀러 목록에 올랐고, 이후 출간한 《생큐 이코노미(The thank you economy)》도 〈뉴욕타임스〉와 〈포브스〉 등 유력 매체에 소개되며 좋은 반응을 얻었다. 그는 2009년 미국의 남성 포털 사이트 애스크맨닷컴(Askman.com)에서 가장 영향력 있는 남성 순위 49위에 올랐고, 그의 블로그는 〈비즈니스위크〉에서 '모든 기업가가 폴로해야(follow) 하는 블로그'로 선정되기도 했다.

직원도 고객만큼 잘 챙겨라

바이너척은 고객에게 '고맙습니다'를 외치라고 주문한다. 때로는 직원보다도 고객을 더 많이 챙기라고 강조한다. 그러면서도 한편으로는 '직원도 고객만큼 챙겨라'라고 말한다. 어찌 보면 앞뒤가 맞지 않는 얘기다. 하지만 조금만 더 살펴보면 무슨 뜻인지 쉽게 알 수 있다. 고객에게 '고맙습니다'를 외치고, 머리 숙여 사과하고, 그들의 이야기를 듣고 공감하는 것은 리더 혼자서 할 수 있는 일이 아니다.

마을 어귀의 구멍가게 주인 할머니는 마을의 철수네 집에 밥그릇과 숟가락이 몇 개인지도 알았다. 하지만 챙겨야 할 사람이 '지구촌'으로 커져버린 지금, 주인 혼자서 수천, 수만, 혹은 수억 명에 달하는 마을 사람들을 상대하는 것은 불가능하다. 그렇다면 주인의 신념을 감동적으로 전달하는 유능한 '대변인'이 필요하다. 이 대변인은 기업 안에 있는 전 직원이다.

"고객과 소통을 하려는 문화는 혼자 만들어가는 게 아닙니다. 고객을 향한 당신의 메시지가 마치 당신의 입에서 나오는 것처럼 전달이 돼야 고객은 감동합니다. 이를 위해 사람을 섬기고 소통하는 문화가 리더로부터 아래로 강하게 전달돼야 하지요. 생큐 이코노미의 시작은 직원을 챙기는 데서부터 나옵니다."

고객들에게 좋은 서비스로 칭송 받는 기업들은 대체로 좋은 근무환경을 가지고 있다. 실제 최고 고객만족 서비스 기업이라고 평가 받고 있는 미국의 온라인 신발 판매 기업 자포스는 2010년 미국 경제전문지 〈포천〉이 선정한 일하기 좋은 기업 중 15위를 차지했다. 하지만 카페테리아의 맛있는 음식과 호텔급 휴게실, 거창한 보너스 급여와 같은 물질적인 복리후생만이 직원에게 감동을 주는 것은 아니다.

바이너척은 직원을 행복하게 만드는 비결을 두 가지로 정리했다.

"우선 직원은 자신이 한 명의 완전한 성인(adult)으로 인정받고 있다고 느끼면 행복해 합니다. 즉 그들의 매니저가 그들을 완전히 신뢰하고 있다고 느낄 때 만족감을 느끼는 거지요. 또 자신들의 개인적인 필요가 채워질 때도 감동을 하게 됩니다. 마치 1대1로 보살핌을 받고 있다고 생각하게 되는 거죠."

바이너척이 운영하고 있는 브랜드 컨설팅 회사 '바이너미디어(Vaynermedia)'는 모든 직원이 정시 출근한다. 자유로운 출근 문화는커녕 직원들이 편안히 수다를 떨 수 있는 '프리 스낵 바'도 없다.

하지만 바이너척은 직원들에게 '감동'을 주기 위해 한 가지 파격적인 제도를 만들었다. '정책이 없는 휴가정책'이다. 즉 정해둔 휴가 기간 없이 원하는 만큼 휴가를 갈 수 있게 해 준다. 때와 기간 모두 직원 스스로 결정한다.

바이너척은 "나는 그들을 잘 모르지만 분명 누군가는 남들보다 긴 휴가가 필요할 수 있고 또 누군가는 생각보다 휴가를 덜 쓰고 싶을 수도 있기 때문에"라고 말한다.

초반에 직원들은 리더의 눈치를 보느라 너도 나도 최소한의 휴가를 갔지만 점차 본인에게 더 많은 책임과 권리가 위임됐다는 것을 깨달으면서 휴가를 자유롭게 쓰는 직원이 늘어갔다. 하지만 그들의 업무 효율은 110%로 늘어났다.

미국 보스턴에 본사를 둔 멕시칸 레스토랑 볼로코(Boloco)는 리더의 적극적인 모습을 통해 직원들이 리더를 '롤 모델'로 생각하고 이를 따른다. 볼로코 창업자는 직원들에게 24시간 건강관리 프로그램을 지원하고 사내 커뮤니케이션 강화를 위해 영어와 스페인어 강좌도 지원한다. 덧붙여 소셜 미디어를 통해 고객을 관리하는 모습을 직접 직원들에게 보여준다.

한 고객이 트위터에 '이 지점의 음악이 너무 커요'라고 불만사항을 올리면 그는 즉시 이를 확인해 지점 매니저에게 음악을 줄이라고 지시하고 직접 댓글을 올린다. 고객이 불만을 제기하는 메일에도 자신의 사정을 솔직히 드러내며 정중히 사과한다. 리더가 자신들을 챙김과 동시에 고객도 챙기는 모습을 보며 직원들은 영감을 얻는다.

바이너척은 이러한 직원 관리가 작은 기업에서만 할 수 있는 게 아니라고 강조한다. 미국 최대 가전 유통업체 베스트 바이는 작은 발상의 전환을 통해 수많은 직원들을 진정한 기업의 편이자 리더의 편에 서서 고객에게 감동을 전하는 든든한 입이 되도록 했다. 이들은 자신들의 직원들에게 '트웰프포스(Twelpforce)'라는 직위를 부여했다. 이는 트위터(Tweeter)를 통해 고객을 돕는(Help) 정예군인(Force)이라는 뜻이다.

트웰프포스로 활동하는 직원들에게는 파란 배지를 수여했다. 이 배지는 훈장 이상의 효과를 발휘했다. 직원을 대우하니 그들은 전문가가 됐다. 그들은 1대1 고객센터 직원이 돼 자신들의 지식을 고객과 나누기 시작했다. 2,600여 명의 직원은 3만 5,000명의 폴로어를 가진 트위터에 올라온 고객의 문의·불만사항에 12분 만에 답변하는 '기적'을 이뤄냈다.

Part **6**

구조조정 서바이벌

기업의 트라우마를 극복하라

기업트라우마 극복 어떻게

2008년 미국 대형 투자은행 리먼브러더스가 파산 보호 신청을 낸 것을 시작으로 월스트리트는 혼란기를 겪었다. 당시 펜실베이니아대 MBA를 졸업하고 당당히 월가에 입성했던 두 친구 더글러스와 월터는 나란히 구조조정 대상자 명단에 자기 이름이 올라 있는 것을 보고 큰 충격을 받았다. 예기치 못한 일을 겪은 두 청년은 공황 상태에 빠졌다. 이들은 심각한 우울증세에 시달렸고, 삶의 의욕마저 잃었다. 미래에 대한 전망도 밝지 않아 불안한 나날을 보내야 했다.

이 두 직장인에게 닥친 상황은 같았지만 2주 후 이들이 취한 대처 방식은 완전히 달랐다. 더글러스는 스스로에게 자신이 해고당한 이유가 경기 때문이지 자기 자신 때문이 아니라는 생각을 계속 주입했다.

반면 월터는 무기력증에서 헤어
나오지 못했다. 그는 금융업이
본인 적성에 맞지 않다고 생각
했고 경기 회복 가능성에 대해
서도 매우 부정적이었다.

더글러스는 이후 월스트리트
에 있는 기업 문을 10곳 이상 두
드렸지만 직업을 구할 수 없었
다. 그는 할 수 없이 고향으로 내
려갔다. 고향에서 6개 기업에 이
력서를 냈고 결국 이 중 한 곳에

긍정심리학 창시자인 마틴 셀리그만 펜실
베니아대 교수.

서 합격 통지서를 받았다. 반면 월터는 경기가 회복된 후에도 직장을
구할 생각을 하지 않았다. 그 역시 고향에 돌아갔지만 별다른 직업 없
이 부모님과 함께 살고 있다.

더글러스와 월터는 비슷한 환경에서 자라 소위 비등한 '스펙'을 쌓
았고 비슷한 사회적 지위까지 갖췄지만 한 번 실패한 후 정반대 인생
을 걷게 됐다.

긍정심리학 창시자인 마틴 셀리그만 펜실베이니아대 교수는 "실패
에 대처하는 방법 차이가 두 사람 인생을 결정지었다"고 말했다. 마틴
셀리그만 교수는 베스트셀러인 《긍정심리학》, 《학습된 낙관주의》 저
자이며 국내에서는 《플로리시》를 출간해 관심을 모았다.

"이들은 양극단적 실패대응법을 가지고 있었어요. 더글러스와 같
은 부류는 얼마간 시련을 겪은 후 금세 회복할 뿐 아니라 지난 경험을

자양분으로 삼아 성장하는 모습을 보입니다. 반대로 월터와 비슷한 성향을 가진 사람들은 미래에 대한 두려움에 사로잡혀 모든 것을 포기하고 말지요."

그는 "실패는 아무도 겪고 싶어하지 않지만 분명 직장생활 중 일부분이며 인생에서 겪는 수많은 트라우마 중 하나"라며 "회사에 필요한 인재는 실패 위에 우뚝 설 수 있는 더글러스와 같은 존재"라고 말했다.

그는 '외상 후 스트레스 장애(PTSD, Post Traumatic Stress Disorder)'보다 시련을 겪은 후 오히려 더 성장하는 '외상 후 성장(PTG, Post Traumatic Growth)'에 더 관심을 기울여야 한다고 조언했다. "조사를 해 보면 PTSD에 대해 아는 사람은 97%에 달하지만 PTG를 아는 사람은 10%도 안 됩니다. 하지만 PTG를 경험하는 사람이 많을수록 기업과 조직이 성장하게 마련입니다. 이들은 스스로 위기를 넘어 회사 전체가 위기를 겪고 있을 때도 조직이 더 성장할 수 있도록 돕지요."

그렇다면 조직에서 외상을 성장의 계기로 삼을 수 있는 사람을 처음부터 구분할 수 있을까? 그는 이 부분에 대해서는 고개를 젓는다. "트라우마를 경험하면 사람들은 초반에 비슷한 반응을 보입니다. 이를 바탕으로 성장하느냐, 계속 나락으로 떨어지느냐는 한참 후 문제입니다. 전자와 같은 부류가 많을수록 회사는 발전하지만, 나조차도 많은 시간을 들여 대상자를 일일이 검사하지 않고서는 이런 기질을 가진 사람을 찾아내기 어렵습니다."

그가 선택한 방법은 교육과 훈련이다. 실제 그는 미군과 그 가족 100만 명 이상이 트라우마를 단기간에 극복하고 성장을 위한 발판으로 삼을 수 있도록 돕는 교육 프로그램을 개발했다.

"철학가 프리드리히 니체의 말을 기억하십시오. 나를 죽이지 않는 모든 것들이 나를 강하게 만드는 법입니다."

He is…

마틴 셀리그만 펜실베이니아대 교수는 1942년 미국 뉴욕에서 태어났다. 프린스턴대에서 심리학을 전공한 후 펜실베이니아대에서 심리학 석·박사 학위를 받았다. 스위스 웁살라대 명예박사, 매사추세츠 전문 심리학 학교 명예박사 학위도 있다. 행복, 긍정적인 사고 등을 연구하는 '긍정 심리학' 창시자이기도 한 그는 어떤 상황에 닥쳤을 때 이 상황이 자신이 통제할 수 있는 범위를 넘어섰다고 생각하면 무기력감을 느끼게 된다는 '학습된 무기력증' 이론을 발표해 심리학계에서 두각을 나타냈다. 미국 심리학회 회장을 역임했으며 현재 110만 명에 달하는 미군과 회복 탄력성에 대한 연구를 진행 중이다. 펜실베이니아대 긍정심리학 센터장이기도 하며 미국 국립정신보건원, 국립노화연구소, 국립과학재단, 로버트 우드 존슨 재단, 애틀랜틱 자선 재단 교육부 등에서 연구 후원을 받는다.

셀리그만 교수의 '외상 후 성장' 트레이닝법

외상 후 성장(PTG)은 개인과 기업에 모두 도움이 되는 법. 셀리그만 교수는 "역경에 대처하는 방법에 대해 고민을 하기보다는 역경에서 더 빨리 회복할 수 있는 방향을 생각해야 한다"고 조언한다. 그에게 역경에서 '회복'하기 위한 자가 트레이닝법에 대해 들어봤다.

● 트라우마를 제대로 이해하라

지피지기면 백전무태(百戰無殆)라 했다. 셀리그만 교수 역시 트라우마에 맞서는 제일 첫 번째 무기는 "트라우마 자체를 아는 것"이라고 말한다. 충격에 빠지면 많은 이는 극심한 우울함과 절망감, 무기력함을 느낀다. 사람들은 이때 스스로에 대한 믿음을 잃고, 미래에 대한 불안함을 가진다. 하지만 셀리그만 교수는 이러한 심리 상태가 "충격 후 오는 당연한 반응"이라고 말한다.

"심리적인 외상, 마음에 입은 큰 상처가 당신을 다치게 할 수 있다. 하지만 이것은 결함이 아니다. 많은 이는 이런 심적 상태에 봉착하면 자신에게 외상 후 스트레스 장애가 생겼다고 생각하기도 한다. 트라우마와 이에 따른 반응을 제대로 이해하지 못했기 때문에 새로운 문제를 스스로 만들어 내는 것이다."

● 불안을 통제하라

불쑥불쑥 떠오르는 생각과 이미지를 스스로 통제하는 트레이닝을 해야 한다는 게 셀리그만 교수의 두 번째 조언이다.

"불안감을 줄여라. 예를 들어 한 직장 상사가 부하 직원을 굉장히 부정적으로 평가했다고 가정해 보자. 이 부하직원은 아마도 '나는 앞으로 승진이 어려울 거야. 나는 자질이 없어'라고 생각할 수 있다. 최

악 상황을 가정하는 것이다. 하지만 이렇게 생각해 볼 수도 있다. '내
평가를 그렇게 내린 건 그 사람 실수야' 혹은 '앞으로 더 나은 평가를
받기 위해 상담 요청을 해 봐야겠다'고 생각할 수 있다. 어떤 상황이
닥쳤을 때 이를 최악, 최상, 보통 등 세 가지 상황으로 구분해 사고하
는 방식이 도움이 된다."

● 트라우마를 당당하게 공개하라

병은 널리 알리라고 했다. 자신이 트라우마를 가지고 있다면 당당
하게 밝힐 필요가 있다. 셀리그만 교수는 트라우마를 감추면 심리적

인 상처와 신체적인 증상이 모두 악화될 수 있다. 당당히 털어놓아야한다고 조언했다. 그는 이를 위해서는 주변인의 격려가 필요하다고 덧붙였다.

• 트라우마를 '스토리텔링'하라

본인이 겪은 트라우마를 구체적으로 서술하면서 스스로를 치유하는 방법이다. 잃으면 얻는 것도 있고, 슬픈 일이 있으면 감사할 일도 있는 것이라는 사실을 먼저 인식해야 한다. 트라우마를 겪은 경험을 서술하면서 이를 극복하기 위해 스스로 어떤 노력을 했는지, 이 와중에 본인의 어떤 강점을 발견했는지, 어떻게 인간관계를 회복했는지에 대해 자세히 서술하게 된다.

• 도전에 맞서 삶의 새 원칙을 정하라

스스로에게 트라우마의 생존자라는 새로운 타이틀을 부여하는 것이다. 이타적인 사람이 되기 위한 새로운 방법에 대해서도 고민해 보고, 실패 후 성장을 받아들이는 자세도 가져야 한다.

• 사회적 회복탄력성의 힘을 믿으라

셀리그만 교수는 자신의 트라우마뿐 아니라 타인의 트라우마를 관찰하는 능력도 가져야 한다고 강조했다.

"사회적인 회복 탄력성이란 사회적인 관계를 통해서 트라우마를 극복하는 방법이다. 사람은 자신과 타인의 차이점을 활용하고 서로를 위해 희생하면서 보다 성장할 수 있다."

그는 상대가 느끼는 정서를 이해할 수 있는 방법을 군인들에게 가
르쳐 왔다. "군인들은 먼저 뇌 활동에 대해 이해하는 강연을 들은 후
사진을 여러 장 보고 구분하며 타인의 감정을 정확히 파악하고 구분
하는 연습을 한다. 타인이 고통 받는 것을 목격할 때 본인들이 어떻게
반응해야 하는지에 대해서도 배운다."

직장인 트라우마 치유, 한국은 걸음마 단계

국내 최고 명문대를 졸업하고 미국에서 박사학위를 받은 후 자기
분야에서 최고 전문가로 인정받고 승승장구하던 어떤 이는 '업무가
많아 살기 힘들다'는 유서를 남기고 투신 자살했다. 그는 이 밖에도
인사 문제, 실적 압박, 조직 내 갈등 때문에 고민해 왔던 것으로 알려
졌다.

"밖에서는 수억 원대 연봉을 받고 많은 사람을 거느리는 경영자들
의 겉모습을 보고 동경한다. 하지만 조직 내에서 가장 많이 상처받고
스트레스 받는 이들 역시 경영자라는 사실은 별로 알려져 있지 않다."

경영 컨설팅 회사 타워스왓슨의 박광서 사장은 사회생활을 하다 보
면 경영자와 직장인 모두 크고 작은 상처를 경험하지만 특히 한국에
서는 이를 극복하기 위해 조직 차원에서 도와주는 것이 많이 부족하
다고 말했다.

"외국 기업 가운데 경영진이 정기적으로 심리상담을 받고 사적인
고민을 털어놓을 수 있는 창구를 마련해 놓는 곳이 많다. 어떤 곳은 이

를 의무화해 상담을 받지 않으면 페널티를 주기도 한다. 경영자들이 트라우마를 극복하지 못하면 조직 전체가 위기에 놓일 수 있다는 사실을 잘 인지하고 있기 때문이다. 하지만 한국 기업들은 아직 이런 부분에 대한 관심이 부족하다. 뿐만 아니라 직원 고충 처리소도 미약한 수준이다.”

박광서 사장은 “실적에 대한 불안감이나 해고에 대한 두려움부터 시작해 배우자 죽음까지 그들이 정신적으로 상처받을 수 있는 많은 부분에 대해 회사 차원에서 관심을 기울여야 한다”고 조언했다.

인사경영컨설팅 회사인 휴잇의 박경미 사장은 “국내에도 대기업을 시작으로 EA(Employ Assistant)를 고용해 직원들이 실패나 괴로움을 상담하고 도움을 받을 수 있게끔 하는 제도가 마련되고 있지만 아직 초기 단계”라고 말했다.

“회사가 직접 해결해 주기 힘든 회색지대 문제, 즉 가족 간 불화나 금전적인 문제와 같은 직원 개개인이 가지고 있는 문제를 방치해둘 수도 있다. 하지만 이들이 문제에 대한 해결점을 찾지 못한 채 무기력감에 빠져 있거나 결국은 회사를 그만두게 된다면, 이 역시 회사에 굉장히 큰 손실이 된다. 회사가 그들이 스스로 해답을 찾을 수 있도록 도와주는 일을 함으로써 이런 손실을 막을 수 있다는 생각을 해야 한다.”

우종민 인제대 신경정신과 교수는 “사내외에서 겪은 크고 작은 충격으로 인한 외상을 회복할 수 있도록 조직 내에서 돕는 프로그램은 조직원이 성장하는 데 굉장히 중요하지만 아직 기술적인 접근은 별로 없는 편”이라며 “한국 조직문화는 ‘남들 다 겪는 거야’ 정도로 접근을 할 때가 많지만 보다 과학적인 접근이 필요하다”고 말했다.

"

트라우마 피할 수 없다면
성장 디딤돌 삼아야

"

"트라우마(trauma)가 정상적인 사회생활에 좋지 않은 영향을 미친다는 생각부터 부정해야 한다."

'트라우마'라는 단어는 주로 심리학에서 정신적 외상이나 영구적인 정신 장애를 남기는 충격을 일컫는 용어로 쓰인다. 실패, 재해 등 큰 충격을 받으면 사람들은 '외상 후 장애(PTSD)'를 겪으며 헤어나오기 힘들어 한다. 하지만 트라우마가 '장애'가 아닌 '성상'을 가셔나 준다고 주장하는 사람이 있다. '긍정심리학' 창시자 마틴 셀리그만 교수다. 그는 "트라우마는 '외상 후 장애'가 아니라 '외상 후 성장(PTG, Post Traumatic Growth)'을 가져다 줄 수 있다"고 말했다.

"예전에 베트남에 포로로 잡혀서 오랫동안 고문을 당했던 미군 중 60% 이상이 당시 겪었던 고난이 심리적으로 유익했다고 응답했다. 더 놀라운 사실은 이들 중 더 심한 고문을 당한 사람일수록 더 많이 성장한다는 사실이다.”

Q. 트라우마가 오히려 더 건강한 인생을 가져다 주는 요소라는 것인가.

트라우마 자체를 환영해야 한다는 이야기는 아니다. 다만 트라우마
가 종종 성장하는 데 계기가 될 수 있고, 이를 최대한 이용해야 한다는
것이다.

Q. 많은 사람이 트라우마를 극복하기 힘든 정신 장애라고 여기고 있다.

사실 일반적으로 정말 견디기 힘든 트라우마를 겪었다고 해도 3개월
이 지나면 대부분 사람들은 이를 극복한다. 단지 사람들이 그걸 깨닫지
못하고 있을 뿐이다. 통제 불가능한 충격 앞에서 그저 손을 놔 버리는 것
이다.

그는 오랫동안 ‘학습된 무력감’에 관해 연구했다. 학습된 무력감이
란 어떠한 충격을 받은 후 이 상황이 자신이 통제할 수 있는 범위를 넘
어섰다고 생각하면 어느 순간 이 환경에서 벗어나려는 의지를 상실하
는 것을 말한다. 실제 그가 시행한 임상시험 대부분은 이 원칙에 부합
했다. “견디기 힘든 소음이 발생하지만 이를 세어할 수 없는 폐쇄된 공
간에 하루 동안 갇혀 있던 사람 중 70%가 이후 제어 가능한 환경을 만
들어 줘도 소음을 줄이려는 시도를 하지 않았다. 그들이 손만 뻗으면
되는 곳에 소음을 줄일 수 있는 버튼이 있는데도 누르려 하지 않았다.
무력감을 학습해 버린 것이다.”

오랜 임상시험을 통해 학습된 무력감이 실제 존재한다는 결론을 내

린 후 그는 새로운 연구를 시작했다. 무력감을 학습하지 않은 30%에 대한 연구였다. "무력감에 빠지지 않은 사람들에 대해 15년간 연구하다 내린 결론은 그들이 가진 '긍정적 사고'가 이들을 통제 불가능한 상황에서 건져낸다는 것이었다. 긍정적 사고를 가진 이들은 역경을 겪거나 충격을 받은 후에 '이 상황은 일시적인 것', '어떻게든 풀어나갈 수 있는 잠깐의 고통'이라고 생각한다."

셀리그만 교수는 이러한 사고 방식이 헤어나올 수 없을 것 같았던 트라우마의 늪 속에서 사람들을 건져내고, 더 강하게 만든다는 사실을 발견했다고 주장한다. "트라우마와 관련해 가장 큰 문제는 정신적 충격 그 자체가 아니다. 한쪽 구석에 치우쳐 극복을 하려는 그 어떤 시도도 하지 않는 게 문제다. 수십 년간 연구를 하면서 내가 느낀 것은 대부분 사람은 회복 탄력성을 가지고 있다는 사실이다. 단지 그 사실을 제대로 인지하고 극복하려는 노력을 하지 않는 게 문제다."

셀리그만 교수는 "불안이나 충격, 역경에 대처하는 사람들 태도는 정규분포"라고 말했다. "모든 사람은 극심한 충격을 받으면 우울함과 불안증세를 보인다. 하지만 시간이 지날수록 이에 대처하는 행동은 달라진다. 한쪽 끝에는 PTSD, 즉 외상 후 스트레스싱 장애를 겪는 사람들이 존재한다. 충격을 극복하지 못하고 극심한 우울증에 빠지고 결국 자살에 이르는 사람들이다. 가운데 분포하는 대부분 사람들은 초반에 우울증세와 불안증세를 보이지만 일정 시간이 흐른 후 충격을 받기 전 상태로 돌아간다. 역경에 대처하는 가장 일반적인 방법을 잘 숙지하고 있는 사람들이다. 다른 한쪽 끝에는 단순한 회복을 넘어 더욱 더 강인해지고, 성장하는 사람들이 존재한다. 이들 역시

처음에는 극심한 불안감과 무기력증을 겪는다. 하지만 이들은 1년도
안 돼 이를 성공의 발판으로 삼게 된다."

Q. 외상 후 장애를 겪는 사람과 외상 후 성장하는 사람을 구분할 수 있는 방법은 없나.

처음부터 구분할 수는 없다. 앞서 말했듯이 해고, 전쟁, 재해, 누군가
와 사별 등 고통과 역경의 순간에서 사람들이 처음 겪고 느끼는 행동은
같다. 누구나 눈물을 흘리고, 우울해하고, 식욕을 잃거나 혹은 폭식을 하
고, 삶의 의욕을 잃어버린다. 모든 사람이 겪는 지극히 정상적인 반응이
기 때문에 초반 반응을 보고 이들을 구분할 수는 없다. 하지만 외상 후 장
애를 겪는 사람들은 회복, 즉 이 상황에서 빠져나가는 것 역시 정상적인
반응이라는 사실을 종종 잊어버린다. 처음 겪는 충격 속에서 '앞으로 더
우울해질 거야', '이런 상황이 계속될 거야'라는 생각을 가지는 건 비정상
적인 상황을 예측하는 것이다. 정말 정상적인 것은 더 우울해지는 것도,
외상 후 장애를 겪는 것도 아니다. 회복되는 것이 제대로 된 답이다.

Q. PTG 범위 안에 들려면 좌표 선정을 제대로 해야 한다는 것인가.

그렇다. 초점을 당장 앞에 놓인 우울함이나 불안에 맞추는 게 아니라
이후 다가올 회복의 순간에 둬야 한다는 것이다. 당장 우울함이나 현재
상황은 미래를 방해하는 감정이 아니라는 사실을 명확하게 인지해야
한다.

Q. 하지만 막상 문제가 닥치면 눈 앞에 놓인 것만 보게 되지 않나.

물론 자기 상황이라고 생각하면 그렇다. 하지만 관찰자 관점에서 이 상황을 본다고 가정하자. 당신이 절망에 빠져 있는 이들을 바라보며 위로할 때를 생각해 보라. 놀랍도록 긍정적으로 이야기하고 있는 자신을 발견할 수 있을 것이다. 때로는 관찰자 시선으로, 즉 객관적으로 자기 상황을 보는 법을 트레이닝해야 한다.

사실 트라우마란 일생 동안 겪지 않는 것이 좋겠지만 피할 수 없으면 극복해야 하는 법. 트라우마를 겪은 후 매몰되지 않고 극복해야 한다는 그의 주장은 모두 일리가 있어 보인다. 하지만 트라우마가 곧 성장이 된다는 그의 주장에는 고개가 끄덕여지면서도 여전히 생소함이 남는다.

Q. 트라우마가 성장을 가져오는 이유가 뭔가.

사람은 상호 소통하는 존재이면서 동시에 스스로 이야기를 만들어내는 존재이기도 하다. 고통을 겪은 후에도 마찬가지다. 트라우마를 가져다 주는 사건들, 즉 전쟁이나 해고, 사별에 대해 자신들만의 이야기를 만들어낸다. 스스로 만들어낸 이야기는 새로운 삶의 원칙을 만들이 준다. 회복 탄력성, 즉 회복력이 큰 사람들은 이를 이용해 더 발전적인 원칙을 만들어낸다.

Q. 회복력이 큰 사람들이 외상 후 성장에 보다 쉽게 이를 수 있다는 말인 것 같은데.

그렇다. 회복 탄력성이 매우 큰 사람들은 무력감을 느낄 새도 없이 이

전 상태로 돌아가거나 혹은 이전 상태 이상으로 성장한다. 눈앞에 닥친 문제를 극복할 수 있는 문제라고 생각하기 때문에 우울해지지 않는 것이다. 안타깝지만 회복 탄력성은 어느 정도 선천적인 성품이기도 하다. 검사를 해 보면 일란성 쌍둥이는 거의 유사한 회복 탄력성을 가지고 있다. 연구해본 결과에 따르면 긍정적인 태도를 가지는 사람 중 50%는 선천적으로 '긍정의 유전인자'를 가지고 태어난다.

Q. 긍정적인 사람은 대부분 '밝은 사람'이라는 이미지를 가지고 있다. 이들이 회복 탄력성이 높은 사람인가.

보통 행복지수, 긍정지수가 높은 사람들이 높은 회복 탄력성을 가진다. 긍정적인 사고 방식을 가지고 있기 때문에 눈앞에 닥친 상황에 매몰되지 않는 법이다. 이들을 연구해 보면 한 가지 공통점을 발견할 수 있다. 이들은 돈이 많은 것도, 더 나은 외모를 지닌 것도 아니다. 항상 운이 좋은 것도 아니다. 그들이 가진 공통점은 이들이 굉장히 사교적이라는 점이다. 다양한 부류의 친구들이 있으며 즐거운 시간이나 괴로운 시간을 주변 사람들과 함께 보낸다.

Q. 사회적인 관계가 외상 후 성장에 중요한 몫을 한다는 이야기인가.

인간은 생태계에서 특별히 인상적인 동물은 아니다. 속도가 느리고 체력이 약하다. 덩치가 큰 것도 아니고. 하지만 인간이 동물과 다른 점은 사유하는 능력과 목표를 추구할 때 다른 사람들과 함께하는 능력이 있다는 것이다. 서로 이해하고 원활하게 소통을 하고, 상대방이 느끼는 감정을 공유할 수 있을 때 서로의 절망을 극복하는 법을 깨닫게 된다.

Q. 상대적으로 타인과 소통이 적은 내성적인 사람들이 외향적인 사람들보다 회복력이 떨어진다는 말인가.

꼭 그런 건 아니다. 그건 상관관계이지 인과관계는 아니다. 행복해지는 요소, 긍정적인 마음을 가지게 하는 요소는 사회적인 관계만 있는 건 아니니까. 일례로 어떤 사람은 답답한 현실에서 벗어나기 위해 혹은 보다 행복해지기 위해 몰입을 택한다. 이들은 몰입, 고도의 집중을 하다 보면 다른 고통이나 슬픔을 느끼지 않는다. 음악에 몰입하다 보면 마치 시간이 멈추는 것 같은 느낌이 드는 것과 마찬가지다. 누군가는 일에 몰두하기도 한다. 나는 이를 '행복한 몰입'이라고 말한다.

Q. 최근 한국에서는 상위 0.1% 수재들이 모여 있는 명문대에서 학생들이 잇달아 자살해 사회적으로 큰 염려를 낳았다.

한국 사정은 잘 모르지만, 자살은 주로 현실을 가망 없는 극심한 절망 상태라고 느낄 때 발생한다. 수재들을 포함한 많은 학생이 미래에 대한 가능성이나 현실을 헤쳐나갈 기본적인 역량을 가지고 있음에도 불구하고 삶의 의미와 목적을 종종 잃어버리는 때가 생긴다. 미래를 막연하고 흐릿하게 보다 보니 그렇게 되는 것이나. 삶을 실면서 쭉을 것 같이 나쁜 일이 일어나더라도 둘러보면 어느 곳엔가 새로운 문은 열려 있다는 사실을 기억해야 한다.

Q. 이런 절망감 속에 빠져 고통을 받고 있는 사람들을 도울 방법은 없나.

40여 년 전 내가 심리 치료에 대해 연구를 시작했을 때 나는 누군가의 우울함과 화, 걱정을 덜어주는 게 이들을 행복하게 하는 것이라 생각했다. 하지만 연구와 치료를 계속 하면서 내가 느끼는 건 공허함뿐이었다. 내가 접근했던 방식으로는 이들을 행복하게 할 수 없었다. 이 치료에서 최선은 이들을 그나마 덜 불행하게 하는 것이었다. 수십 년간 연구하면서 내가 깨달은 건 행복의 기술, 즐거운 삶의 기술은 고통을 더는 기술과는 다르다는 것이다. 당장 닥친 고통을 덜려고 애쓰지 마라. 거기에 쏟을 에너지를 행복해지는 데 쏟아라.

자본주의의 위기를 이해하라

시장경제 위기, 한 발 앞서 대처하라

주류 경제학자들조차 '자본주의 시장경제, 영미식 자본주의의 위기'를 말하고 있는 시대다. 여기에 더해 '월가 점령 시위'로 상징되는 자본주의 시스템에 대한 대중의 반감과 회의를 넘어야 하는 과제가 주어졌다.

매일경제 MBA팀은 이 문제에 대한 해법을 찾기 위해 국내 다수 경제·경영 전문가들과 석학들을 만났다. 시스템 위기를 전혀 다른 각도에서 조망하면서 주목을 받고 있는 세계 유수 경제잡지 〈포브스〉의 스티브 포브스 회장을 인터뷰했다.

전문가들은 "어차피 시장경제 시스템을 고쳐서 혹은 보완해서 써야 한다면 제도 변화 과정 자체를 기업이 주도해야 한다"고 제안했다. 예를 들면 선거 때 무상 복지가 남발되기 전에 기업에서 적극적인 정규직 전환과 일자리 창출을 모색하면 말 그대로 기업이 사회에 제공하는 복지가 생겨나고 제도 변화를 주도할 수 있다는 얘기였다.

포브스 회장은 "그래도 자본주의가 우리를 구할 수 있다"며 끝없는 변화 속에서도 흔들리지 않는 경영을 하라고 조언했다.

» <u>스티브 포브스 포브스미디어그룹 회장</u>

'1997년, 2002년, 2008년 그리고 2011년.'

최근에 겪은 세계 경제위기다. 위기는 '감기'와 같은 존재여서 끊임없이 돌고 돈다. 잘 넘겼다고 생각하면 몇 년 새 또 찾아온다. 자본주의라는 시스템 상에 근본적인 문제가 있는 게 아닐까. 2011년 세계를 깜짝 놀라게 한 '월가를 점령하라(Occupy Wallstreet)'처럼 자본주의에 대한 회의적인 시선들이 크게 늘고 있다. 이런 상황에서 《사본주의는 어떻게 우리를 구할 것인가(How capitalism will save us?)》라는 책이 전 세계 베스트 셀러로 떠올랐다. 화끈해서일까. 아니면 자본주의에 대한 반감 때문일까.

Q.《자본주의는 어떻게 우리를 구할 것인가》라는 책은 베스트셀러로 인기를 끌면서도 동시에 많은 비판을 받고 있다. 더 정확하게 말하면 자본주

의 자체가 많은 비판을 받고 있는 상황이다. 이런 시기에 자본주의 예찬론을 펼치는 이유가 무엇인가. 정말 자본주의가 완벽한 시스템인가.

사람들이 만든 모든 시스템은 완벽하지 않다. 아니, 오히려 완벽하면 그것이 이상한 것이다. 사람 자체가 완벽하지 못한데, 사람이 만들어낸 어떤 시스템이 완벽할 수 있겠는가. 자본주의 또한 완벽하지 않다. 하지만 현재로선 최선책이다. 자본주의는 지금까지 전 세계인의 삶을 윤택하게 만들었다. 스티브 잡스 같은 사람은 자본주의가 존재하지 않았다면 존재할 수 없었을 인물이다. 자본주의를 잘 생각해 보자.

자본주의는 합리적인 시스템이다. 정부로서도 별로 개입하지 않으면서 알아서 돌아가는 시장이고, 시장은 정부 관할을 받지 않은 상태에서 자유를 보장받아 좋다. 이보다 더 좋은 시스템을 난 아직 본 적이 없다. 이보다 더 합리적인 시스템을 본 사람이 있었다면 이미 바뀌었을 것 아닌가. 다들 불평불만을 쏟아내지만 그렇다고 해서 뚜렷한 해결책을 내놓지는 않는다. 오히려 멍청하고 덜 합리적인 것을 주장하고 있는 사람들뿐이다. 가장 합리적인 시스템을 계속 유지해 가자는 것이 무엇이 잘못되었단 말인가.

Q. 사회주의는 어떤가. 사회주의엔 정말 단 한 가지도 배울 점이 없는가.

사회주의를 한마디로 정의하면 '정부'다. 관료들은 좋겠지만 세상을 위해 좋을까. 전 세계가 자본주의가 아닌 사회주의로 돌아갔다면 휴대폰이라는 것은 개발조차 되지 않았을 것이다. 어디 휴대폰뿐인가. 지금 세계 사람들이 즐기고 있는 대부분이 존재하지 않았을 것이다. 휴대폰이 개발되었다 하더라도 지금으로부터 30년 전과 다를 바 없을 것이다. 30

년 전 처음 휴대폰이 세상에 나왔을 때를 기억하는가. 휴대폰 한 대 가격은 미화 4,000달러였다. 30년 전에 4,000달러였으면 현재는 얼마나 할까 상상이나 되는가. 사회주의에서 뭘 배울 수 있단 말인가.

Q. 그렇다면 가장 균형 잡힌 시장은 어떤가. 정부 개입은 어느 정도가 적당한가.

당신이 운전을 한다고 생각해 보자. 운전대를 잡은 당신은 차가 갈 수 있는 곳은 어디든지 갈 수 있다. 모두 당신 마음대로 할 수 있다. 물론 벌금 딱지를 끊을 각오까지 한다면 시속 몇 백 ㎞까지 달릴 수도 있다. 하지만 차가 갈 수 없는 도로를 당신은 달릴 수 있는가. 자동차가 달릴 수 있는 도로를 만드는 딱 거기까지가 정부가 자유시장에 개입해야 하는 정도라고 보면 된다. 그 도로 위에서 무엇을 하건 간에 개입하는 것은 안 된다. 어느 정도 질서는 있어야 하겠지만 더 이상 개입은 곤란하다.

Q. 한국은 초과이익공유제에 대한 논란으로 뜨거웠던 바 있다. 이건희 삼성전자 회장은 마르크스식 이념이라며 반발이 심했는데, 대기업이 해마다 설정한 목표 이익치의 초과분을 협력 중소기업과 나누는 이 제도에 대해 어떻게 생각하는지.

초과이익공유제라는 게 어디서 나온 발상인지 모르겠다. 물론 대기업과 중소기업이 계약을 할 때 애초부터 그런 내용에 합의했다면 문제는 달라진다. 하지만 부의 양극화가 생겨났다고 해서 제도적으로 더 많은 이익이 생긴 것을 아무 이유 없이 남들과 나눈다는 것은 도대체 말이 되지 않는다. 이 정도 제도적 개입은 자본주의 사상에 어긋난다. 다만 초반에 이야기한 것처럼 대기업과 중소기업이 계약서를 작성할 때 초과이익이 나면 나누겠다는 항목이 있다면 전혀 문제될 것은 없다.

Q. 자본주의는 애덤 스미스에 의해서 200년 전에 나온 것이다. 그렇지 않은가. 21세기에 200년 전에 나온 이론을 따라야 할 이유가 무엇인가. 개인적으로 가장 존경하는 경제학자는 누군인가.

애덤 스미스는 200년 전에 자본주의에 대해 이야기했다. 하지만 그가 말한 기본 원칙들 중에서 틀린 것이 없다. 기본이 확실한데 200년 전이든 더 전이든 상관없는 이야기 아닌가. 결국 사람의 모든 것은 기본만 잘 잡혀 있으면 부수적인 것들이야 변할 수 있다. 결국 나도 기본적인 원칙을 확실히 하는 자본주의를 말하고 있는 것이기 때문에 200년 전 이론이라 해도 상관없다. 내가 좋아하는 경제학자들은 프리드리히 하이에크와 애덤 스미스다. 가장 기본적인 자본주의를 이야기하면서 가장 정확하고 지켜야 할 기본이 완벽한 경제학자들이기 때문이다.

Q. 미래 경제는 어떻게 보는지. 많은 사람이 서양에서 동양으로 '힘의 이동(파워시프트)'이 일어날 것으로 예상하고 있다. 동의하는가.

최근 미국이나 유럽에 악재가 많았던 것은 사실이나. 하지만 그렇다고 해서 글로벌 파워가 미국에서 중국으로 옮겨갈 것이라고 생각하진 않는다. 유럽 은행 시스템이 완전 다운되지 않는다는 전제하에 미국은 연간 최소 성장률 3%를 기록할 것이다. 미국은 지금까지 그래 왔던 것처럼 혁신을 멈추지 않을 것이고 앞으로 10년간 꾸준히 성장할 것이다. 그러다 보면 성장에 속도도 붙을 것이고 다시 한 번 기회를 얻을 것이다. 미국은 여전히 세계 주요 국가로서 그 영향력을 유지할 것이다. 물론 아시아의 영향력은 지금보다는 확연히 커질 것이다. 하지만 중국이 미국을 넘어설 것이라는 의견들에 나는 동의할 수 없다. 아시아는 고성장을 기록할 것이지만 여전히 미국 영향력을 크게 받을 것이다.

Q. 현재 직함이 포브스라는 미디어그룹의 회장이다. 한국은 현재 종편 방송들이 개국했고 신문이나 잡지 같은 전통미디어에 대해 걱정하는 목소리가 나오고 있다. 이에 대한 당신 의견을 듣고 싶다.

미디어는 지금도 성장하고 있다. 그리고 더 많은 미디어에 대한 욕구는 점점 더 커지고 있다. 사람들은 미디어에 요구하는 것이 많아졌다. 예전에는 그저 방송에 흘러나오는 것들을 수동적으로 보았다면 현재 사람들은 자신들이 원하는 것을 요구한다. 미디어그룹들이 안고 있는 문제는 '앞으로 어떻게 돈을 벌 것인가'이다. 고객 입맛에 맞추려면 더욱 신선한 아이디어들이 필요하다. 이러다 보면 광고주들에게서 나오는 돈으로는 해결되지 않을 때가 많아질 것이다. 특별히 고객이 원하는 것과 광고주가 원하는 것이 다를 때 미디어가 선택하는 길이 중요하다.

내가 보기엔 앞으로 광고에 목숨 건 미디어는 망한다. 미디어라는 플랫폼을 확실하게 다졌다면, 그 플랫폼을 이용해 새로운 혁신이 필요한 때다. 방송 자체가 돈을 벌 수 있어야 한다. 방송에서 물건을 팔 수 있는 방법을 고심해 보라. 아마존은 책을 파는 플랫폼으로 시작해서 이제는 거의 모든 것을 판다. 모든 방송 또한 이래야 할 것이다. 신문이나 잡지 같은 전통미디어는 웹사이트와 여러 가지 새로운 기술과 통합되어야 한다. 이렇게 될 때에만 신문의 미래가 있다.

Q. 마지막으로 한국 독자들에게 하고 싶은 말은.

내가 보는 한국 미래는 밝다. 특별히 한국 경제 상황은 매우 긍정적이다. 만약 국가 주식이라는 것이 있다면 나는 한국에 투자할 것이다.

어디서나 똑같은 자본주의는 없다

지난 20년간 지구촌의 화두는 '세계 경제'였다. 하나 되는 세계, 법인세 감면경쟁(international tax competition), 영미식 자본주의로의 수렴. 기업들은 자본의 자유로운 이동을 발판 삼아 '체제 고르기(regime shopping)'가 가능한 것처럼 여겨졌다. 체제 고르기란 기업에 유리한 환경을 제공한 국가나 지역을 쉽게 선택할 수 있다는 의미다. 하지만 글로벌 경제위기 속에서 영미식 자본주의에 대한 반성이 커지면서, 또한 신흥 시장으로의 기업 진출이 본격화하면서 '체제 고르기'는 실제로는 불가능한 것이라는 주장이 설득력을 얻고 있다.

각국의 생산 체제는 자본주의라는 외피로 포장돼 비슷해 보이지만 실제로는 많이 다르다는 것. 자본주의도 영미식 자본주의(앵글로색슨)와 독일식(라인형) 자본주의로 시스템 자체가 나뉘어 있고 이슬람권 국가나 중국 인도 등은 기업들이 자기 나라의 정치·사회체제에 순응하도록 강제하는 경향도 있다.

전문가들은 "'어디에서나 똑같이 적용되는 하나의 자본주의 시스템'이란 본래 존재하지 않는다"며 "2012년의 글로벌 기업의 화두는 '체제 고르기'가 아니라 '체제 활용'"이라고 전망했다. 김도균 베인앤컴퍼니 상무는 "우리는 흔히 그 동안의 세계화 과정에서 각국이 유사한 유형의 시스템과 제도를 갖고 있을 것이라 생각하는 경우가 있었지만 실상은 그렇지 않다"며 "기업 경영환경의 자유도나 영업환경에서 큰 차이가 나고 이는 각국의 역사·문화·사회·관습적 제도에 기인한다"고 설명했다. 김 상무는 "미국과 영국은 자유방임에 가깝고 기업의 이윤 극대화를 최대한 보장하면서 정부의 간섭을 최소화하지만 독일식 자본주의는 정부 역할이 크다. 또 고객의 마인드와 정향도 완전히 다르다"고 지적했다. 모두가 시장경제 시스템이지만 같은 제도는 아니라는 얘기다.

이런 상황에서 경영자는 '일반적인 자본주의' 혹은 '한국에서, 미국에서 겪은 시장경제 시스템'이 어디에서나 똑같이 적용된다는 오류를 버려야 한다는 지적도 있다. 이처럼 '다른 제도'에 대한 이해를 바탕으로 현지화 전략을 짜지 않으면 큰 어려움을 겪게 된다는 뜻이다. 특히 지금처럼 영미식 자본주의에 대한 회의가 커져 있는 시점에는 각국이 나름의 방식으로 새로운 규제를 만들고 제도 변화를 모색할 것으로 예상된다. 기업들의 현지화 전략이 '어떤 시스템인가'라는 본원적 질문에서부터 다시 검토돼야 한다는 뜻이다.

금융위기 이후 진화하는 금융

기업재무 시대정신이 달라졌다

해외 투자 건을 논의하고 있는 A기업 회의실.

"갈수록 원자재값이 오르는데, 원료 확보가 시급합니다. 해외에 자원개발 합작사를 세웁시다." (CEO, 최고경영자)

"비용이 만만치 않습니다. 그만한 투자를 하려면 매출이 10%는 늘어나야 하는데요. 리스크가 너무 큽니다." (CFO, 최고재무책임자)

CFO는 투자 시 비용과 수익을 철저하게 따지고, 가급적 리스크를 줄이려는 본연의 임무를 성실히 수행 중이다. 하지만 결과적으로 A기업은 신속한 투자 결정을 내리지 못한 채 나날이 오르는 원재료 가격 앞에 진퇴양난에 빠지고 말았다. 과거의 관점이 한계에 부딪히는 순간이다.

글로벌 금융위기 발생 4년. 기업들의 재무활동 패러다임에 일대 변혁의 바람이 불고 있다. 1930년대 대공황 이후 최악의 위기를 겪으면서 생존을 위한 새로운 재무전략이 필요해졌기 때문이다. 황이석 서울대 경영대학원 교수는 "기업의 재무활동이나 회계이론은 기본적으로 크게 달라지기 어려운 분야지만 이제는 기존의 가치기준을 고민해봐야 할 시대가 왔다"고 말했다.

변화의 바람이 거센 대표적인 이슈는 △주주 자본주의 △사업 다각화와 기업 가치 △비재무적 요소를 반영한 통합 회계보고서(integrated reporting) 등 세 가지다.

주주 자본주의는 주주를 경영의 초점에 두는 미국식 자본주의로 기업의 경영목표는 '주주들에게 어떻게 하면 많은 배당을 안겨주느냐'에 맞춰진다. 실제로 '주주 이익 극대화'는 수많은 기업의 모토였고 배당을 많이 하는 회사가 각광을 받아왔다. 그러나 금융위기를 계기로 순이익 창출보다 주주배당이나 시세차익 확보에 집착했던 기업들이 장기적으로 '악수(惡手)'를 뒀다는 것이 증명됐다.

뉴욕에 본사를 두고 있는 부동산 기업 코언&스티어스 관계자는 "신주인수(引受)권을 가진 기존 주주들의 의사결정을 기다리고 눈치를 보느라 시장에 재빠르게 대응하기 어렵다"며 문제를 제기했다. 곽수근 서울대 경영대학 교수는 "이익이 나는 족족 챙기려는 머슴 마인드를 버리고 집안의 미래를 생각하는 맏며느리 마인드를 가져야 한다"고 말했다.

사업 다각화는 으레 기업 가치를 떨어뜨린다는 재무이론도 설득력을 잃고 있다. 기존 연구 결과에 따르면 다각화 기업의 기업 가치는 전문화 기업에 비해 약 10~15% 낮다. 한정된 자원을 효율성이 떨어지는 사업 부문에까지 나눠줘야 하고 여러 사업에 대한 정보도 부족하거나 오류가 나기 쉽기 때문이다. 부실한 기업이 최후 수단으로 신사업에 뛰어들 경우 다각화의 후유증은 더욱 심각해진다.

그러나 피터 디마르조 스탠퍼드대 경영대학원 재무담당 교수는 "경제위기 이후 '선택과 집중' 전략으로 전문화된 기업보다 사업 부문이 다양한 대기업들이 매력적인 투자·사업 기회를 많이 잡았다"며 반론을 제기한다. 황이석 교수 역시 "다각화 기업의 파산 확률은 전문화 기업의 절반 정도"라며 "다각화 전략은 불확실성이 높은 환경에서 기업 성과의 변동성을 낮추고 생존과 성장을 도모하는 수단이 될 수 있다"고 주장했다.

회계 분야에서 '메가트렌드'로 꼽히는 것은 단연 기업의 재무적 정보와 비재무적 정보를 통합하려는 움직임이디. 한국도 2011년부터 재무제표 작성 기준이 미국 일반회계원칙(GAAP)에서 국제회계기준(IFRS)으로 전환되었다. 나아가 환경과 지배구조, 인권 등 기업의 사회적 책임 활동까지 경제적 수치로 환산한 보고서가 요구되고 있다.

2011년 8월 설립된 국제통합보고위원회(IIRC)는 이러한 국제통합보고서 작성의 틀을 만들어 주요 20개국(G20) 정상회의 때 이 기준을 발표했다. 일명 '사회적 회계', '통합회계' 추세는 이미 유럽에서는 본격적으로 시행되고 있으며 투자의 중요한 판단 기준으로 자리 잡았다. 이에 따라 비재무적 보고서를 발표하는 기업들도 빠르게 늘고 있다. 글로벌 회계법인인 삼정KPMG에 따르면 지속가능보고서를 발간한 기업은 2000년 세계적으로 825개였으나 2009년 3,852개로 급증했다.

» **피터 디마르조 스탠퍼드대 경영대학원 교수**

성균관대와 한국정보통신진흥협회가 개설한 최고경영자 과정 강의를 위해 한국을 방문한 피터 디마르조 스탠퍼드대 경영대학원 교수는 두 가지 점에 놀라움을 나타냈다. 우선 서울이란 도시가 생각보다 엄청나게 크고, 대지진 참사가 발생한 지 얼마 되지 않았는데 일본 관광객이 매우 많더라는 설명이다. 금융전략 분야 전문가인 디마르조 교수는 "금융위기가 가장 심각한 사태인 줄 알았는데 진짜 재앙(real disaster)은 따로 있었다"며 부쩍 잦아진 자연재해와 경제에 미칠 악영향을 염려했다.

세계 경제가 여전히 장밋빛이었던 1980년대부터 경영대학원 교수로 활동해온 만큼 최근 몇 년 사이 시장에 불어닥친 변화를 바라보는 감회도 남다를 수밖에 없다. 그는 2008년 금융위기를 겪으며 기업 주주에게 이로운 것과 전체 경제에 이로운 것 사이에 간극이 발생했다고 지적했다. 일명 '대격차(big divergence)' 시대에서 기업의 재무 활동은 어떤 이정표를 따라 움직이게 될지 들어봤다.

Q. 최고의 상황처럼 보였던 2008년에 전 세계가 최악의 금융위기를 맞게 된 원인은 무엇이라고 생각하나.

시장이 너무 좋아 보였기 때문에 최악의 위기를 겪었는지도 모른다. 1980년대 중반부터 2000년대 중반까지 세계 경제는 저물가, 고성장으로 요약되는 '대안정기(great moderation)'를 누렸다. 가장 큰 실수는 이 기간에 각종 리스크가 줄어들고 있다고 착각한 것이다. 각국 중앙은행들은 스스로 인플레이션을 조절하고 시장 변동성을 줄일 수 있다고 느꼈다. 금융시장 역시 과거보다 훨씬 정교해진 기법들이 등장하면서 리스크를 통제할 수 있다는 자신감이 충만했다. 그러나 그런 배경과는 전혀 반대로 우리는 금융위기를 맞고 말았다.

가장 직접적인 원인은 금융업계에서 통용되는 레버리지가 너무 높았기 때문이다. 서브프라임 모기지 등 미국 주택시장이 대표적이다. 당시 레버리지 수준은 역사적으로 전례가 없을 만큼 높았지만 사람들은 여기에 익숙했다. 과도한 레버리지가 모든 종류의 리스크를 증폭시켰으나 그 누구도 앞으로 닥칠 전체 '리스크의 규모'를 예상하지 못했다. 실제 미국에서는 2007년 여름부터 위기 징후가 포착됐지만 전문가들조차 주택시장의 문제점이 글로벌 금융위기로 이어지지는 않을 것이라고 믿었다. 결국 2006년까지 너무나 안정적인 환경 속에 아무런 대비를 하지 않았다는 점, 레버리지 수준이 지나치게 높았다는 점이 드라마틱한 위기로 이어진 것이다.

Q. 금융위기 이후 '리스크 관리'에 대한 중요성이 한층 높아졌다. 자칫 금융 산업의 다양성을 위축시킬 수 있다는 지적도 있는데.

위기 이후 '새로운 규제(new regulation)'가 필요하다고 생각한다. 이는 규제 자체가 아니라 규제 환경의 변화를 뜻한다. 가장 절실한 것은 은행 자기자본 요건을 강화시키는 것이다. 새로운 국제 감독 규제인 '바젤Ⅲ'가 은행 건전성 규제를 강화하고 나섰지만 이보다 훨씬 높은 수준을 요구해야 한다고 본다. 왜냐하면 금융 섹터의 높은 레버리지가 또 다른 경제위기를 부를 수 있기 때문이다. 미국과 유럽의 일부 투자은행들은 유형자기자본비율(Tangible Equity Capital)이 평균 3% 수준이다. 향후 자산을 3% 정도만 더 잃게 되면 자본금이 제로가 되고 파산할 수 있다는 얘기다. 은행들이 미래 변동성에 대비하려면 더 많은 자기자본이 필요한 상태다.

Q. 은행들은 자기자본비율을 높이면 위험도가 높은 대출을 꺼리게 돼 대출이 급격히 줄고 신용경색이 더 심해질 수 있다고 반발한다.

사람들이 흔히 오해하고 있는 것이 있는데 자기자본비율을 높이라는 얘기는 자기자본을 추가로 마련하라는 것이 아니라 자금조달 방법을 바꾸라는 것이다. 대부분의 은행은 고객 예금을 대출해주면서 이자를 받아 자금을 조달한다. 쉽게 말해 남의 돈, 즉 부채로 장사하고 있는 것이다. 그러니 지금까지 자금조달에서 부채가 97%를 차지했다면 방법을 바꿔서 부채 비중을 85%나 90%로 낮추라는 얘기다. 앞으로 은행들은 단기

디마르조 교수가 말하는 재무관리원칙

· 투자자처럼 생각하고 오너처럼 행동하라
· 현금이 최고. 모든 투자는 현금화할 수 있
  도록 하라
· 의사결정을 위한 중장기 현금흐름에 집중
  하라
· 위험 관리·자원 활용으로 가치창조를 최
  대화 하라

부채에 의존하지 않고 어떻게 자금을 조달할 수 있는지, 어떻게 하면 자기자본을 더 많이 활용할 수 있을지 고민해야 한다.

Q. 자기자본비율을 높이는 것 외에 필요한 또 다른 규제가 있을까.

주주 배당에 대한 규제도 필요하다. 영국 등 많은 나라에서 이런 규제를 하고 있지만 미국은 '옳지 못한(wrong)' 방향으로 걸어왔다. 금융 당국은 기업이 지속적으로 배당을 늘리도록 허락해줬고 기업은 현금을 배당금으로 지출하면서 위기에서 취할 수 있는 중요한 쿠션을 잃고 말았다. 만약 은행들이 좀 더 많은 현금을 가지고 있었다면 위기에 유용하게 사용할 수 있었을 것이다. 현금을 가지고 주주들에게 배당할 것이 아니라 빚을 줄여나가는 데 써야 한다. 그런 의미에서 미국 은행들은 실수하고 있다. 다행히 다른 많은 나라는 은행에 높은 수준의 자기자본을 요구하고 있는데 이는 매우 사려 깊은 조치다.

Q. 금융위기 이후 기업들의 재무활동 가운데 변화가 있나.

기업들이 현금을 많이 보유하려 한다는 점이 가장 큰 변화다. 금융위기 이후 기업들은 주주 배당금을 낮추고 현금 보유액을 늘리고 있다. 많은 기업이 위기가 닥치자 돈을 구할 곳이 마땅치 않다는 사실을 절실하게 깨달았다. 거래하던 은행이 망해버렸는데 은행으로부터 돈을 대출받거나 거래를 할 수 있겠는가. 결국 레버리지를 줄이고 전에 없이 현금 보유액을 신중하게 관리하기 시작했다. '정상적인 상태'로 되돌아가고 있는 것이다. 물론 나중에는 쌓아 놓은 현금을 다른 방법으로 투자하겠지만 단기적으로는 투자나 비용을 모두 줄이고 현금을 늘리고 있다.

Q. 지금까지의 시장은 '주주 자본주의'를 숭배해왔다. 하지만 극단적인 주주 자본주의가 장기적인 기업 성장에 걸림돌이 된다는 지적도 있다.

우선 재무적인 측면에서 고배당이 언제나 좋은 것은 아니다. 재무학에서는 '기업은 유용한 투자처를 찾지 못했을 때 주주들에게 배당해야 한다'고 가르친다. 워렌 버핏은 좋은 투자 기회를 발견했기 때문에 굳이 배당을 하지 않는 것이고 구글도 벌어들인 현금으로 여러 가지 새로운 사업에 재투자한다. 기업은 오직 사업투자에 필요한 것보다 '더 많은' 현금을 벌어들였을 때에만 주주들에게 배당을 하는 것이다. 우선순위는 배당이 아니라 재투자라는 얘기다.

Q. 한국에서는 '상생'이나 '동반성장' 이슈가 여전히 뜨겁다. 대기업이 자본비용(capital cost)을 초과해서 벌어들인 이익을 협력업체와 나눠야 한다는 주장이 제기되기도 했다. 이런 이슈에 대해 어떻게 생각해야 할까.

시장이 이상적으로 작동할 때는 주주나 소유주 등 개인적인 인센티브와 사회적인 인센티브가 어느 정도 일치할 수 있다. 그리고 우리는 지금까지 개인적인 이윤추구가 사회적 가치도 증가시킨다고 배워왔다. 하지만 시장이 제대로 기능하지 못할 때, 즉 금융위기를 전후로 우리는 개인의 가치와 사회의 가치가 일치하지 않을 수 있다는 것을 깨달았다. 비즈니스 리더들의 역할은 바로 이런 불일치를 규제와 룰을 통해 재정비하는 것이다. 그것이 바로 자본주의 체제가 지속 가능토록 하는 길이기 때문이다. 회사의 장기적인 이익을 위해서도 이 둘을 조화롭게 가져가기 위한 정책적인 플레이가 필요하다. 그렇지 않다면 결국 반(反)기업적인 더 많은 규제를 요청하는 상황에 처할지도 모른다.

Q. 세계 경제가 순조롭게 회복을 계속할 수 있을까.

세계 경제는 회복 조짐을 보이다가 다시 속도가 저하되는 상황이 수없이 반복될 것이다. 그러면서 결국 장기적으로는 기울기가 낮은 회복 곡선을 그릴 전망이다. 결코 쉽지 않다. 앞으로 세계 경제는 지금까지와 매우 다르게 그려질 것이다. 현재로선 아시아의 미래가 밝다. 유럽은 여전히 그리스 사태 등으로 문제가 많고 미국도 해결해야 할 과제가 많다. 이 두 지역은 빠른 회복을 기대하기 어려워 보인다.

Q. 한국의 CEO, CFO에게 조언을 들려준다면.

우선 한국 기업들은 매우 성공적으로 위기를 극복했다고 생각한다. 지금 이 시점에서 기업의 재무와 관련해 가장 중요한 것은 사내에 적절한 내부 거버넌스 시스템을 갖추는 것이다. 또 투자자 친화적이고 외부 투자자들을 지원해 줄 수 있는 메커니즘을 갖추는 것이다. 한국의 경우 해외 투자자들에게 '투자 확신'을 심어주고 더욱 많은 글로벌 자금을 한국 기업에 유치시키는 것이 중요하다. 그러기 위해선 회계 투명성 수준을 더욱 높여야 한다. 미국의 투자자 보호제도, 선진시장의 주식을 통한 자본조달 환경과 정책 등은 벤치마킹할 만하다. 특히 최근 글로벌 회계

기준의 통합 추세에 대해 연구하고 선제적으로 대응하는 것이 효과적
이다.

피터 디마르조 교수는 미국 스탠퍼드 경영대학원 내 대표적인 재
무 연구자다. 특히 기업재무관리와 파생상품 분야에서 전문성을 인
정받고 있다. 1992년부터 1년간 미국 싱크탱크로 유명한 후버연구소
에서 국책연구원을 지냈으며 이후 노스웨스턴대 켈로그 비즈니스스
쿨, UC버클리 하스경영대학원 등 세계적인 MBA스쿨 교수로 활동했
다. 응용수학과 인지과학을 전공한 뒤 스탠퍼드대에서 경영분석(OR,
Operations Research) 석사와 경제학 박사 학위를 취득했다. 2002년부
터 스탠퍼드대에 재직 중이며 현재 금융모델링과 재무관리를 강의하
고 있다.

기업회계의 지각변동… 지속가능 강조한 통합보고서 대세

수십 년간 좀처럼 변하지 않던 기업들의 회계보고 체계에 지각변동이 일고 있다. 매출·영업이익·순이익 등 재무적인 사항은 물론 기업이 사회의 구성원으로서 얼마나 '바람직한' 역할을 했는지까지 함께 나타내는 '통합보고(integrated reporting)'가 트렌드로 자리잡고 있는 것이다.

기업의 경영보고서는 흔히 재무제표로 불리는 '연차보고서(annual report)'와 경제, 환경, 사회, 지배구조 관련 활동을 담은 '지속가능성보고서(CSR report)' 두 가지로 나뉜다. 전자는 재무적 성과 중심이고 후자는 주로 비재무적 성과를 담고 있다. 한국 기업들의 지속가능성보고서 작성은 초기를 막 지난 단계로 볼 수 있다.

금융위기 이후에는 '좋은 기업'에 대한 평가기준이 변하고 자원고갈과 기후변화가 기업실적에 직접적인 영향을 미치면서 비재무적 활동의 중요성이 커지고 있으며 한국도 예외는 아니다. 단적으로 탄소배출규제가 도입될 경우 대책 없이 오염물질을 배출하는 기업은 탄소배출권을 구매해야 하고, 이는 고스란히 장기충당부채로 잡힌다. 경영자나 투자자들로선 신경을 쓰지 않을 수 없는 부분이다. 2012년부터 삼성전자와 포스코, 현대차 등 총 486개 업체는 의무적으로 온실가스·에너지 절감 목표치를 달성해야 한다. 감축 의무를 이행하지 못하면 범칙금 1,000만 원을 내야 한다.

지식경제부는 관계자는 "배출권 거래제에 대비하고 국제 탄소시장에 참여할 수 있는 기반을 만들려는 것"이라고 설명했다. 이에 발 맞춰 국제회계기준(IFRS)상에서 적용되는 탄소배출에 대한 규정도 발표될 것으로 보인다.

배출규제를 오히려 약으로 활용할 수도 있다. 한국전력은 최근 자사의 '배전분야 SF$_6$(육불화황)가스 배출저감 청정개발체제(CDM)사업'이 유엔의 CDM사업으로 등록됨에 따라 향후 10년간 300억 원의 탄소배출권 판매수익을 확보할 것으로 기대하고 있다. LG전자 역시 2011년 1,400만 톤의 온실가스를 줄이겠다고 밝힌 바 있다. 이러한 경영활동은 지속가능보고서 또는 통합보고서를 통해 이해관계자들에게 알려질 수 있다.

SK텔레콤의 경우 2006년부터 GRI(지구 보고 이니셔티브, Global Reporting Initiative)지표에 따라 경제, 환경, 제품책임, 노동, 인권별로 경영 활동을 수치화해 지속가능성 보고서를 발표하고 있다. 여기에는 이해관계자 환원금액, 온실가스 저감실적, 사옥 폐기물 분리배출량, 환경원가 등 기존의 재무제표에 없는 항목들이 다수 포함돼 있다.

전문가들은 비재무 정보를 요구하는 정부와 투자자들의 요구가 점점 거세질 것이라고 입을 모은다. 국민연금은 "앞으로 기업의 탄소배출량과 지배구조 건전성 능에 따라 투사 규모를 늘리기니 줄이겠다"고 밝혔다. 국민연금은 2011년 기준으로 2조 3,000억 원을 사회책임투자(SRI)펀드에 투자했다.

일본노총(RENGO)도 최근 일본의 연기금 기관들에 사회적 책임 기업들에 투자하도록 권유하는 가이드라인을 발표했다. 일본노총과 관련된 퇴직연금의 규모가 50조 엔에 육박한다는 점을 감안할 때 금융기관들의 투자 행태에 결정적인 영향을 미칠 것으로 예상된다. 장기 투자자로서 미래에 닥칠 리스크를 최대한 줄이기 위한 방침이다.

국제통합보고위원회(IIRC)와 지속가능성 회계프로젝트
(accounting for sustainability), GRI 등의 단체를 중심으로 국제통합회
계보고기준의 표준화나 법제화도 가속화되고 있다. 2010년 11월 발표
된 ISO 26000이 그 신호탄이다.

기업들도 미래 경영환경 대비, 이미지 개선 등 '전략적'인 차원에서
연차보고서와 통합해 지속가능보고서를 발간하려는 준비가 한창이
다. 한국 기업의 지속가능보고서 발간 개수는 2003년 2건에서 2009년
에는 83건으로 늘어났다.

김성우 삼정KPMG 지속가능경영본부 전무는 "재무정보, 즉 숫자
뒤에 있는 비재무적인 활동에 대해 정보공개를 요구하는 이해관계자
가 늘고 있다"며 "영국, 네덜란드 등 유럽 회계법에는 기업의 비재무
정보가 제대로 생성됐는지 인증해 주는 서비스가 이미 개발돼 있다"
고 전했다. 비재무 정보의 외부감사와 통합보고서 수요가 향후 회계
법인의 가장 큰 수익원이 될 것임을 암시하는 부분이다.

삼정KPMG는 현재 지속가능경영 단독본부를 마련하고 17명의 전
문인력을 배치해 이를 대비하고 있다. 김 전무는 "기업 내부에 지속
가능경영 추진 인력이 별도로 마련돼 있는지, 지속가능경영 부서가
CEO의 전폭적인 지원을 받고 경영기획실 등 핵심부서로 인정받는지
여부가 성패를 결정한다"며 각각 포스코와 에쓰오일을 모범 사례로
꼽았다.

기업가치 극대화는 초과이익에 달렸다

기업 가치(value)를 끌어올리는 일은 생존경쟁력과 직결되며 모든 경영자들의 궁극적인 과제다. 특히 2011년 논란이 되었던 '초과이익(RI, residual income)'과도 깊은 관련이 있어 흥미로운 주제다. '초과이익공유제'는 그 명칭이 이념적 논쟁에 휩싸이면서 해석이 모호해졌지만 기업 재무에서 가리키는 초과이익이란 '주주의 기대이익을 초과하는 순이익'이다.

예컨대 A라는 주주가 '수익률 10%'를 기대하고 올해 B회사에 1,000원을 투자했다면 A주주의 올해 기대이익은 100원(1,000원×10%)이다. 그런데 B회사가 올해 120원의 순이익(net income)을 벌어들였다면 이 회사는 20원의 초과이익을 남긴 셈이다. 바로 이 초과이익, 즉 주주가 자본을 제공하는 대가로 요구하는 돈(자기자본비용)보다 더 많이 벌어들인 돈을 어떻게 사용할 것이냐가 초과이익공유제의 핵심이다. 기업의 본질적인 가치는 주주의 기대수익을 제외하고도 남는 돈, 즉 초과이익이 많아야 높아진다.

황이석 서울대 경영전문대학원 교수는 "기업이 투자를 직극적으로 하지 않으면 초과이익 규모를 늘리기 어렵다"고 설명했다. 투자가 초과이익으로 이어지려면 자원을 '똑똑하게' 배분하는 것이 매우 중요하다. 비전이 없는 사업 부문에 아무리 투자를 해봤자 큰 이익을 거둘 수 없기 때문이다. 유휴 부동산을 팔아 그 돈으로 신성장사업에 투자하거나 수익성이 없는 자회사를 구조조정하는 것 등이 그 예다.

자본이익률(ROE)을 높이는 것도 초과이익 증대, 기업가치 향상으로 이어진다. 자본이익률이 높다는 말은 같은 자원을 효율적으로 활용해서 수익성 높은 제품과 서비스를 생산한다는 뜻이다. 즉 상품의 부가가치가 높다는 의미다. 기업이 연구개발(R&D) 투자를 늘려 남들이 쉽게 따라 할 수 없는 상품을 만든다면 기업 가치를 높일 수 있다.

또 초과이익을 늘리기 위해선 주주가 요구하는 수익률, 즉 자기자본비용을 낮춰야 한다. 이는 기업의 자금조달 비용을 낮춘다는 의미도 된다. 자금을 싼값에 끌어 올수록 장사해서 남길 수 있는 돈이 많아지고 기업의 가치도 높아진다.

황 교수는 "기업정보의 투명성을 높여 기업과 주주 간 정보 불균형을 해소하면 기업에 대한 주주들의 신뢰가 커져 요구수익률도 낮아질 수 있다"고 조언했다.